公路工业化建造书系

Co-Rotating Cable System of Cable-Stayed Bridges

斜拉桥同向回转拉索体系

胡　可　杨晓光　石雪飞　郑建中　等　著

人民交通出版社股份有限公司

北　京

内 容 提 要

本书系统介绍了斜拉桥同向回转拉索体系的设计和建造技术，包括设计与性能、自防护抗滑特性、疲劳性能、微动损伤、施工关键技术、监测与养护技术以及工程实例。

本书结合工程实例阐述相关知识，适用性强，可供从事桥涵设计与施工工作的工程技术人员参考。同时，书中给出了理论推导、数值模拟和试验研究的相关内容，可供土木工程专业的学生和科研人员阅读。

图书在版编目(CIP)数据

斜拉桥同向回转拉索体系 / 胡可等著. — 北京 : 人民交通出版社股份有限公司, 2020.3

ISBN 978-7-114-15471-3

Ⅰ.①斜… Ⅱ.①胡… Ⅲ.①斜拉桥—工程技术—研究 Ⅳ.①U448.27

中国版本图书馆 CIP 数据核字(2019)第 070879 号

公路工业化建造书系

Xielaqiao Tongxiang Huizhuan Lasuo Tixi

书　　名：**斜拉桥同向回转拉索体系**

著 作 者：胡　可　杨晓光　石雪飞　郑建中　等

责任编辑：曲　乐　张博嘉

责任校对：孙国靖　宋佳时

责任印制：刘高彤

出版发行：人民交通出版社股份有限公司

地　　址：(100011)北京市朝阳区安定门外外馆斜街 3 号

网　　址：http://www.ccpress.com.cn

销售电话：(010)59757973

总 经 销：人民交通出版社股份有限公司发行部

经　　销：各地新华书店

印　　刷：北京虎彩文化传播有限公司

开　　本：787 × 1092　1/16

印　　张：10.75

字　　数：262 千

版　　次：2020 年 3 月　第 1 版

印　　次：2020 年 3 月　第 1 次印刷

书　　号：ISBN 978-7-114-15471-3

定　　价：80.00 元

《斜拉桥同向回转拉索体系》
编　委　会

主　　编：胡　可

副 主 编：杨晓光　石雪飞　郑建中

编　　委：曹光伦　马祖桥　刘志权　梅应华　左敦礼

阮　欣　何金武　王胜斌　袁　助　程磊科

宋　军　黄维树　窦　巍　蔡　斌　吴红波

赵金磊　赵可肖　姜劲松　秦为广

编著单位：安徽省交通控股集团有限公司

安徽省交通规划设计研究总院股份有限公司

同济大学

序

Foreword

工业化建造是以现代化的制造、运输、安装和科学管理的建造方式,替代传统粗放式、高消耗、低效率的建造方式。目前,我国的公路建设正处于由传统产业向现代工业转型升级的重要阶段。在国家工业化发展政策的引导下,探索公路工业化建造新技术、新模式,是行业发展的趋势,也是社会发展的需要。

在不断探索、持续开拓公路工业化建造新模式的过程中,安徽省创新先行,成功研发、设计和应用多种具有明显创新和突破的系列标准化技术和装备。装配式全体外预应力箱梁、装配式钢板组合梁、装配式钢管桁架梁、装配化桩板式无土路基、装配式钢筋混凝土通道、装配式夹持型鞍座—自防护拉索系统等在经历了多年磨砺后,如雨后春笋般涌现。这些技术以其在结构构造创新、设计方法改进、施工工艺革新等多个层面上取得的突破,实现了集约、高效、安全、环保、经济的建设目标,综合效益显著,引领了当下绿色公路发展新变革、新方向。

安徽省交通控股集团有限公司作为安徽省国有重点骨干企业,高度重视科技创新,始终坚持产、学、研紧密结合,不断推进科技创新与产业转型升级。经过多年实践,集团逐步形成了以节约资源、降低造价、升级质量、提高工效、建设绿色低碳公路为目标,以标准化、系统化、工厂化、信息化为核心的公路工业化建造理念,并形成一批具有良好示范效应的公路工业化建设成果,成为安徽省交通创新发展的主力军。

为更好地展示创新技术成果,促进行业技术交流,推动成果推广应用,安徽省交通控股集团有限公司组织编写了"公路工业化建造书系"。这套专著的出版,也将为进一步探讨以绿色为主题的公路工业化建造技术的发展提供重要参考。

2017 年 8 月

于安徽合肥

前言

Preface

同向回转拉索体系是为了解决锚索区受拉开裂而提出的一种新型锚索方式，本体系拉索从一侧桥面出发，上行至塔柱，穿行斜置鞍座绕塔柱后，回到同截面另一侧桥面，由于边跨与中跨索体呈合抱姿势，巧妙地将索力的“拉力”转变为“压力”施加在塔柱上。同向回转拉索体系为安徽省交通控股集团有限公司研发的全新锚索体系，力学机理、抗滑性能、疲劳性能、构造形式、设计方法、施工技术与养护技术都处于空白的状态。

在交通运输部与安徽省交通控股集团有限公司的科技基金支持下，同济大学、安徽省交通规划设计研究总院股份有限公司等单位开展了同向回转拉索体系技术的研发工作，解决了构造设计、防护方法、防滑性能、疲劳性能、微动损伤等关键技术问题，完善了施工、监测与养护等保障技术，最终形成同向回转拉索体系的建造成套技术。

编委会对同向回转拉索体系研发、设计、施工过程中取得科研经验和成果进行了系统地总结，形成本书，基本体系如下：

第 1 章主要介绍了拉索锚固技术的发展现状、同向回转拉索体系的概念设计以及关键技术问题，概述了本书的主要内容。

第 2 章主要介绍了同向回转拉索体系的空间布置方法与构件设计方法，介绍了采用同向回转拉索体系桥塔锚固区性能分析方法并给出相关计算示例。

第 3 章主要介绍了同向回转拉索体系的自防护抗滑机理、夹持性能的试验研究以及抗滑设计计算方法。

第 4 章主要介绍了同向回转拉索体系的疲劳机理、疲劳性能的试验研究以及疲劳应力的计算方法。

第 5 章主要介绍了同向回转拉索体系的微动损伤机理、微动损伤的试验研究、损伤预测以及疲劳寿命的预测方法。

第 6 章主要介绍了同向回转拉索体系鞍座的加工与安装的质量标准、散拼工艺与整体拼装工艺，介绍了拉索的安装工艺，介绍了同向回转拉索体系施工过程中的信息化管理方法。

第7章主要介绍了同向回转鞍座与拉索在运营期间的监测养护技术，重点介绍了鞍座的监测方法、拉索的监测方法以及拉索的更换方法。

第8章主要介绍了同向回转拉索体系在五河定淮大桥以及芜湖长江公路二桥中的应用示例。

本书全面介绍了同向回转拉索体系的设计、施工与运营养护技术，所述技术具有较好的成熟度，可以为其他类似桥梁的建设提供借鉴，也可以为同向回转拉索体系技术的再发展以及其他锚索技术的研发提供参考。

2019年8月

于安徽合肥

目 录

Contents

第 1 章 概述 …… 1

1.1 斜拉桥常用拉索锚固体系概述 …… 1

1.1.1 索塔锚固区的发展概况 …… 1

1.1.2 预应力式索塔锚固方式 …… 2

1.1.3 钢锚梁式索塔锚固方式 …… 4

1.1.4 钢锚箱式索塔锚固方式 …… 5

1.1.5 鞍座式索塔锚固方式 …… 6

1.2 同向回转拉索体系的原型设计 …… 9

1.2.1 概念设计 …… 9

1.2.2 构造设计 …… 11

1.3 同向回转拉索体系设计与应用关键问题 …… 12

1.3.1 性能与设计问题 …… 12

1.3.2 制造与安装方法 …… 14

1.3.3 监测与养护方法 …… 14

1.3.4 本书主要内容 …… 15

第 2 章 同向回转拉索体系设计与性能 …… 16

2.1 同向回转拉索体系设计 …… 16

2.1.1 拉索体系空间布置 …… 16

2.1.2 同向回转鞍座设计 …… 18

2.1.3 拉索设计 …… 22

2.2 桥塔锚索区性能与设计方法 …… 23

2.2.1 计算方法与基本假定 …… 23

2.2.2 荷载施加与边界条件 …… 24

2.2.3 最大索力状态计算示例 …… 25

2.2.4 断索状态计算示例 …… 27
2.3 同向回转鞍座性能 …… 28
2.3.1 计算方法与基本假定 …… 29
2.3.2 分丝管性能 …… 30
2.3.3 限位板性能分析 …… 31
2.3.4 填充料性能分析 …… 32
2.4 本章小结 …… 33
第3章 同向回转拉索体系自防护抗滑特性研究 …… 34
3.1 自防护抗滑工作机理 …… 34
3.1.1 索股自防护与抗滑特点 …… 34
3.1.2 索股防护方式选型 …… 35
3.1.3 索股夹持型抗滑的基本原理 …… 36
3.2 抗滑特性试验研究 …… 38
3.2.1 抗滑试验设计 …… 38
3.2.2 试验加载与测试 …… 40
3.2.3 夹持试验结果分析 …… 41
3.3 夹持型鞍座抗滑移设计计算方法 …… 45
3.3.1 抗滑计算方法 …… 45
3.3.2 抗滑算例 …… 46
3.4 本章小结 …… 47
第4章 同向回转拉索体系疲劳性能研究 …… 48
4.1 拉索系统疲劳的关键问题 …… 48
4.1.1 斜拉索疲劳问题概述 …… 48
4.1.2 关键问题分析 …… 50
4.2 疲劳试验方案设计 …… 51
4.2.1 试验系统设计 …… 51
4.2.2 试验装置 …… 52
4.3 疲劳试验加载 …… 54
4.3.1 试验加载过程 …… 54
4.3.2 试件分组与孔位选择 …… 56
4.4 疲劳试验结果 …… 58
4.4.1 第一批钢绞线试验记录 …… 58

4.4.2 第二批钢绞线试验记录 …… 60
4.4.3 第三批钢绞线试验记录 …… 62
4.4.4 第四批钢绞线试验记录 …… 62
4.4.5 第五批钢绞线试验记录 …… 64
4.4.6 第六批钢绞线试验记录 …… 64
4.4.7 试验小结 …… 65
4.4.8 疲劳断口特征分析 …… 65
4.4.9 疲劳断裂成因分析 …… 67
4.5 本章小结 …… 70
第5章 同向回转拉索体系微动损伤研究 …… 71
5.1 同向回转拉索体系微动损伤基本理论 …… 71
5.1.1 微动损伤数学模型 …… 71
5.1.2 磨损寿命预测 …… 73
5.2 微动损伤试验方案设计 …… 75
5.2.1 试验目的 …… 75
5.2.2 试验参数 …… 75
5.2.3 试验装置 …… 76
5.2.4 试验钢绞线的加工 …… 76
5.2.5 微动损伤试验加载 …… 78
5.3 微动损伤试验结果分析 …… 78
5.3.1 无涂层钢绞线试验分析 …… 78
5.3.2 无涂层有偏角钢绞线试验分析 …… 84
5.3.3 有涂层钢绞线试验分析 …… 86
5.4 微动损伤的预测模型 …… 89
5.4.1 微动磨损演化模型与试验验证 …… 89
5.4.2 基于附加应力法的微动疲劳寿命模型与试验验证 …… 90
5.5 本章小结 …… 91
第6章 同向回转拉索体系施工关键技术 …… 93
6.1 同向回转鞍座的加工工艺 …… 93
6.1.1 加工质量标准 …… 93
6.1.2 生产制造流程 …… 94
6.1.3 分丝管加工 …… 95

6.1.4 限位板加工 …… 97
6.1.5 外壳加工 …… 97
6.1.6 鞍座组拼 …… 98
6.1.7 导管及过渡管加工与安装 …… 100
6.2 同向回转鞍座安装工艺 …… 101
6.2.1 安装质量标准 …… 101
6.2.2 散拼安装工艺 …… 102
6.2.3 整拼安装工艺 …… 109
6.2.4 基于 BIM 的定位骨架设计与优化 …… 117
6.3 同向回转拉索钢绞线安装工艺 …… 121
6.3.1 安装工艺 …… 121
6.3.2 安装示例 …… 122
6.4 同向回转鞍座施工过程信息化管理 …… 126
6.4.1 信息化管理的需求以及架构 …… 126
6.4.2 信息化管理平台 …… 127
6.4.3 应用效果 …… 130
6.5 本章小结 …… 131
第 7 章 同向回转拉索体系的监测与养护技术 …… 132
7.1 同向回转鞍座性能的监测技术 …… 132
7.1.1 鞍座长期性能的监测内容 …… 132
7.1.2 鞍座监测系统设计 …… 132
7.1.3 鞍座监测方案设计 …… 133
7.1.4 鞍座监测设备性能要求 …… 134
7.1.5 鞍座监测设备构造 …… 135
7.2 同向回转拉索的索力监测技术 …… 137
7.2.1 索力监测技术手段 …… 137
7.2.2 索力监测传感器选型 …… 138
7.3 同向回转拉索的更换技术 …… 138
7.3.1 钢绞线拆除工艺 …… 139
7.3.2 拆换后钢绞线损伤分析 …… 139
7.3.3 换索工艺验证 …… 141
7.4 本章小结 …… 142

第 8 章　同向回转拉索体系的工程应用实例 …… 143
8.1　五河定淮大桥 …… 143
8.1.1　桥梁概况 …… 143
8.1.2　同向回转拉索体系 …… 145
8.1.3　应用效果 …… 146
8.2　芜湖长江公路二桥 …… 147
8.2.1　桥梁概况 …… 147
8.2.2　同向回转拉索体系 …… 149
8.2.3　应用效果 …… 151
参考文献 …… 153

第1章 概 述

1.1 斜拉桥常用拉索锚固体系概述

1.1.1 索塔锚固区的发展概况

斜拉桥是由塔、梁、索三种基本构件组成的缆索承重体系桥梁。它是一种桥面系由加劲梁受压弯为主,支撑系以斜拉索受拉、主塔受压为主的组合体系桥梁。早在几百年前就可以找到斜拉桥的雏形,那时人们将桥面系利用藤条悬吊于大树或竹竿上以建成通道。在18世纪前后,欧洲涌现出一批具有现代斜拉桥受力特性的桥梁。但是,由于当时对斜拉桥特点的认识不足,桥梁建造技术水平低下,同时缺乏高强度材料,导致这些桥梁建成不久便因体系松弛而造成较大的变形,甚至发生过几次斜拉桥倒塌事故,因此在相当长一段时间内,斜拉桥曾处于被人遗弃的状态。直到20世纪30年代,德国工程师Dischinger首先认识到斜拉桥的优越性并加以发展,由他研究设计的世界第一座现代斜拉桥——Strömsund桥于1955年建成,其主跨跨径为182.6m。

我国斜拉桥发展的起步较晚,于1975年在重庆云阳县建成了我国第一座斜拉桥——云阳桥。该桥主跨跨径为75.8m,主梁采用预应力混凝土箱梁。这座桥梁的建成标志着我国正式迈出了斜拉桥发展的第一步。近些年来随着我国经济建设的发展,交通基础设施建设的投资不断加大,我国的斜拉桥建设也进入了一个高峰时期,特别是斜拉桥的最大跨径纪录一再被刷新。如主跨1088m的苏通大桥、主跨1018m的昂船洲大桥等都相继超过1000m大关。另外,国内外许多跨海大桥工程也都拟订了超大跨径斜拉桥的方案,如直布罗陀海峡跨海大桥就提出2孔5000m主跨的斜拉悬索协作体系的设计构思。因此可以认为,斜拉桥跨径超过1000m这一发展趋势已经逐渐形成。

需要特别指出的是,随着斜拉桥跨径的增大,对于主梁、拉索、主塔等一些关键结构的性能要求也越来越高,也在不断推动着这些关键结构的技术革新和技术进步。

斜拉索通过索塔锚固结构将拉索力传递给索塔,斜拉索的水平力由索塔锚固区自身承担,竖向力由桥塔传递到基础及地基。索塔上拉索的锚固构造是将拉索巨大的索力安全、均匀地传递到塔柱全截面的重要构造,由于拉索强大的集中力作用,使得锚固区应力集中现象普遍存在。索塔锚固构造与拉索的布置、拉索的根数和形状、索塔的形式与构造、拉索索力的大小、拉索的架设与张拉等多种因素有关。合理的索塔锚固区构造需从设计、施工、养护维修及拉索的更换等各个方面综合考虑确定。拉索在索塔上的锚固区构造应综合考虑结构受力、锚固构造要求、施工工艺要求等确定。索塔锚固结构设计必须达到传力可靠、安全耐久、造型美观、易于维护的基本要求。

自现代斜拉桥结构体系发展以来出现的索塔锚固构造种类统计如图1.1所示。

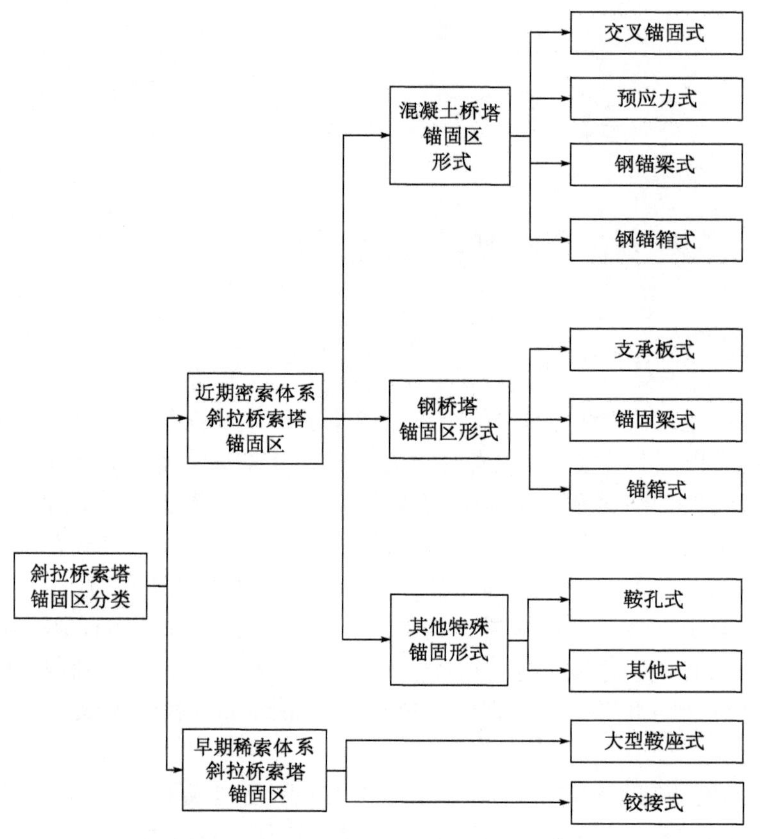

图 1.1　常见索塔锚固区结构形式

1.1.2　预应力式索塔锚固方式

预应力式锚固是目前我国建造大部分斜拉桥都采用的索塔锚固形式。采用预应力式索塔锚固区斜拉桥的塔柱一般采用箱形截面。一般在横桥向的塔壁上设置强大的混凝土齿块,以便直接承受斜拉索锚头传来的巨大荷载。斜拉索穿过塔壁锚固在混凝土齿块上,通过齿块均匀地将荷载传递至塔壁;塔壁在受到拉索作用后会产生较大的拉应力,甚至局部位置可能出现开裂,为抵消这种效应,沿塔壁四周设置井字形或 U 形环向预应力束,如图 1.2 所示。

按照桥塔中预应力束的布置方式不同,可以将预应力式索塔锚固区分为以下三种:①双向井字形直线或曲线布索布置方式(图 1.2a),预应力材料一般采用精轧螺纹粗钢筋或预应力钢绞线,例如黄山太平湖大桥、武汉白沙洲大桥、宜昌夷陵长江大桥等;②扣合式 U 形预应力钢绞线布置方式(图 1.2b),这种锚固形式按照 U 形的开口方向不同可分为纵向开口和横向开口,例如润扬长江大桥北汊桥、南京长江二桥、鄂黄长江公路大桥等;③混合型布束方式(图 1.2c),这种方式是采用直线形与 U 形束混合搭配布置,如闵浦二桥、重庆大佛寺长江大桥等。

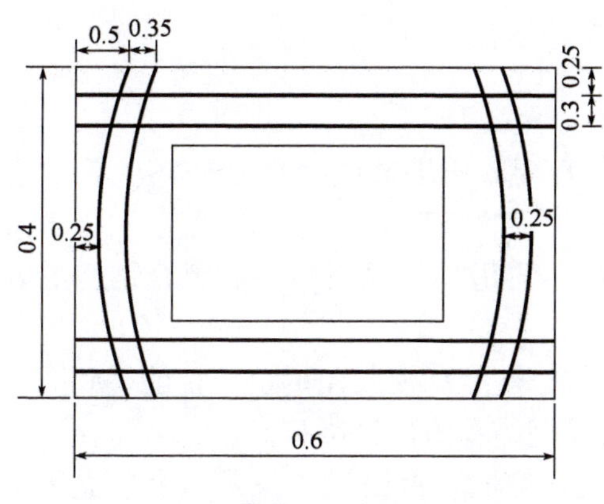

a)井字形预应力束布置

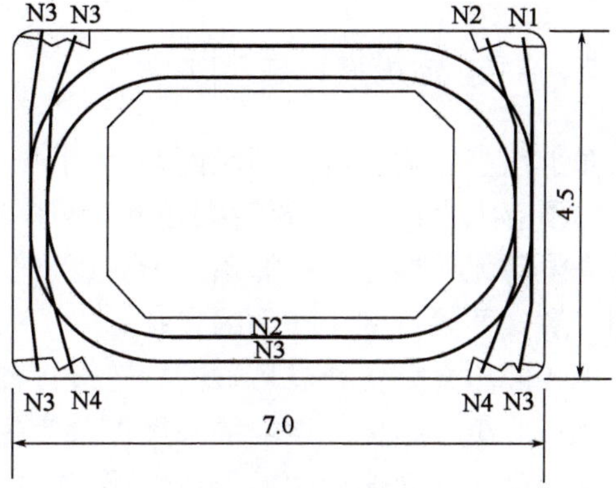

b)U形预应力束布置

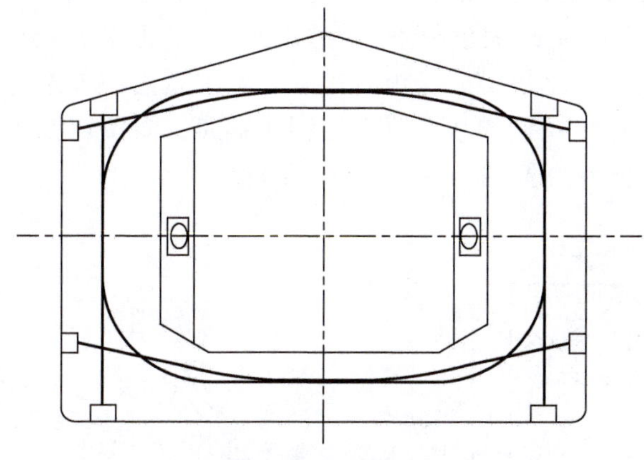
c)混合型预应力束布置

图 1.2 预应力式索塔锚固区(尺寸单位:m)

表 1.1 给出了长江上已建桥梁中采用预应力索塔锚固形式的斜拉桥。

采用预应力索塔锚固方式的斜拉桥 表 1.1

桥 名	建成年份(年)	主跨跨径(m)	索塔锚固形式
芜湖长江大桥	2000	312	井字形
宜昌夷陵长江大桥	2001	348	井字形
荆州长江公路大桥南汊桥	2002	300	井字形
巴东长江大桥	2004	388	井字形
铜陵长江大桥	1995	432	U 形束
南京长江二桥	2001	628	U 形束
忠县长江大桥	2001	460	U 形束
鄂黄长江公路大桥	2002	480	U 形束
安庆长江公路大桥	2004	510	U 形束
润扬长江大桥	2005	406	U 形束
重庆长寿长江大桥	2009	460	U 形束
军山长江大桥	2001	460	混合布束
重庆大佛寺长江大桥	2002	450	混合布束

1.1.3 钢锚梁式索塔锚固方式

对于预应力式索塔锚固区而言,为了抵消斜拉索在混凝土塔壁产生的拉伸效应,需要设置大量的预应力钢束,这需要占据塔壁大量空间。当斜拉桥的跨径增加到一定程度时,由于索塔截面有限而无法施加足够的预应力,这种锚固方式便不再适用。这时钢—混组合结构的索塔锚固区形式开始备受工程师的青睐。

钢—混组合结构通过巧妙的构造设计使钢材的抗拉性能和混凝土的抗压性能得到充分发挥。钢—混组合结构的索塔锚固区可分为钢锚梁式和钢锚箱式两种类型。

钢锚梁式锚固体系主要由钢锚梁、牛腿和限位装置构成。钢锚梁本身是一个独立稳定的构件,钢锚梁与塔壁牛腿之间可采用滑动连接或固定连接的方式,如图 1.3 所示。钢锚梁两端的刚性垂直支承可在顺桥向和横桥向做微小的移动和转动,但需在两端设纵桥向和横桥向的限位构造装置。一般情况下,钢锚梁的锚板直接承受斜拉索锚头传来的索力;部分索力的水平分力由钢锚梁自身承担,部分拉索的水平分力由钢锚梁通过限位装置传递给塔壁承担;斜拉索的竖向分力由钢锚梁传递给牛腿,再由牛腿扩散至塔壁。

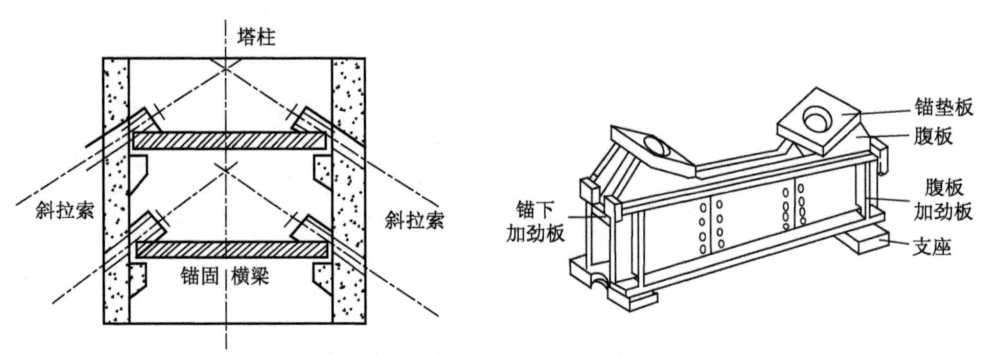

图 1.3 钢锚梁索塔锚固形式

对于采用钢锚梁与塔壁牛腿滑动连接方式的斜拉桥,其恒载索力的水平分力一般由钢梁自身承担,塔壁承担的水平分力很小,能有效地提高索塔锚固区的抗裂性能。但在运营期间当斜拉索换索时及可能出现的断索情况下,主塔将会承担较大的不平衡水平分力。

也有部分斜拉桥采用了钢锚梁与塔壁固定的连接方式,即钢锚梁安装后与牛腿预埋件焊接,共同承担拉索水平力,如图 1.4 所示。此时钢锚梁能够更好地与塔壁共同受力,但混凝土塔壁受到的水平力较大。还有一种先滑动后固结的连接方式,即张拉前钢锚梁一端固定一端滑动,张拉后改为两端固定;这样恒载作用下的水平索力主要由钢锚梁自身承担,活载的水平分力由钢锚梁和混凝土塔壁共同承担,能够有效减小混凝土开裂的风险。即将竣工的山东烟台市丁字河口大桥就采用了这种连接方式,并通过索塔锚固区足尺模型试验验证了这种设计理念的可行性。一般与钢锚梁连接的牛腿又可以分为钢筋混凝土牛腿和钢牛腿两类。混凝土牛腿直接与塔壁浇筑在一起,钢牛腿需要通过连接件与混凝土塔壁可靠连接。

近年来钢锚梁在国内斜拉桥索塔锚固区中的应用情况见表 1.2。

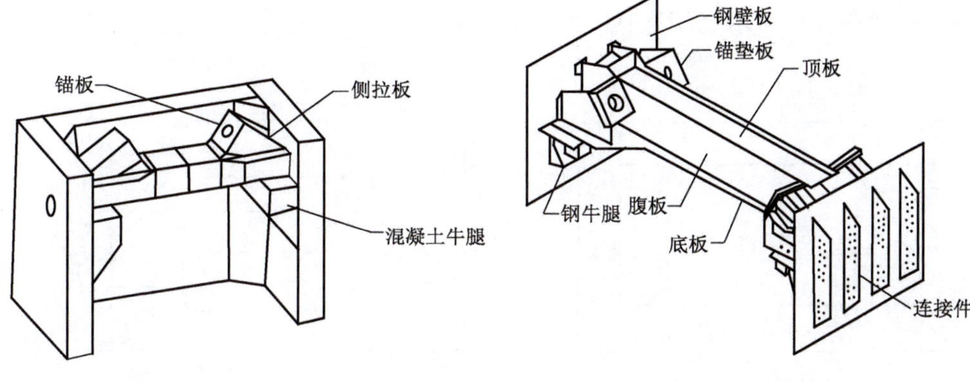

a)丁字河口大桥混凝土牛腿　　b)金塘大桥钢牛腿钢锚梁构造

图 1.4　钢锚梁及牛腿示意

钢锚梁式锚固区应用情况统计　　表 1.2

建成年份(年)	桥　名	主跨跨径(m)	钢锚梁形式
1991	上海南浦大桥	423	混凝土牛腿/滑动连接
2001	宁波招宝山大桥	258	混凝土牛腿/滑动连接
2005	东海大桥主航道桥	420	混凝土牛腿/固定连接
2005	东海颗珠山大桥	332	混凝土牛腿/滑动连接
2006	江苏灌河大桥	340	混凝土牛腿/滑动连接
2007	桂林南洲大桥	144	混凝土牛腿/滑动连接
2009	舟山金塘大桥	620	钢牛腿/滑动连接
2009	上海闵浦大桥	708	混凝土牛腿/滑动连接
2010	荆岳长江大桥	816	钢牛腿/先滑动后固定
2010	福建黄墩大桥	165	钢牛腿/滑动连接
2012	烟台丁字河口大桥	200	混凝土牛腿/滑动连接
2018	海南清澜大桥	300	钢牛腿/固定连接

1.1.4　钢锚箱式索塔锚固方式

钢锚箱锚固区的结构形式类似于钢牛腿固结式钢锚梁的锚固结构形式。其通过可靠的连接方式将钢锚箱与桥塔固结,使钢锚箱和混凝土塔壁共同受力。钢锚梁的锚板直接承受斜拉索传来的巨大荷载,并将荷载扩散至钢锚箱。斜拉索的水平分力由钢锚箱和混凝土共同承担,竖向分力通过连接件传递给桥塔承担,这种结构形式的特点非常适用于拉索吨位大、空间双索面布置的大跨径斜拉桥,具有优秀的承载能力。

典型的钢锚箱结构是由侧板、端板、横隔板、锚垫板、承压板、支承板等焊接而成的箱形结构。锚垫板和承压板是用来锚固斜拉索的构造,其通过支承板与侧板相连,而端板(或侧板)则通过剪力钉等连接件与塔壁相连,如图 1.5 所示。

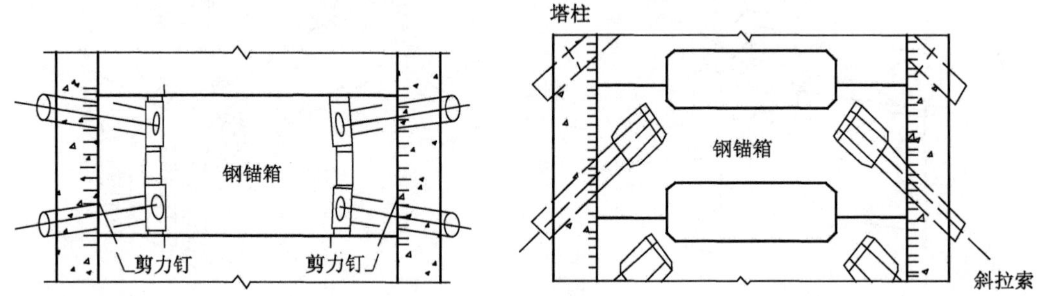

图 1.5　钢锚箱索鞍锚固区示意

根据钢锚箱与塔壁的相对位置不同,可以将其分为内置式钢锚箱和外露式钢锚箱两种。内置式钢锚箱索塔锚固区,塔柱仍然是完整的箱形结构,钢锚箱封闭在混凝土的内侧,通过在端板上设置剪力键与塔柱相连,斜拉索的竖向分力由端板的剪力键传递至混凝土塔柱。外露式钢锚箱将混凝土塔壁分开,钢锚箱通过设置在侧板上的剪力键与塔壁混凝土相连,斜拉索的竖向分力由侧板的剪力键传递至塔壁。

目前钢锚箱在国内斜拉桥索塔锚固区中的应用情况统计见表 1.3。

钢锚箱式锚固区应用情况统计　　表 1.3

建成年份(年)	桥　名	主跨跨径(m)	钢锚箱类型
1998	汀九大桥	448	外露式
2008	杭州湾跨海大桥北航道桥	448	外露式
2008	苏通大桥	1088	内置式
2008	济南黄河三桥	386	内置式
2009	昂船洲大桥	1018	内置式
2009	上海长江大桥	730	内置式
2010	鄂东长江大桥	926	内置式
2014	重庆东水门大桥	445	外露式

1.1.5　鞍座式索塔锚固方式

鞍座式索塔锚固区主要应用于矮塔斜拉桥,在常规斜拉桥中应用较少。鞍座式索塔锚固区的构造与悬索桥塔顶鞍座的构造类似,如图 1.6 所示。按照锚固区斜拉索钢绞线布置形式的不同,可以分为套管式和分丝管式两种类型。套管式是将钢套管埋置于混凝土桥塔中,钢绞线整捆穿过钢套管锚固;分丝管式则是将分丝管预埋于桥塔中,钢绞线每根都分别穿过对应的分丝管锚固。

套管式又可以分为单套管式和双套管式两种。单套管式只有一层钢套管预埋于混凝土桥塔中,钢绞线整捆穿过钢套管,在张拉结束后对套管灌注环氧砂浆,在鞍座两端设置锚固板和锚固套筒,并在一定的范围内灌注环氧砂浆进行锚固。钢绞线主要通过套管内环氧砂浆和两端的锚固装置进行锚固,如图 1.7 所示。这种锚固方式锚固构造简单,占用空间较小,弯曲形状相似,因而可以将塔上索距设置得很小,最大限度地提高拉索使用效率。但是其最大的缺点是极难进行斜拉索的更换,其使用量极少,我国在浙江省上虞区曹娥河大桥上使用过。

双套管式鞍座(图 1.8)是由两侧套管组成,外层套管预埋于混凝土桥塔中,内层套管放置于外侧套管之中,一般外套管的直径略大于内套管直径,在内外层套管之间存在一定的间隙,使得在换索时内套管可以被抽出。在鞍座两侧出口位置设置一定的锚固装置,如抗滑锚板、锚固套筒等。斜拉索张拉完成后向内层套管灌注环氧砂浆,使得内套管和钢绞线形成一体,既能对钢绞线起到防腐保护的作用,也能和两端的锚固装置一起锚固斜拉索,防止拉索在不平衡索力作用下出现滑移。双管式鞍座在早期的矮塔斜拉桥中得到了较多的应用。但这种构造同单套管式一样存在一定的缺陷,如内外层套管之间呈线接触,产生应力集中;套管中的各根钢绞线相互叠压在一起,受力不均匀;换索工艺复杂,工作量大等。其优点是锚固构造简单,占用空间较小,弯曲形状相似,因而可以将塔上索距设置的很小,最大限度地提高拉索使用效率。我国的漳州战备大桥、常州运河桥以及日本冲原大桥等都采用了双套管式鞍座结构。

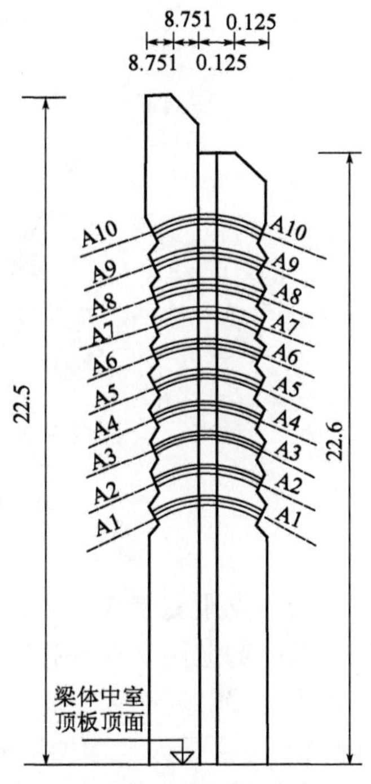

图 1.6 鞍座式索塔锚固区构造示意图(怀洪新河特大桥,尺寸单位:m)

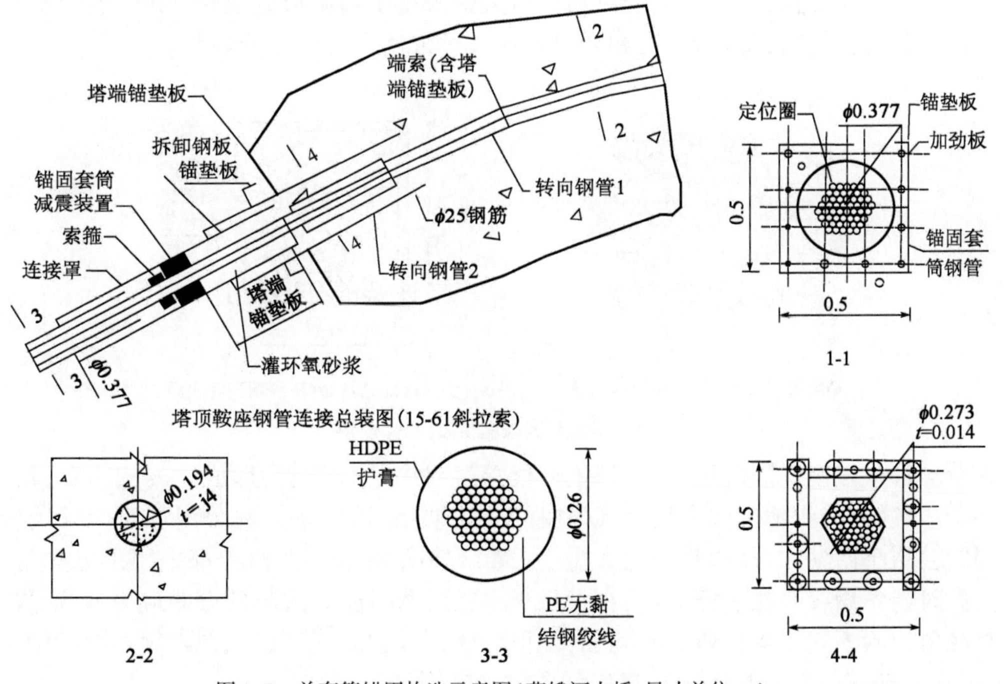

图 1.7 单套管锚固构造示意图(曹娥河大桥,尺寸单位:m)

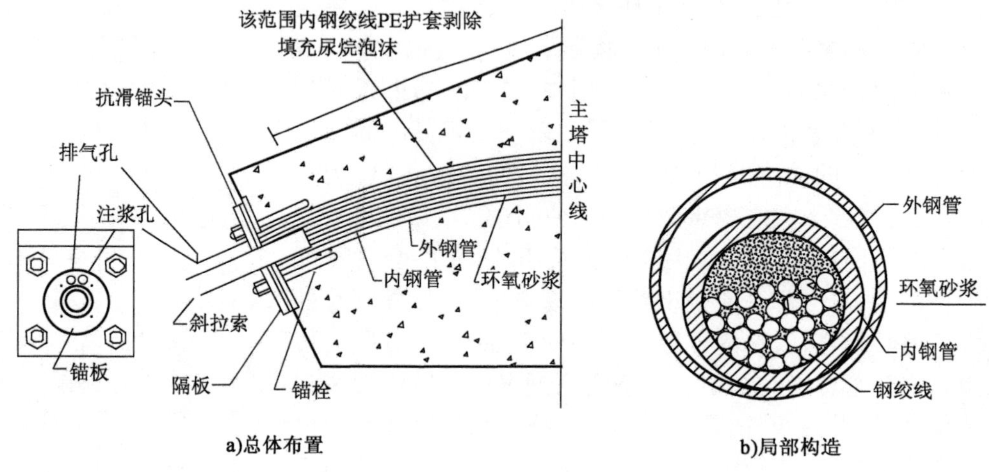

图 1.8　双套管式鞍座(常州运河桥)

为了克服套管式鞍座锚固系统的缺陷,近些年发明了分丝管式鞍座,如图 1.9 所示,并得到了较多的应用。这种鞍座内部由多根相互平行的分丝管组成,分丝管之间焊接成束或采用限位板连接。起初为了防止钢绞线的相对滑移,在桥塔两侧设置抗滑移夹片锚群,锚头采用注油防护,但会极大地增加工程造价。后来采用抗滑锚头灌注环氧树脂砂浆取代夹片锚群,一般会向分丝管内灌注环氧树脂砂浆,通过分丝管内的环氧树脂砂浆与钢绞线充分胶结、握裹及两侧抗滑锚头对钢绞线进行锚固。同时分丝管内的环氧树脂砂浆也会对钢绞线起到防腐的作用。当分丝管的相对位置布置比较松散时,分丝管两端与导向管连接,导向钢管根据梁端锚具孔位进行排布,斜拉索钢绞线通过导向管散开后进入分丝管。分丝管一般采用圆形截面,也有部分工程采用了其他截面形式,如怀洪新河特大桥采用了雨滴形分丝管;分丝管的材质一般为钢管,也有用其他材料代替钢管的,如开封黄河大桥采用了 HDPE 分丝管。

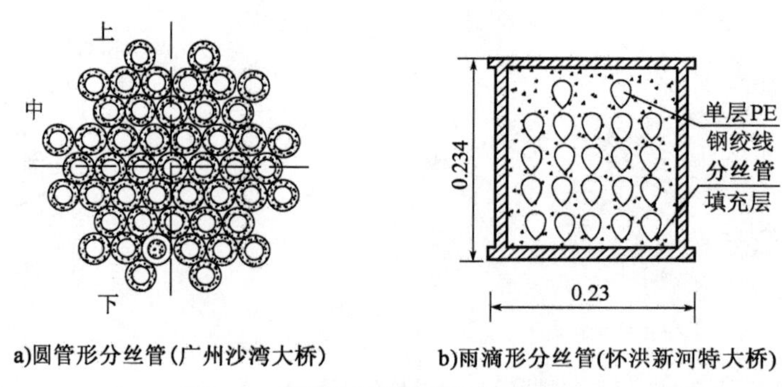

图 1.9　分丝管式鞍座断面(尺寸单位:m)

在分丝管式鞍座锚固区里,每一根钢绞线穿过对应的分丝管,形成分离式布置,钢绞线之间互不干涉,这样有效地克服了套管式鞍座的上述缺点,近年来在部分斜拉桥中采用较多,例如我国的兰州小西湖大桥、柳州静兰大桥(在建)、韩国 Kumga 大桥等都采用了分丝管式鞍座结构。同时当各钢绞线相互分离后,在发生小半径弯曲时能有效降低弯曲应力,因而成功解决了大直径斜拉索不能小半径弯曲的问题,使得鞍座式锚固方式可以用在常规斜拉桥中,例如美国 Glass City Skyway 桥(图 1.10)、我国的广州沙湾大桥等。

图 1.10 美国 Glass City Skyway 桥分丝管鞍孔构造(2007 年)

鞍座式锚固区在国内外斜拉桥索塔锚固区中的应用情况统计见表 1.4。

鞍座式锚固区应用情况统计 表 1.4

建成年份(年)	桥 名	主跨跨径(m)	桥 型	钢锚箱类型
2001	漳州战备大桥	132	矮塔斜拉桥	双套管式
2002	同安银湖大桥	80	矮塔斜拉桥	分丝管式
2003	小西湖黄河大桥	136	矮塔斜拉桥	分丝管式
2007	上虞区曹娥河大桥	110	矮塔斜拉桥	单套管式
2008	常州运河桥	120	矮塔斜拉桥	双套管式
2009	广州沙湾大桥	248	矮塔斜拉桥	分丝管式
2009	宛溪河大桥	88	矮塔斜拉桥	分丝管式
2009	云南南盘江大桥	180	矮塔斜拉桥	分丝管式
2009	开封黄河大桥	140	矮塔斜拉桥	分丝管式
2011	怀洪新河特大桥	130	矮塔斜拉桥	分丝管式
2007	Glass City Skyway 桥	187	常规斜拉桥	分丝管式

1.2 同向回转拉索体系的原型设计

1.2.1 概念设计

斜拉桥锚固区承受巨大索力作用,可能产生较大的集中应力效应,传统的锚固方式从抵抗受拉效应的角度出发,无法避免局部应力效应,局部锚固区域仍有开裂的可能。为从根本上提高锚固区的耐久性能，桥梁科研人员创造性地提出同截面回转斜置鞍座锚固体系的概念。该体系中，拉索由一侧桥面出发，向上至桥塔穿过内部的导管与斜置鞍座，回转约180°，再向下回到另一侧桥面，如图1.11所示。

矮塔斜拉桥用鞍座为铅垂面布置，拉索由一孔桥面穿过鞍座至另一孔桥面，同向回转鞍座为倾斜布置，如图1.12所示，拉索经由鞍座回到同一侧桥面，两者存在本质上的差别。

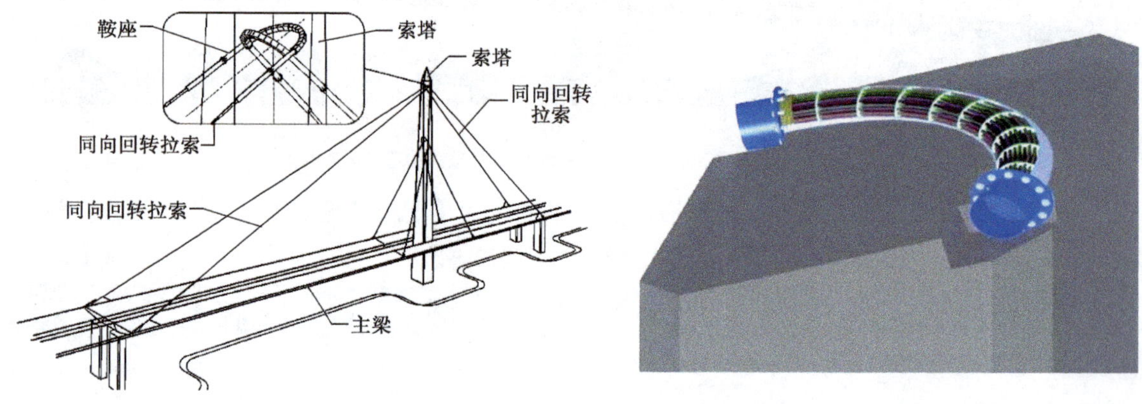

图1.11　同向回转拉索体系示意

图1.12　鞍座斜置示意

斜置鞍座与桥塔之间的传力作用如图1.13所示，在拉索索力作用下，鞍座向塔柱施加径向力，考虑鞍座倾角，可将径向力大致分解为水平分力与竖向分力。

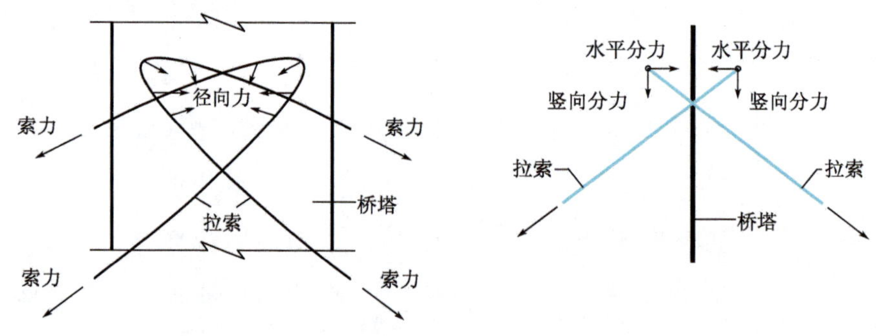

图1.13　斜置鞍座与桥塔传力作用示意

同向回转拉索体系具有两个鲜明的受力特点：

(1)由于鞍座合抱，水平分力向核心区混凝土施加压力，巧妙地转“拉”为“压”，充分利用混凝土的抗压能力；与传统锚索体系相比，塔柱不再直接抵抗索力(混凝土齿块式、钢锚箱式)或索力增量(钢锚梁式)，避免了塔柱的受拉开裂。

(2)传统鞍座将边、中跨拉索串联，由于大跨径斜拉桥边、中跨索力差是比较显著的，拉索或将产生滑动，进而引发疲劳破断现象；而同向回转鞍座将同孔跨、同截面位置的拉索串联形成一根索，鞍座抗滑设计时只需要考虑相对较小的同截面索力差，系统突破了大索力差斜拉桥对鞍座使用的限制。

同向回转拉索体系为一种全新的拉索锚固形式，概念分析表明，该锚索形式力学机理成立，可解决塔柱锚索区局部受拉开裂问题，应用后将提高大跨径斜拉桥稀缺资源的使用期与耐久性能，具有较大的发展潜力与应用空间。

1.2.2 构造设计

通过对局部力学特性、制造便利性、安装便利性的综合考虑，提出核心构件——同向回转鞍座构造的设计方式，如图 1.14 所示。

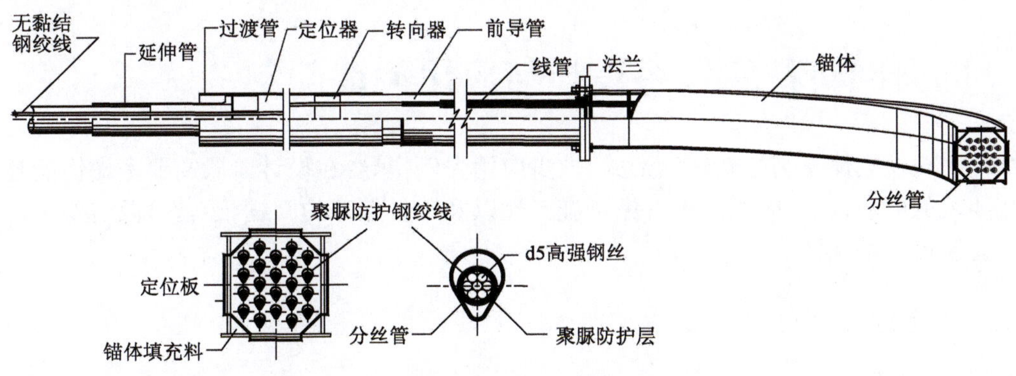

图 1.14 鞍座锚索系统结构示意

鞍座由锚体、导管、过渡管和延伸管共四部分组成：

(1) 锚体位于圆弧段，由外壳、分丝管、限位板、填充料组成；在限位板上开孔，分丝管穿过限位板对应孔位被固定，限位板与锚体外壳相连，在锚体内分丝管间隙灌注微膨胀混凝土填充料。

(2) 锚体两端通过法兰盘与导管相连，锚体内的分丝管两端与导管内的不锈钢线管一一对应相连。为了提高分丝管的夹持能力，防止在不平衡索力下钢绞线出现滑移，同向回转鞍座内采用了雨滴型不锈钢分丝管，如图 1.14 与图 1.15 所示。

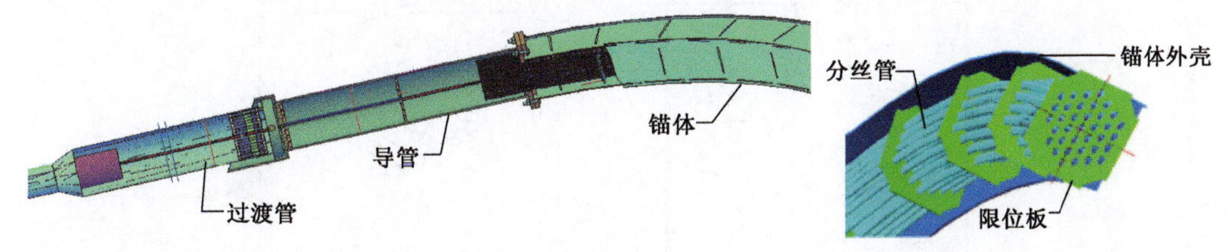

图 1.15 鞍座构造三维示意

(3) 导管两端同过渡管相接，过渡管是将斜拉索钢绞线从整捆状扩散成分散状的重要区段。钢绞线经过渡管扩散后穿过导管内对应的不锈钢线管，最后穿入每根不锈钢线管对应的分丝管，在分丝管内通过钢绞线与分丝管的夹持力进行锚固。

(4) 在鞍座锚固区内各分丝管和不锈钢线管相互平行，确保了鞍座内所有钢绞线平行并互不干扰，故对近年发展的拉索单股安装和张拉系统具有充分的兼容性。这有效消除了使用多股张拉千斤顶难度大对拉索规格的限制，同时也降低了对张拉空间的要求。

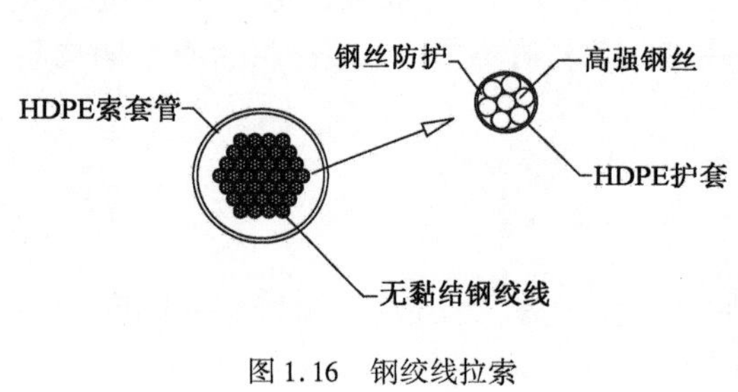

图 1.16　钢绞线拉索

拉索形式则采用由单股 $\phi^{s}15.2$ 钢绞线组成的索股，鞍座外采用 HDPE 套管，钢绞线表面则采用 HDPE 护套，并填充环氧对钢丝进行防护，见图 1.16。鞍座内钢绞线则采用聚脲防护层。钢绞线拉索可降低对张拉设备的要求，生产便利程度较高，近年来在大跨径斜拉桥中的应用逐渐增多，该形式相较于平行钢丝也极为适应同向回转鞍座的分丝要求。

1.3　同向回转拉索体系设计与应用关键问题

同向回转拉索体系为全新锚索形式，缺少应用先例指导，在设计阶段需要考虑性能是否满足使用要求的问题，施工阶段需要考虑可施工性以及质量保障的问题，运营阶段需要考虑可监测以及拉索可维护问题。

1.3.1　性能与设计问题

同向回转拉索体系主要关注桥塔锚固区的局部受力、鞍座的夹持性能以及拉索的疲劳性能三个方面。

(1)锚固区的局部受力性能

鞍座理论上可以将索力的拉力转换为压力，避免锚固区产生较大的受拉应力，提高锚固区的耐久性能，但其对锚固区的改善效果需要得到验证。这是由于索塔锚固区不仅承担锚固索力带来的总体压、弯作用，还会承受由鞍座传递而来的局部受压荷载，见图 1.17。局部应力分布比较复杂，不仅关注局部受拉开裂的可能性，还应关注过大压应力造成压溃的可能性。

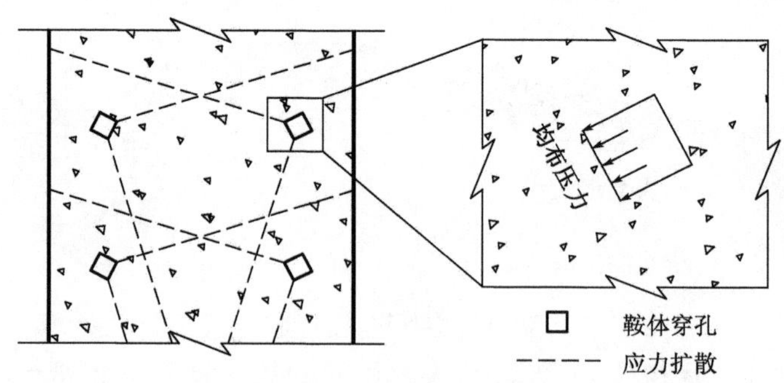

图 1.17　混凝土受力示意

(2)鞍座的夹持性能

同向回转鞍座将同截面拉索合并为一根索，在施工索力偏差、使用阶段偏载效应、温度效应等影响下，左右侧索力并不相同，若分丝管提供的摩擦系数小于抗滑安全系数，索体将发生滑动，见图 1.18。一方面会增大主梁承担的受力效应，另一方面滑动也会导致索体的损伤，引发安全事故。

为提高夹持性能,同向回转鞍座内置的分丝管是采用不锈钢管挤压成型的异形不锈钢管,其形状类似于倒置的“雨滴”,可以充分利用下方两斜面增加有效摩擦面积。异形分丝管的另一好处在于,当索力越大时,在下压变形影响下,钢绞线与分丝管接触的面积也随之增大,能够提供更大的摩阻力。图1.19分别示出了普通分丝管与异形分丝管的夹持特性,以及索体与分丝管的相互作用方式。

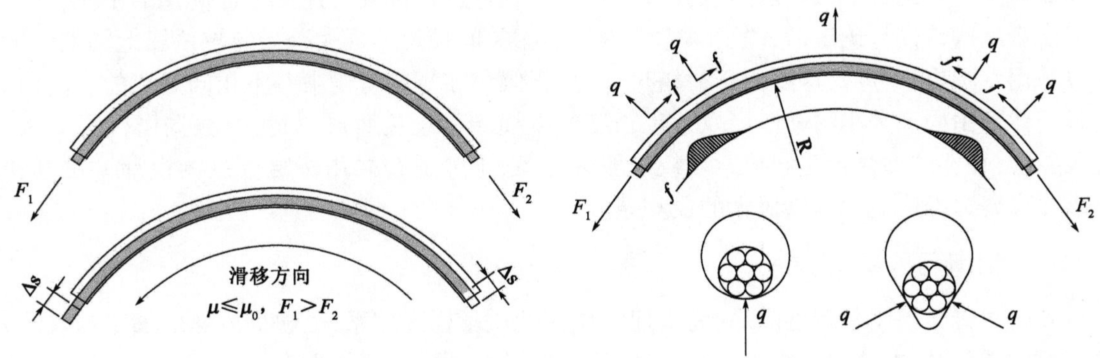

图1.18 分丝管内索体发生滑动示意

图1.19 索体与分丝管相互作用力示意

异形分丝管的夹持性能不仅与索力大小有关,与鞍座的回转半径、索体尺寸、索体外防护的材料类别都有较大的关系。夹持性能是否成立以及相应的保障方法是同向回转拉索体系开发首要的关键问题之一。

(3)同向回转拉索体系疲劳性能与预测方法

同向回转拉索体系采用多根ϕ15.2钢绞线组成拉索索股,疲劳性能受索体复杂的应力状态、鞍座与索体相互作用、索体钢丝之间的相互作用以及外在荷载共同影响,疲劳失效机理较为复杂。

首先,钢绞线在小半径弯曲状态下,会产生很大的弯曲应力,且钢绞线在雨滴型分丝管中会受到分丝管的夹持作用,使得鞍座内钢绞线的实际受力非常复杂,其应力状态比直索的应力状态高很多。

其次,索体易受疲劳影响产生破断的区域一般集中在靠近出口区域,这是由于在拉索产生应变时,索体在与分丝管的接触面上产生了一定的滑动,受摩擦力影响,后端区域的应变要小于前端,见图1.20。这种“微动”在频繁发生的情况下,会导致钢绞线在接触面上产生磨损现象。

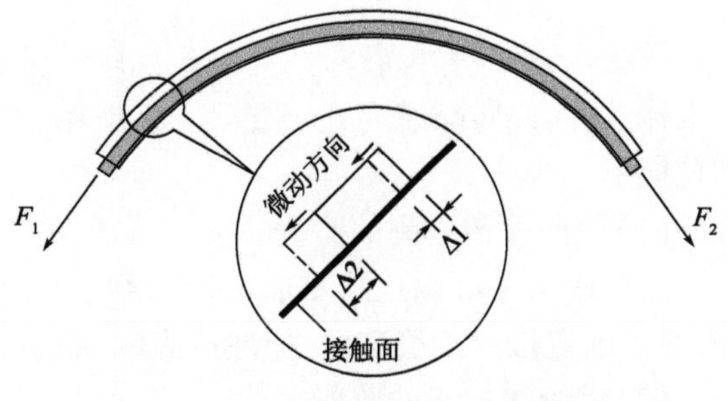

图1.20 索体与分丝管局部作用示意

再次,同向回转拉索钢绞线是由钢丝按照一定角度捻制而成的,在实际桥梁运营过程中,由于车辆、风等荷载的反复作用下,钢绞线将长期处于交变荷载的作用下。由于钢丝间的轴向变形量不一致,钢丝之间将产生相对滑移,或产生钢丝的磨损现象,也会影响拉索的疲劳性能与使用寿命。

目前,国内对斜拉索疲劳性能研究和试验检验主要集中在单一的轴向拉伸疲劳荷载,对于斜拉索实际承受的拉弯组合疲劳性能、微动损伤方面的研究极少,钢绞线在同向鞍座锚固下的疲劳性能需要得到充分验证。

(4)同向回转鞍座产品的标准化设计

鞍座由较多的构件组装而成,设计一方面注重功能性,设置相应的受力与传力构件,另一方面需要注重可施工性,选择适宜的构件种类,对构件进行拆分与连接设计优化的工作。

在产品构造设计确定后,需要考虑标准化的相关问题。常规大跨径斜拉桥塔上锚索装置,一般采用专项设计方法,这是由于桥塔尺寸、拉索倾角在每座桥梁中并不相同导致的。同向回转鞍座体系由固定大小的鞍座以及一定长度的直线导管组装而成,只需要根据塔柱尺寸调节直线导管,鞍座的型号仅与斜拉索钢绞线股数有关,十分适合采用标准产品的设计方法,同时标准化也会为推广应用提供极大的便利条件。

1.3.2 制造与安装方法

同向回转鞍座属于新型产品,尚未建立相应的质量标准体系,也缺少成熟的加工与安装方法,质量控制与成本控制是应用阶段亟须解决的关键问题,详述如下:

(1)鞍座制造

根据一般钢结构的生产流程,可将鞍座的制造分为构件的加工和组装两个环节,其中异形分丝管的加工难度较大,径向上需要将分丝管按照不同曲率半径进行弯曲,截面上需要将下方挤压形成V字口,精度控制的难度大。

(2)鞍座安装

安装方面存在的技术难度为:鞍座斜向布置,需要采用空间定位方法,与塔柱内劲性骨架、钢筋相互影响,定位难度大;布置的鞍座数量众多,定位效率可能偏低,影响塔柱混凝土的浇筑速率。需建立保障精度以及建造效率的安装方案。

建立鞍座的制造与安装质量标准体系,提出创新的制造与安装工艺,解决技术应用问题,也能够提高同向回转拉索体系的综合竞争力,有助于此类体系的大范围推广应用。

1.3.3 监测与养护方法

传统锚索结构外露在外,容易产生耐久性方面的问题,但也便于现场开展检查、测试与维护工作;同向回转鞍座内埋于混凝土桥塔中,在运营阶段会给维护工作带来较大的困难,主要体现如下:

(1)同向回转鞍座的监测

监测提出了可视化的要求,对于“摩擦锚固”关键区域的分丝管的变形、损伤等情况应可见,便于确定鞍座的稳定性,把握拉索的退化规律,为管养策略的制定提供基础信息。

(2)钢绞线拉索的监测

钢绞线斜拉索的应用仍然偏少,索体的受力特性,尤其是振动性能与平行钢丝索有明显的差别,通过监测拉索的索力或者振动情况,验证拉索的锚固可靠、应力稳定,及时预警锚索结构异常,为大桥安全提供保障。

(3)运营期拉索的更换

受疲劳影响,斜拉索使用寿命一般以20年进行控制,在大桥运营周期内面临数次更换的情况。由于鞍座内分丝管具有一定曲率,为穿索带来一定的难度,储备拉索更换的工艺技术,可解决桥梁运维后顾之忧。

监测与养护技术为桥梁全寿命周期中的重要一环,同向回转拉索体系在锚索方式上的巨大差异对监测与养护都提出了新的要求。根据同向回转拉索体系特点,结合智能监测技术发展,建立配套技术,可全面提高桥梁的长效耐久。

1.3.4 本书主要内容

本书主要介绍了同向回转的构造开发、设计、施工、管养等关键技术的研发方法与主要成果,汇编同向回转拉索体系的成套技术,关键技术见图1.21,主要内容如下:

(1)介绍了同向回转拉索体系构造的开发与优化工作,对性能进行分析,包括锚固区自应力特性与计算方法、鞍座自防护抗滑性能的试验研究与结论、拉索疲劳性能验证与表面防护方法以及拉索的微动损伤试验研究等;

(2)介绍了同向回转拉索体系的设计技术,包括设计分析方法以及标准化产品系列等;

(3)介绍了同向回转拉索体系的施工技术,包括质量控制标准、工厂化制造工艺以及现场多样化的安装工艺等;

(4)介绍了同向回转拉索体系的监测与养护技术,包括鞍座的智能化监测、拉索的振动监测以及拉索的更换工艺等。

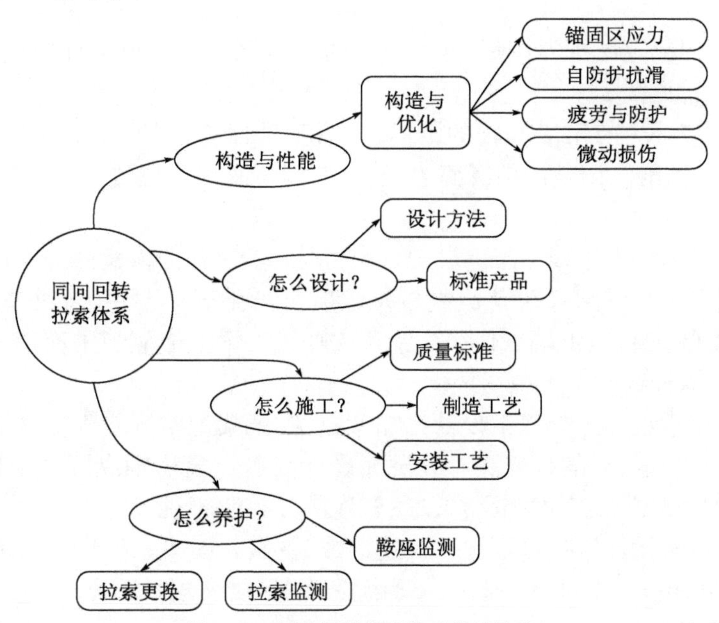

图1.21 同向回转拉索体系关键技术

本书全面总结了同向回转拉索体系的设计、施工与管养成套技术,为此类技术的推广与进一步优化提供参考借鉴。

第 2 章 同向回转拉索体系设计与性能

同向回转拉索体系改变了塔柱锚索区的受力模式，将拉索的“拉”转为“压”施加在塔柱上，起到改善塔柱的局部应力、抑制局部开裂的作用。由于索力效应较为巨大，桥塔与鞍座自身都需要满足强度设计要求。本章介绍了同向回转拉索体系的构造设计方法，提出桥塔与鞍座的局部应力分析方法，并给出部分工程的计算示例，对同向回转拉索体系的静力性能进行验证。

2.1 同向回转拉索体系设计

同向回转拉索体系的使用应与斜拉桥的索塔相匹配，一般用于柱式塔或者上塔柱为柱式形状的桥塔。H 形塔或者 A 形塔若采用同向回转鞍座，拉索锚固位置将偏离桥梁中心，可能导致桥塔受横向作用力，若左右两侧布置鞍座则会产生拉索交叉的问题，或需开展进一步的研究以攻克应用难题。以下介绍拉索体系的空间布置方法以及构造设计方法。

2.1.1 拉索体系空间布置

同向回转拉索的应遵循排列规则、互不干扰的基本原则。定位设计应以索塔中轴线为基准，采用圆筒定位法，见图 2.1。

具体方法为虚拟一个与索塔同轴的圆筒，拉索垂度面与其相切，形成位置固定的竖直切线，以此构成定位的基准。调整虚拟圆筒半径，可控制鞍座顶点位置变化。坐标布置及参数概念如下：

(1) 坐标系原点为塔上中线 ±0m 处。X 轴为顺桥向，Y 轴为横桥向，Z 轴为竖向。

(2) 拉索上端点为鞍座圆弧端点 b，左右拉索顶切线交于 j 点并构成鞍座定位面。拉索下端点为梁上拉索锚点 g，拉索下端点切线为锚拉板轴线。梁上横隔板中面垂直于梁顶面，锚拉板主板平行于桥面纵轴线。

(3) 同向回转拉索设计选择以下设计已知参数：拉索梁上锚固点至梁顶垂距 D'_g；索、梁顶面交点至梁中平距 Y'_t；索、梁隔板交点对应桥面设计高程点至塔轴纵距 X_e；索、梁隔板交点至梁顶垂距 D'_e；鞍座圆弧顶点控制坐标 X'_a、Z'_a；鞍座圆弧控制半径 R'_a。

(4) 同向回转拉索设计选择以下设计待定参数：拉索 a、b、g、t 点坐标，悬链线参数 α、β；鞍座锚体半径 R_a、圆心角 θ_a、斜度 α'；基准圆筒半径 R_s、切线夹短弧圆心角 θ_s；梁段顶正倾角 i_c，索相对梁顶位置 β_c、β'_c。

坐标计算遵循先进行拉索初始定位，然后于塔上调整锚固位置，最后于梁上调整位置的顺序，各步骤中的参数计算要点如下：

1) 拉索初始定位

在 X-O-Y(Z) 坐标系中，初设 c、s 两点为悬链线两端点。以计算和借用方式补全 c、s 两点待定坐标值部分。由此建立初始定位模型,计算拉索定位参数,作为后续精确修正的基础。

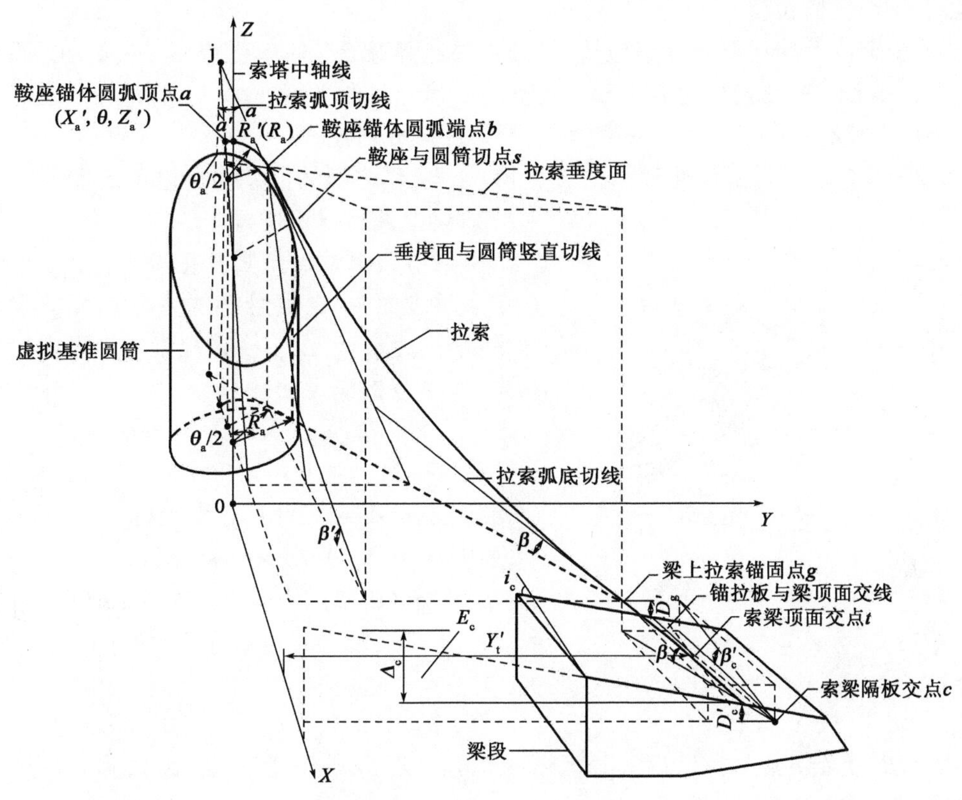

图 2.1　拉索设计空间位置示意

(1)对 c 点,$X'_c = E_c + (\Delta_c + D_c) \times \sin(i_c)$;借用近处 t 点坐标,$Y'_c = Y'_t$;$Z'_c = E_c - (\Delta_c + D_c) \times \cos(i_c)$,见图 2.2。

(2)基准圆筒借用鞍座初始半径,$R_s = R'_a$,由 $R_s = Y'_c \times \sin(\theta_s/2) - X'_c \times \cos(\theta_s/2)$ 粗略计算出拉索与基准圆筒相切的方向 θ_s。

(3)对 s 点,$X_s = -R_s \times \cos(\theta_s/2)$;$Y_s = R_s \times \sin(\theta_s/2)$;借用近处 a 点坐标,$Z_s = Z'_a$。

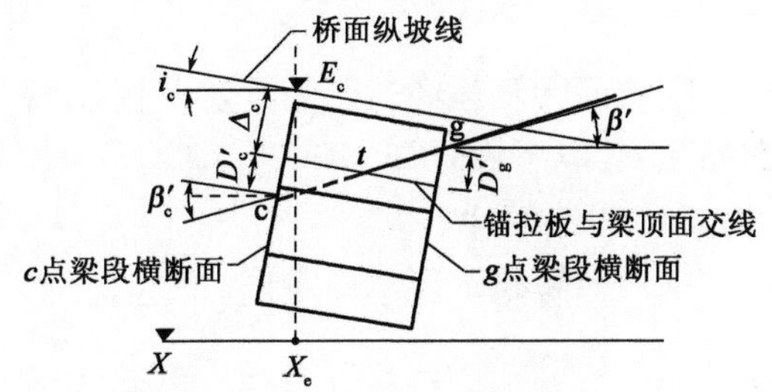

图 2.2　拉索梁上设计参数示意

各式中,i_c 为梁段顶面正倾角;X'_c、Y'_c、Z'_c,D_c 为 c 点假设为悬链线下端点时的坐标和限位(D_c 初值取 D'_c),定位计算中将不断修正;E_c 为桥面设计高程,由既定的桥面竖曲线,对应 X_e 自动计算;Δ_c 为桥面设计高程点与 c 点对应梁顶之间的高差;X_s、Y_s、Z_s 为 s 点假设为悬链线上端点时坐标。

在拉索垂度面内,根据拉索张力 σ、材料比重 γ、竖向投影高度 f、水平投影长度 L,可构建拉索悬链线方程,计算出参数 α、β,并由 θ_s 进一步计算出参数 α'、β'。

在鞍座斜置面上,由 $\theta_a = 2 \times \arctan[\tan(\theta_s/2)/\sin\alpha']$ 计算鞍座圆心角 θ_a。再由 $X_j = -R_s/\cos(\theta_s/2)$,$Y_j = 0$,$Z_j = Z_s + (X_s - X_j)\mathrm{ctan}\alpha'$;$X_b = X_j + R_a \times \tan(\theta_a/2) \times \sin(\theta_a/2) \times \sin\alpha'$,$Y_b =$

$R_a \times \sin(\theta_a/2)$，$Z_b = Z_j - (X_b - X_j)\ \mathrm{ctan}\alpha'$计算两切线交点$j$和鞍座锚体圆弧端点$b$坐标。

2）塔上调整锚固位置

移悬链线定位上端点至其真正位置，鞍座锚体圆弧端点b上。更新α、α'、Z_j、θ_a；调整鞍座半径，$R_a = L_b \times \mathrm{ctan}(\theta_a/2)$，$L_b$为$b$点至$j$点空间长度。$a$点坐标$X_a = X_b - R_a[1 - \cos(\theta_a/2)]\sin\alpha'$，$Y_a = 0$，$Z_a = Z_b + (X_b - X_a)\mathrm{ctan}\alpha'$，与已知条件形成对比。

其中，Z_a与Z'_a之间的偏差通过修正Z_s消除；X_a与X'_a之间的偏差通过修正R_s消除。

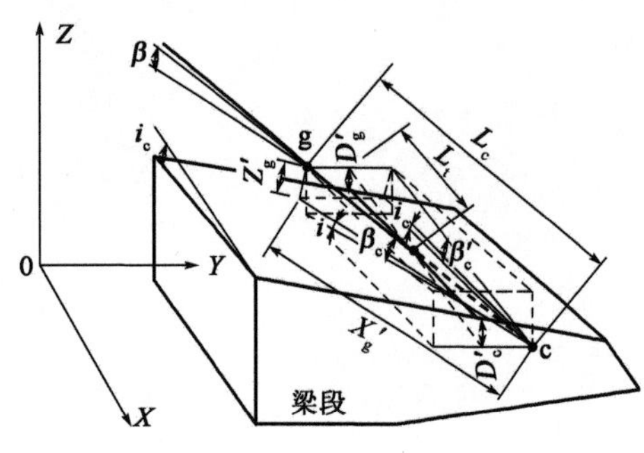

图2.3 同向回转拉索结构示意

3）梁上调整锚固位置

移悬链线下端点至其真正位置g点，见图2.3。在拉索垂度面内，根据悬链线方程计算g点至c点水平、竖向距离X'_g、Z'_g，换算拉索垂度面内梁段顶面倾角i。各参数满足

$X'_g \times \sin(i) + Z'_g \times \cos(i) = D'_g + D_c$。

由$X_g = X'_c - X'_g \times \sin(\theta_s/2)$，$Y_g = Y'_c - X'_g \times \cos(\theta_s/2)$，$Z_g = Z'_c + Z'_g$计算$g$点坐标。

由$X_t = X_g + L_t \times \cos(\beta')$，$Y_t = Y_g + L_t \times \cos(\beta')/\tan(\theta_s/2)$，$Z_t = Z_g - L_t \times \sin(\beta')$计算$t$点坐标。

$L_t = D'_g/\sin(\beta_c')$，$\beta'_c = \beta' + i_c$。

由g点切线，按$X_c = X_g + L_c \times \cos(\beta) \times \sin(\theta_s/2)$，$Y_c = Y_g + L_c \times \cos(\beta) \times \cos(\theta_s/2)$，$Z_c = Z_g - L_c \times \sin(\beta)$更新$c$点坐标。$L_c = [X_g' \times \cos(i) - Z_g' \times \sin(i)]/\cos(\beta_c)$，为$c$点至$g$点空间长度。即$\beta_c = \beta + i$。

其中，Y_t与Y'_t之间的偏差通过修正Y'_c消除；Z_c与Z'_c之间的偏差通过修正D_c消除。

2.1.2 同向回转鞍座设计

同向回转鞍座经过产品开发及优化后，形成最终设计成果，并采用产品化设计理念，形成产品系列，以下展开详细介绍。

（1）构造设计

同向回转拉索体系由索体、锚具、分丝夹持型鞍座和定位器等组成，见图2.4。

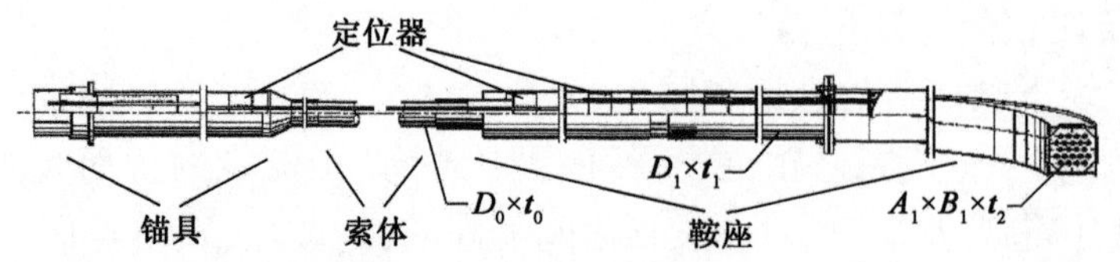

图2.4 同向回转拉索结构示意

D_0、t_0-索套管外径、壁厚；D_1、t_1-鞍座前导管外径、壁厚；A_1、B_1、t_2-鞍座锚体宽度、高度、壁厚

锚具由锚板、夹片、调整螺母、过渡管、防护帽、防腐润滑脂、定位器等组成，过渡管由外壳管、定位浆体、穿线管、密封装置等组成，见图2.5。设计应符合《无黏结钢绞线斜拉索技术条件》(JT/T 771—2009)或《桥梁用填充型环氧涂层钢绞线拉索》(JT/T 1063—2016)的有关规定。

分丝夹持型鞍座由鞍座锚体、鞍座前导管、鞍座过渡管、鞍座延伸管、定位器等组成，见图2.6。

鞍座锚体由外壳板、V形分丝管、定位板、填充料、连接法兰、剪力钉等组成，见图2.7。

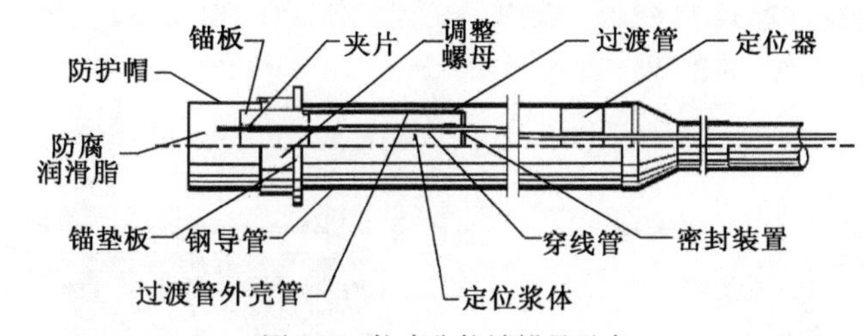

图2.5　拉索张拉端锚具示意

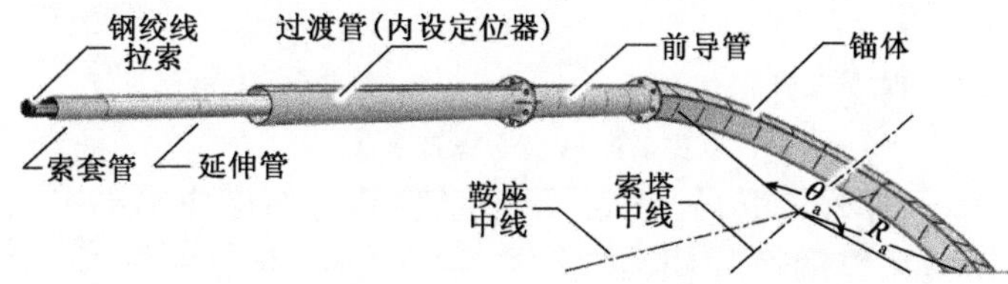

图2.6　分丝夹持型鞍座示意

θ_a-鞍座锚体圆心角；R_a-鞍座锚体半径

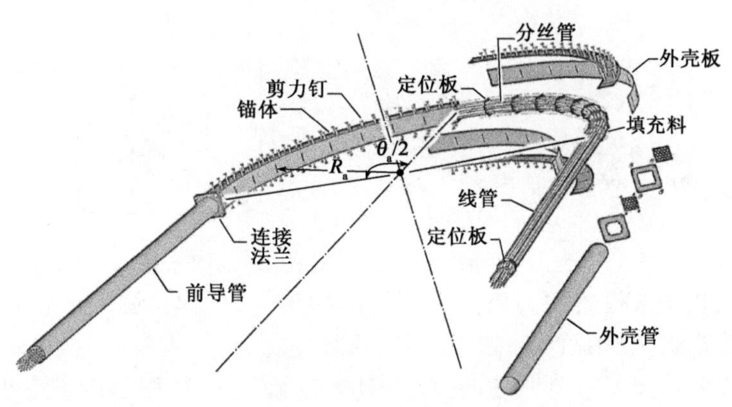

图2.7　鞍座锚体及前导管示意

鞍座前导管设置于鞍座锚体与索塔外壁之间；鞍座过渡管、鞍座延伸管设置于索塔之外。鞍座前导管内应设置导线管，鞍座过渡管内应设置索体定位器，鞍座延伸管应预留索套管的纵向伸缩空间。

定位器设置于锚具钢导管和鞍座过渡管内，两个定位器组合设置时，一个定位器可考虑采用约束环替代，见图2.8。

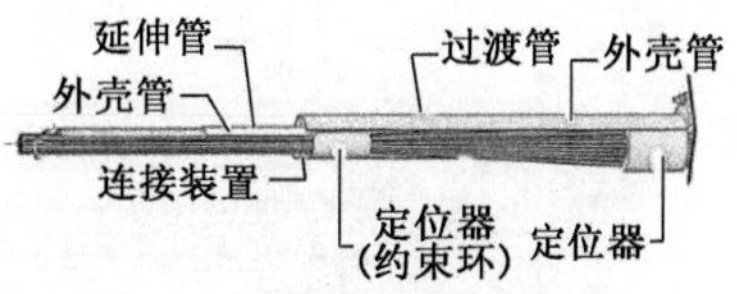

图2.8　鞍座过渡管及延伸管示意

定位器设计应考虑拉索因索股转向、拉索自重、施工荷载、交通荷载、温度变化、拉索减振等产生的最大横向力。索股转向横向压力可按转向角度不大于25mrad进行计算。

鞍座锚体应符合下列规定：鞍座锚体应能均匀承受和传递拉索径向压力及锚体两端拉索

不平衡力；鞍座锚体内拉索的安装和更换应便捷，V 形分丝管内应无灌浆和灌脂；鞍座锚体圆弧内侧钢绞线索股处的半径应不小于 2m。

V 形分丝管的 V 形夹角宜为 60°，对钢绞线索股的综合夹持系数应不小于 0.4，见图 2.9a)；鞍座锚体两端应设置直线段，长度宜控制在 200～250mm，分丝管在直线段内应偏移，释放对索股的夹持力，见图 2.9b)。

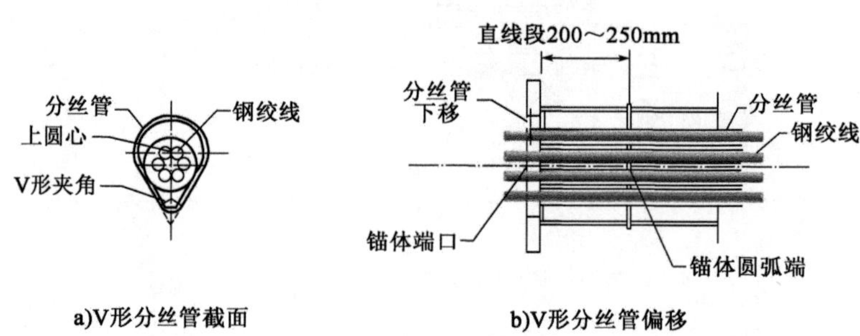

图 2.9　V 形分丝管示意

V 形分丝管采用 $022Cr_{17}Ni_{12}Mo_2$ 不锈钢无缝钢管，管壁厚度应不小于 1.5mm，其他技术指标应符合《结构用不锈钢无缝钢管》(GB/T 14975—2012)的有关规定。

鞍座锚体外壳板、定位板、连接法兰宜采用 Q345 钢板，见图 2.10，相应技术指标应符合《低合金高强度结构钢》(GB/T 1591—2018)的有关规定。

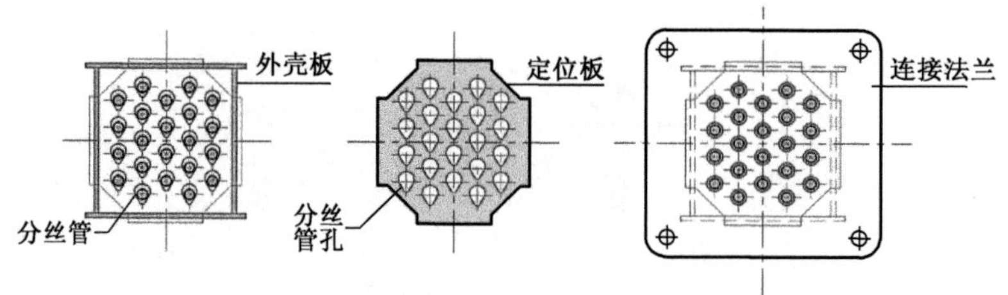

图 2.10　鞍座锚体外壳板、定位板、连接法兰示意

鞍座锚体外壳板上应设置剪力钉。采用的圆柱头焊钉、焊接瓷环的技术指标应符合《电弧螺柱焊用圆柱头焊钉》(GB/T 10433—2002)的有关规定。

鞍座锚体填充料应具有微膨胀性能，对周围材料无侵蚀，抗压强度不应小于 50MPa，其他技术指标应符合《公路桥涵施工技术规范》(JTG/T F50—2011)的有关规定。

鞍座前导管、鞍座过渡管及延伸管应符合下列规定：鞍座前导管内的导线管应与鞍座锚体内的 V 形分丝管对应，见图 2.11。鞍座过渡管内的索股偏转角度应不大于 25mrad。鞍座延伸管的长度应能满足索套管伸缩的要求。

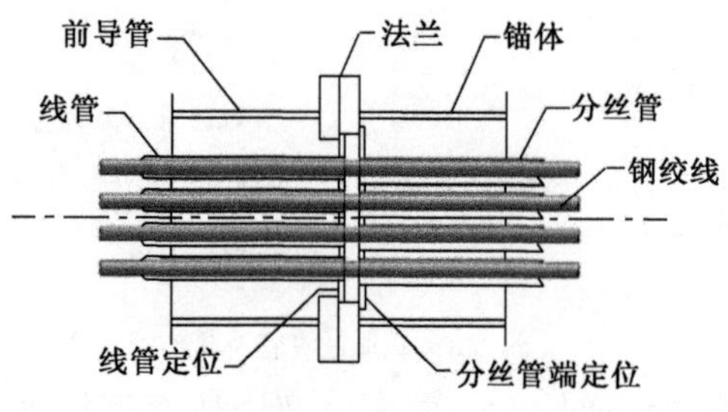

图 2.11　鞍座前导管与鞍座锚体连接示意

导线管宜采用 $022Cr_{17}Ni_{12}Mo_2$ 不锈钢圆管，鞍座前导管、鞍座过渡管及延伸管的外壳管、定位板、连接法兰等宜采用 Q345 钢管或钢板。

分丝夹持型鞍座的钢结构应进行防腐处理。防腐涂装应符合《公路桥梁钢结构防腐涂装技术条件》(JT/T 722—2008)的有关规定。埋入混凝土零部件可采用热镀锌、热浸锌、喷锌铝合金等措施防腐；外露零部件宜采用镀铬或不锈钢材等措施防腐。

定位器的 Q345 钢材、HDPE 和橡胶等材料应符合《无黏结钢绞线斜拉索技术条件》(JT/T 771—2009)或《桥梁用填充型环氧涂层钢绞线拉索》(JT/T 1063—2016)的有关规定。

定位器的外观、尺寸应符合设计规定。防腐涂装应符合《公路桥梁钢结构防腐涂装技术条件》(JT/T 722—2008)的有关规定。

(2)产品系列

在构造设计的基础上,提出固定的产品序列,同向回转拉索和索体的型号与规格由拉索代号、索股钢绞线直径、索股代号、索股根数四部分组成,见图 2.12。例如:

① 43 根公称直径 15.2mm 聚脲涂层钢绞线索股组成的拉索或索体,表示为 HL 15.2GPo-43;

② 43 根公称直径 15.2mm 填充型环氧涂层钢绞线索股组成的拉索或索体,表示为 HL15.2GEp-43。

同向回转拉索分丝夹持型鞍座的型号与规格由鞍座代号、索股钢绞线直径、索股根数三部分组成,见图 2.13。如 43 根公称直径 15.2mm 钢绞线索股拉索的鞍座,表示为 JA15.2-43。

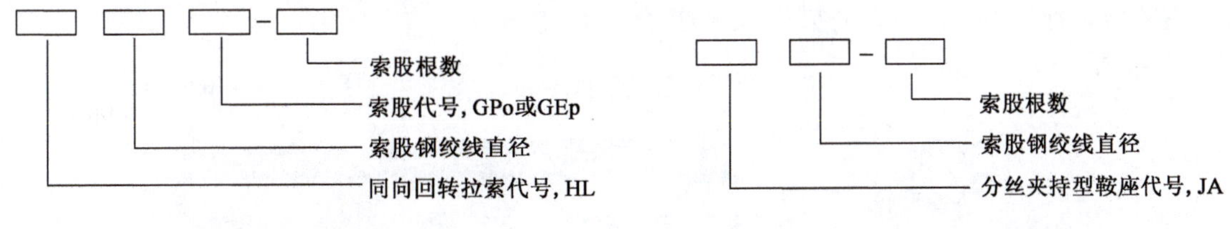

图 2.12　拉索编号　　　　图 2.13　鞍座编号

同向回转鞍座及对应的拉索规格详见表 2.1。鞍座的静力性能、夹持性能以及与索体相互作用下的疲劳性能等可通过专项试验的方法予以确定,试验方法等参见后续章节。

同向回转鞍座及对应的拉索规格　　表 2.1

拉索 型号与规格	拉索 HDPE 索套管 (mm)	鞍座前导管 (mm)	鞍座锚体 (mm)
	$D_0 \times t_0$	$D_1 \times t_1$	$A_1 \times B_1 \times t_2$
HL15.2 GPo-22 HL15.2 GEp-22	160×5	299×8	271×278×8
HL15.2 GPo-27 HL15.2 GEp-27	160×5	325×8	318×359×8
HL15.2 GPo-31 HL15.2 GEp-31	160×5	325×8	318×359×8
HL15.2 GPo-37 HL15.2 GEp-37	180×5.6	356×8	365×359×8
HL15.2 GPo-43 HL15.2 GEp-43	200×6.2	406×9	365×441×8

注:

a. 本表技术参数适用于公称直径 15.2mm,标准抗拉强度 1860MPa 的钢绞线拉索;

b. 当拉索规格与本表不相同时,应选择邻近的较大规格;

c. 当拉索规格超过本表范围时,应进行尺寸的重新设计;

d. 表中符号示意如图 2.4 所示。

2.1.3 拉索设计

斜拉索采用钢绞线斜拉索,拉索的基本构造以及基本性能要求详见如下:

(1)拉索基本构造

索体由按六边形排列的索股及索套管组成,见图2.14。不同型号索体中索股的排列设计应符合《无黏结钢绞线斜拉索技术条件》(JT/T 771—2009)的有关规定。

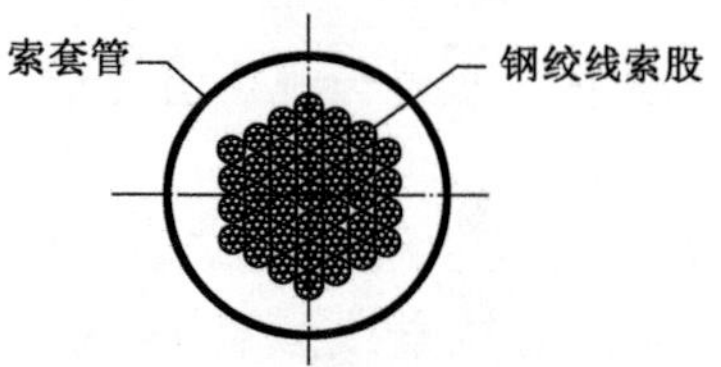

图2.14 同向回转拉索索体截面示意

索股宜采用聚脲涂层钢绞线索股或填充型环氧涂层钢绞线索股。聚脲涂层钢绞线索股与无黏结镀锌钢绞线索股可进行组合设计,见图2.15。设计应符合《无黏结钢绞线斜拉索技术条件》(JT/T 771—2009)的有关规定。聚脲涂层由改性环氧底涂层和聚脲面层组成;改性环氧底涂层厚度应为45~60μm,聚脲面层厚度应为2~2.5mm;聚脲涂层出露鞍座锚体端口的长度应不小于750mm,与无黏结镀锌钢绞线索股组合使用的聚脲涂层与PE护套的搭接长度应不小于450mm。

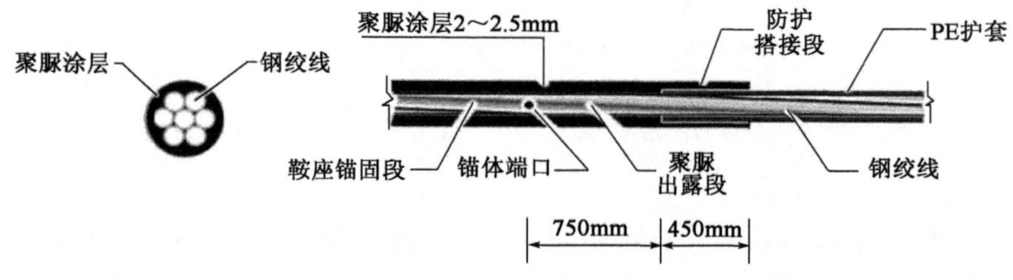

图2.15 聚脲涂层钢绞线索股及其组合结构示意(尺寸单位:mm)

按抗磨、防腐的需要,填充型环氧涂层钢绞线索股可按采用环氧涂层或环氧涂层外包PE(聚乙烯)护套两种防护形式进行设计,见图2.16。设计应符合《桥梁用填充型环氧涂层钢绞线拉索》(JT/T 1063—2016)的有关规定。

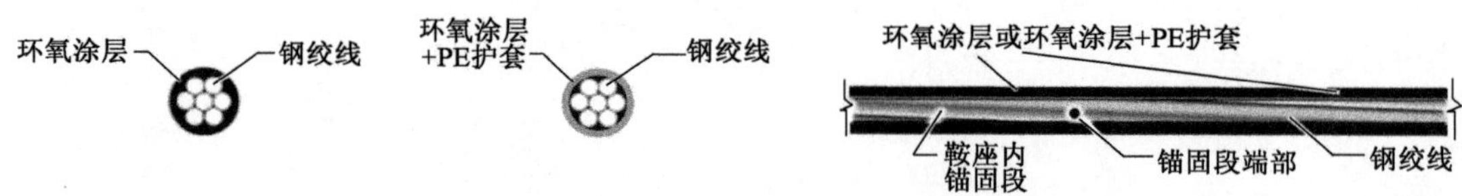

图2.16 填充型环氧涂层钢绞线索股示意

(2)抗磨蚀—疲劳设计

同向回转拉索抗磨蚀—疲劳设计应以系统抗磨蚀—疲劳性能试验确定。

(3)抗滑移设计

同向回转拉索在鞍座锚体内应进行抗滑移设计。设计采用的鞍座两侧拉索不平衡拉力应根据结构计算确定。抗滑移安全系数 k 应不小于2,k 值可按下式计算:

$$k=\mu\theta/\ln\left(\frac{F_1}{F_2}\right) \tag{2.1}$$

式中：μ——鞍座分丝管对钢绞线索股的综合夹持系数；

θ——鞍座锚体圆弧段对应的圆心角(rad)；

F_1、F_2——鞍座两侧拉索拉力，$F_1 > F_2$。

分丝夹持型鞍座的V形分丝管对索股的综合夹持系数μ宜通过试验确定，无试验资料时，μ值可按下式计算。

$$\mu = \frac{m}{\sin(\alpha/2)} \tag{2.2}$$

式中：α——鞍座分丝管对钢绞线的V形夹持角度(rad)；

m——鞍座分丝管与钢绞线索股之间的摩擦系数。

抗磨蚀—疲劳以及抗滑移是同向回转鞍座区别于其他拉索锚固形式的性能指标，为验证性能指标，开展了大量的试验研究工作，后续章节中将详细展开试验方法、试验结果的介绍。

2.2　桥塔锚索区性能与设计方法

同向回转鞍座锚固区中，拉索绕过塔柱，索力通过鞍座锚体传到塔柱上，混凝土与之接触的圆弧面上会产生较大的压应力，加之桥塔本身受总体压弯效应影响，受力规律较为复杂。本节介绍桥塔局部效应的计算分析方法，并给出计算示例。

2.2.1　计算方法与基本假定

桥塔锚固区主要采用基于实体有限元的分析方法，建立有限元模型分析时，需要对索塔锚固区的斜拉索索力进行等效并施加在斜置鞍座锚索与混凝土塔柱的接触面上。忽略索的自重和摩擦效应的影响，拉索承受拉力和锚固区塔柱的支持力，所以拉索仅承受塔柱的支持力Q，这个支持力便可等效地施加在斜置鞍座锚索与混凝土塔柱的接触面上。此时可把问题简化为如图2.17所示，斜拉索绕过半径已知的混凝土塔柱，并在拉索两端施加张拉力F，求塔柱对拉索的支持力Q。

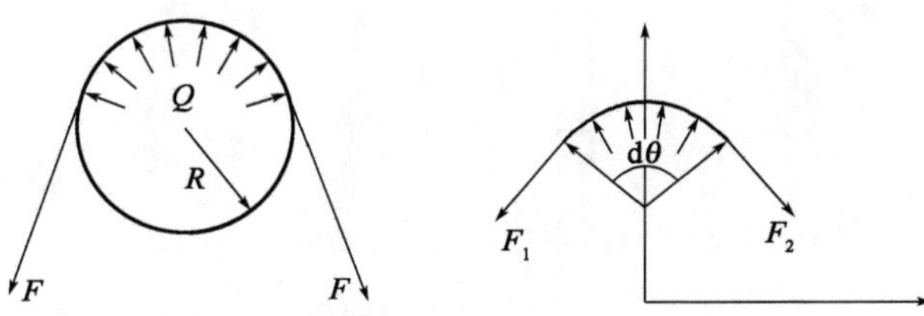

图2.17　索力于塔柱内传递路线

按图做平面分析，取一微元体，在不考虑拉索自重和摩擦力的作用，对该微元体列平衡方程：

$$\begin{cases} F_1\cos\dfrac{d\theta}{2} = F_2\cos\dfrac{d\theta}{2} \\ QRd\theta = F_1\sin\dfrac{d\theta}{2} + F_2\sin\dfrac{d\theta}{2} \end{cases} \tag{2.3}$$

由上式可得：

$$F_1 = F_2 = F \tag{2.4}$$

$$\sin\frac{d\theta}{2} = \frac{d\theta}{2} \tag{2.5}$$

因此均布荷载 Q 的表达式可表述为：

$$Q = \frac{F}{R} \tag{2.6}$$

式中：F——索力；

R——半径。

模型方面需建立三维数值模型，利用大型通用软件 ANSYS 建立空间有限元模型。分析模型采用 Solid45 模拟混凝土桥塔，为了详细研究锚索区局部混凝土的受力特性，在锚体附近局部混凝土进行网格细化，将单元尺寸减小，提高计算精度。同时为了降低计算量，减少单元数量，在远离锚固区域增大混凝土单元尺寸。为统一模拟拉索索力对桥塔的作用，按实际情况在桥塔中留空出所有鞍座。图 2.18 示出某桥从上至下共 6 个鞍座建立的模型。

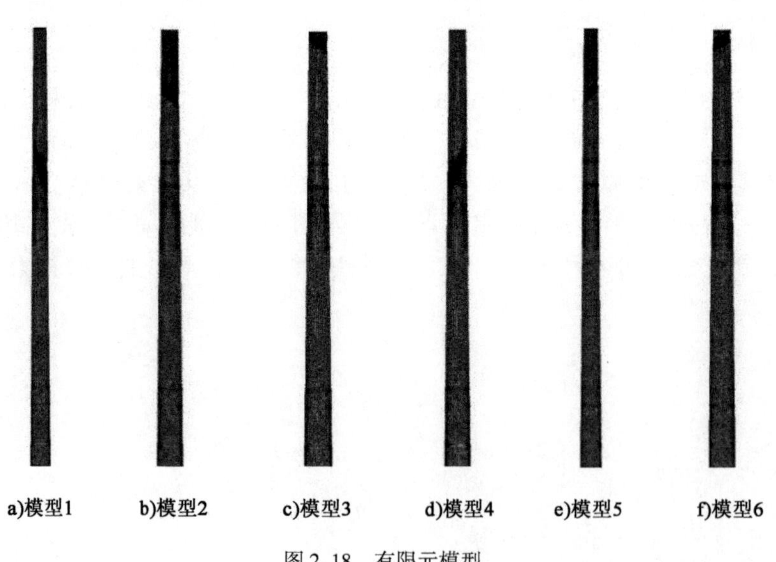

图 2.18　有限元模型

2.2.2　荷载施加与边界条件

关注索塔锚固区局部受力，因此计算以各拉索的最大索力为关键内力，索力计算结果来自杆系计算模型。通过对各荷载组合进行包络后，溯源各拉索最大索力具体荷载工况，在塔柱上施加对应的索力及荷载进行分析。同时,为分析鞍座极限受压情况,以拉索最大容许的索力为控制荷载,施加到塔柱内,进行极限状态分析。

有限元模型在鞍座区域已经预留鞍座孔,可将计算所得的均布荷载 Q 以面荷载形式施加在内接触面上,以此来模拟桥塔受到的荷载,见图 2.19。由于建立了全塔模型,以塔底固结为约束边界条件,主梁与塔柱之间则不再设置约束,而是以反力的形式施加,见图 2.20。

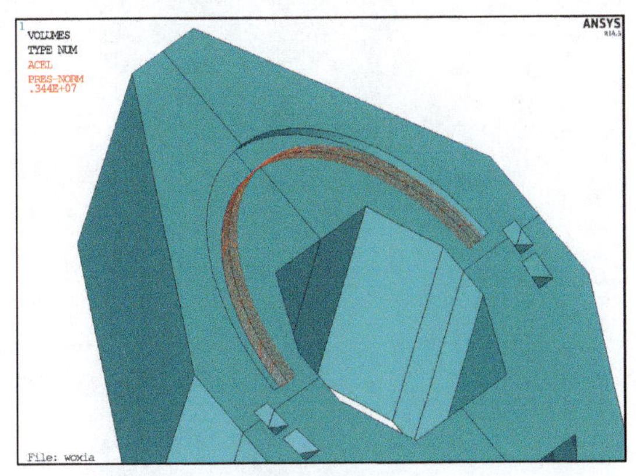

图 2.19　荷载施加方式

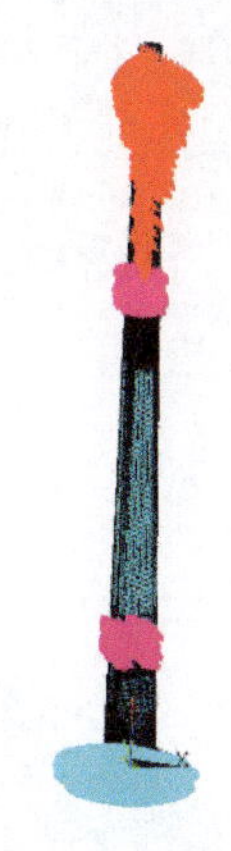

图 2.20　索塔边界条件

2.2.3　最大索力状态计算示例

以芜湖长江公路二桥桥塔为例,计算结果见图 2.21、图 2.22。混凝土桥塔与斜置鞍座侧壁接触的局部区域存在一定的主拉应力,并且拉应力水平从鞍座圆弧段顶端混凝土向端部混凝土增大。锚固区下部鞍座侧壁的最大主拉应力约为 1.5MPa,中部鞍座的最大主拉应力约为 1.8MPa,上部鞍座下混凝土的最大主拉应力约为 2.3MPa。在角隅处,拉应力最大。虽然拉应力数值稍大,但这种局部的主拉应力只存在于侧壁中,且可以较好地向周围的混凝土扩散。

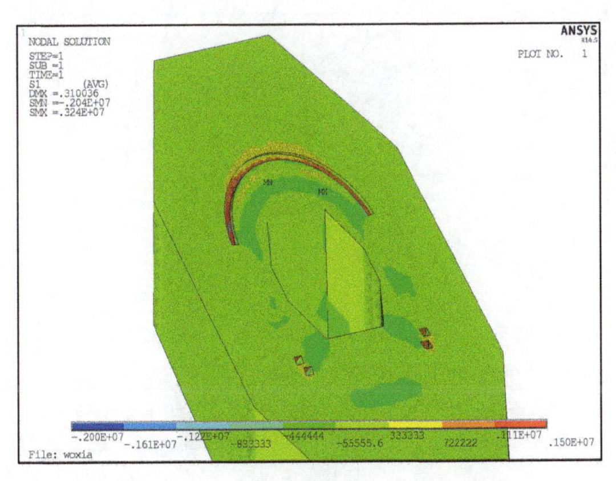

a)JW4锚固区

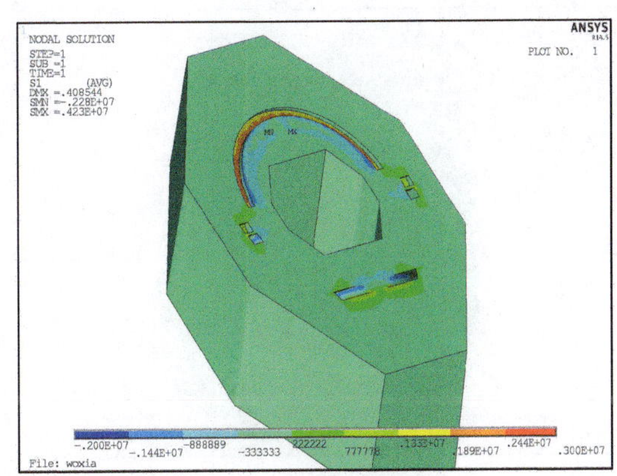

b)JW14锚固区

图　2.21

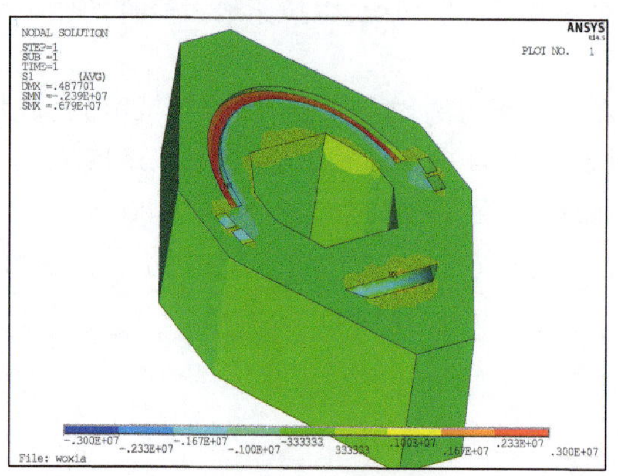

c)JW24锚固区

d)AW4锚固区

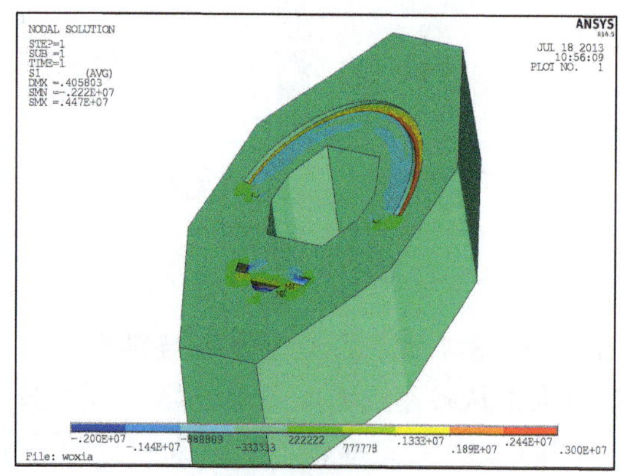

e)AW14锚固区

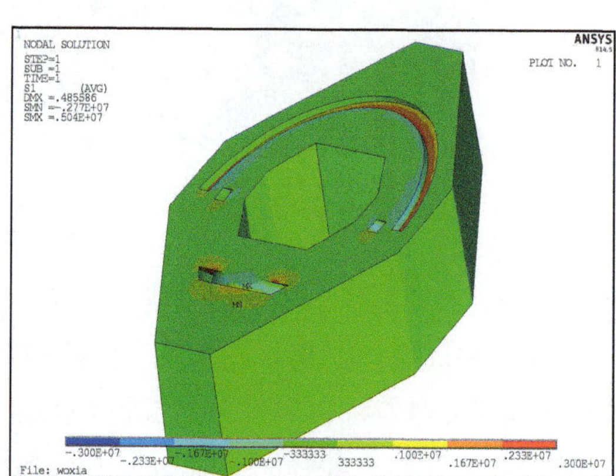

f)AW24锚固区

图2.21　拉索锚固区主拉应力云图

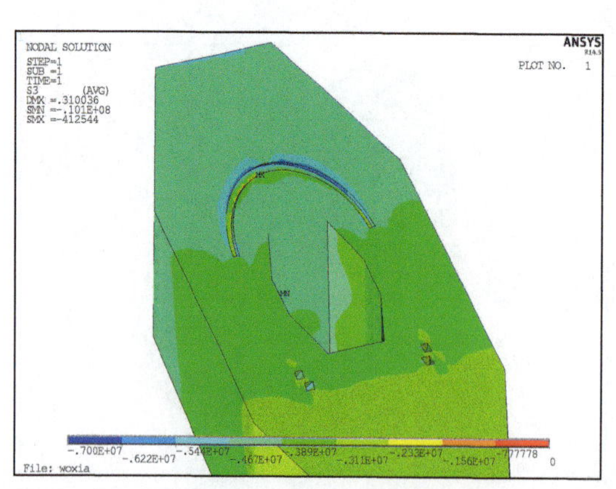

a)JW4锚固区

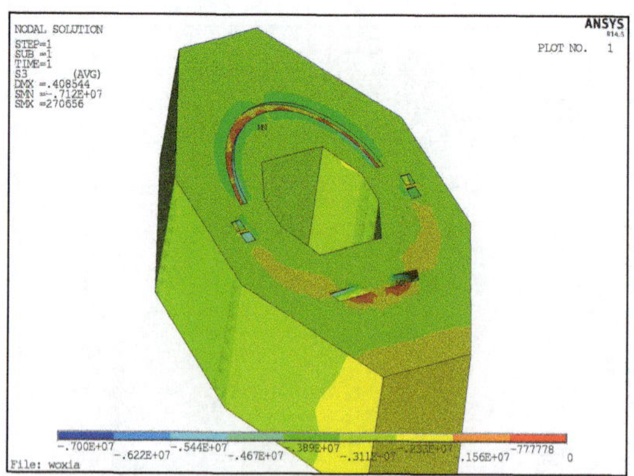

b)JW14锚固区

图　2.22

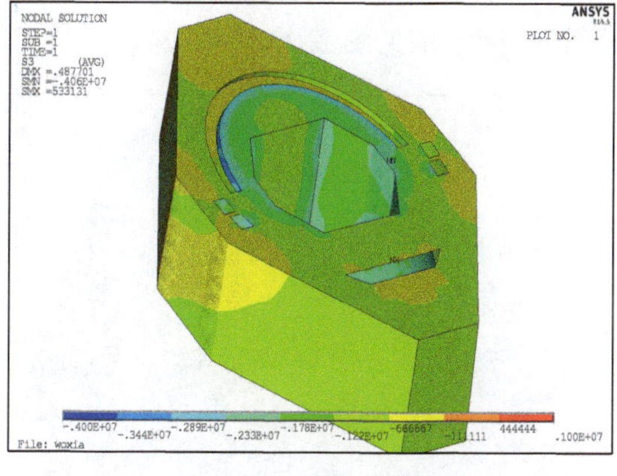

c)JW24锚固区

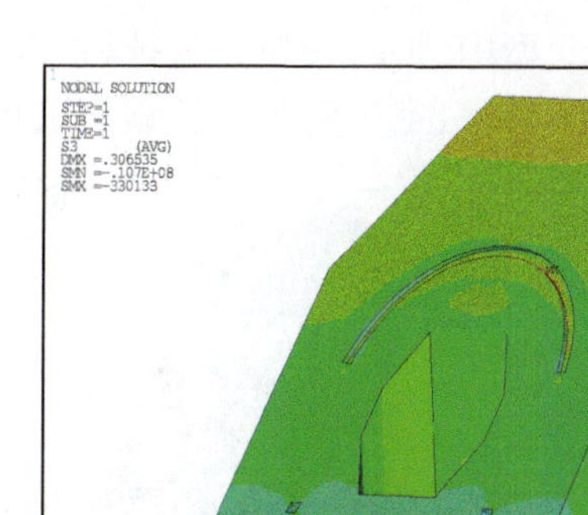

d)AW4锚固区

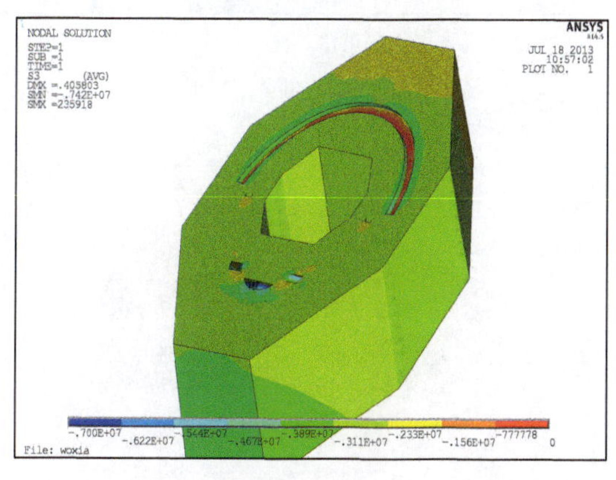

e)AW14锚固区

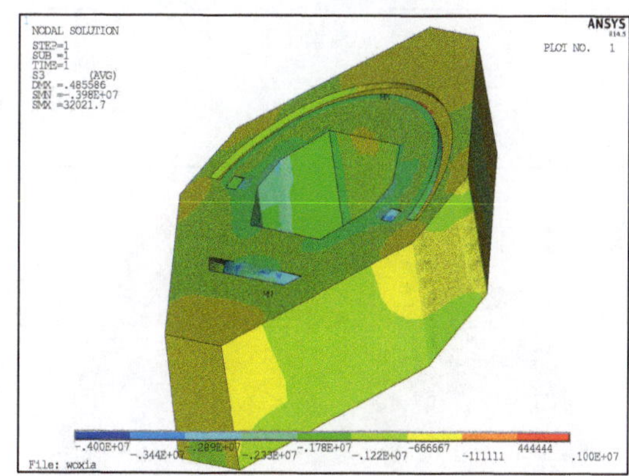

f)AW24锚固区

图 2.22　拉索锚固区主压应力云图

拉索锚固区混凝土的主压应力大部分不超过 7.0MPa，较大的主压应力集中在混凝土桥塔与斜拉索斜置鞍座接触的部分，但该部分主压应力能较好地向周围传递，从而使桥塔内部混凝土的总体受力状态较好。鞍座处无拉应力出现。

以上分析表明，锚固区内与鞍座曲线内侧底板相接触的混凝土直接承受鞍座传来的径向压力，并将该压力传递给周围的混凝土承担。沿鞍座斜面方向 3 倍鞍座宽度范围内即可将鞍座传来的荷载扩散均匀，在此范围以外混凝土的受力较为均匀。由此可见本鞍座锚固方式可靠，荷载传递合理。在鞍座侧面和底面相交位置处的混凝土角隅存在少许应力集中现象，但应力集中的范围和应力峰值均很小，不会影响结构的总体性能。

2.2.4　断索状态计算示例

考虑到斜拉桥正常运营阶段拉索可能产生腐蚀，或承受突发荷载产生断裂的情况，锚固区将承担不对称荷载，一方面其纵向不平衡荷载增大，另一方面回转体系两根拉索共同锚固，断裂一根则另一侧拉索也将失效，其对锚固区产生的影响是未知的，因此需对断索工况进行探讨分析。荷载计算模式与前述相同，在总体模型中选择索力最大的两根拉索，进行断裂后分析。

在总体计算模型中,将断裂拉索去掉后,求得使用阶段其余拉索索力,在有限元模型中,将上述索力施加到索塔上,空出断索位置索力进行分析,计算结果见图2.23、图2.24。

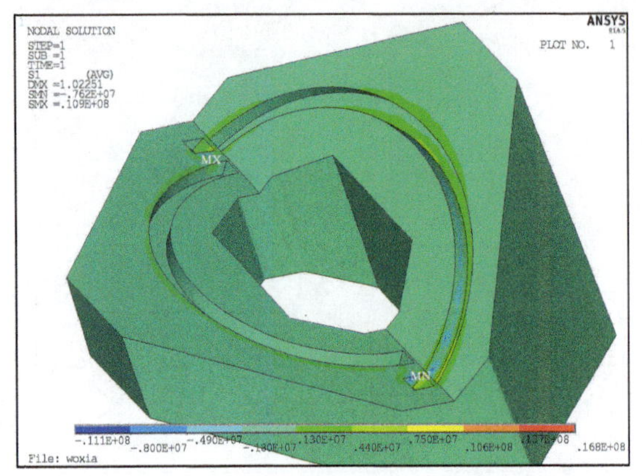

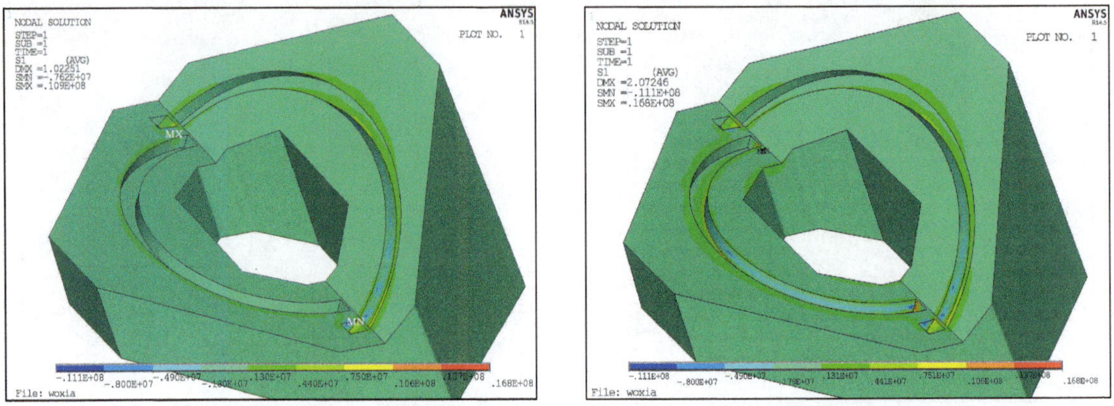

a)断索工况

b)正常工况

图2.23 主拉应力云图

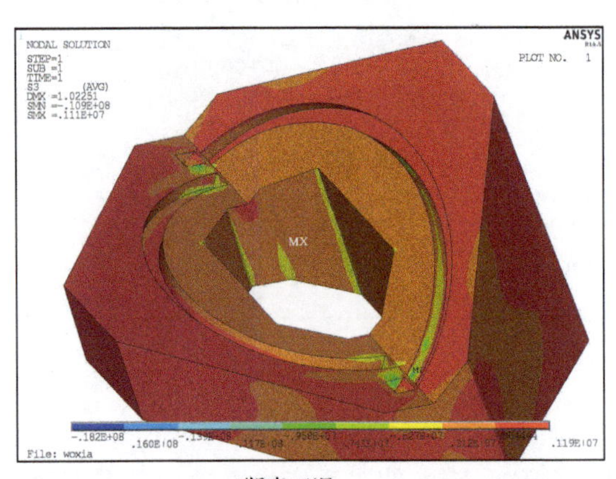

a)断索工况

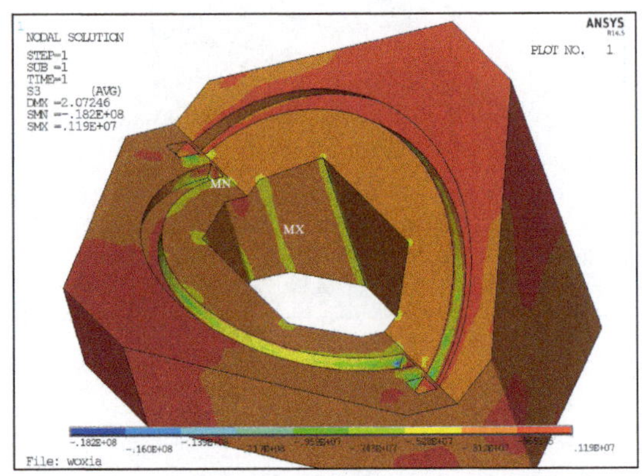

b)正常工况

图2.24 主压应力云图

断索处主拉应力由1.5MPa减小到0.4MPa,但对边未断索处压应力最大值均在2.0MPa左右,没有变化。断索处主压应力由7.4MPa减小到3.1MPa,但对面未断索处压应力最大值均在7.5MPa左右,没有明显变化。

从应力分析中可以看出,对于断索工况,断索只减小断索处索鞍的下部混凝土压应力,但对面锚固区局部位置没有太明显的影响,可见,采用回转索鞍的锚固方式,断索对索塔锚固位置没有太明显的影响,对于断索位置以下的塔柱的压应力略有减小,对桥塔的总体应力水平几乎无影响。

2.3 同向回转鞍座性能

同向回转鞍座采用钢构件组装焊接而成,内设填充料,索力的传递历程为分丝管、填充料

(限位板)、锚体,其中分丝管与索体接触,受力较为复杂。本节介绍鞍座局部效应的计算分析方法,并给出计算示例。

2.3.1　计算方法与基本假定

拉索与分丝管、分丝管与鞍体之间存在复杂的传力效应,为验证鞍座结构的受力性能,采用有限元方法对最不利索力作用下的局部应力进行分析。钢绞线与分丝管模型中,接触的面积是未知的,可先采用接触分析方法获得相应的接触面积,平板形以及异形分丝管有限元模型及其接触状态见图 2.25、图 2.26。

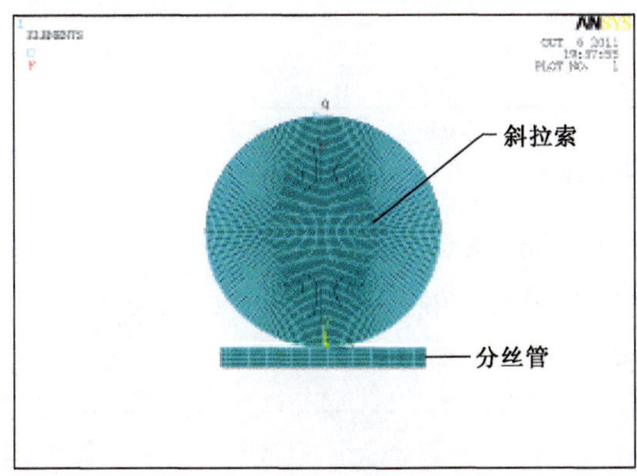

a)有限元模型

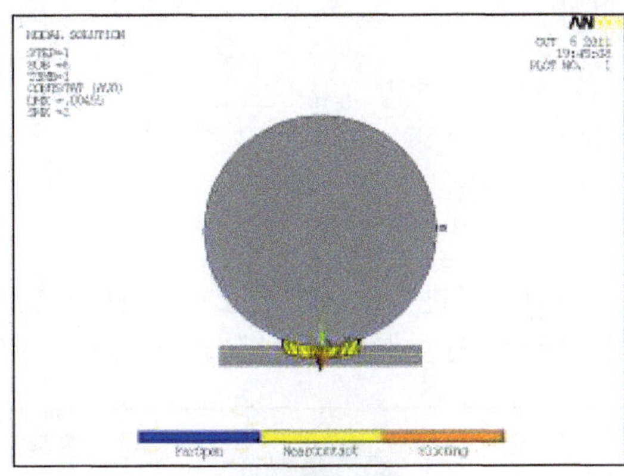

b)局部接触单元

图 2.25　平板形有限元模型及其接触状态

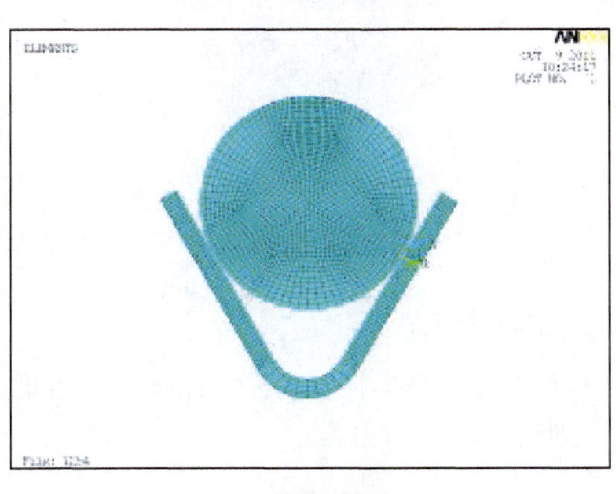

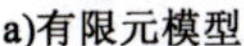

a)有限元模型

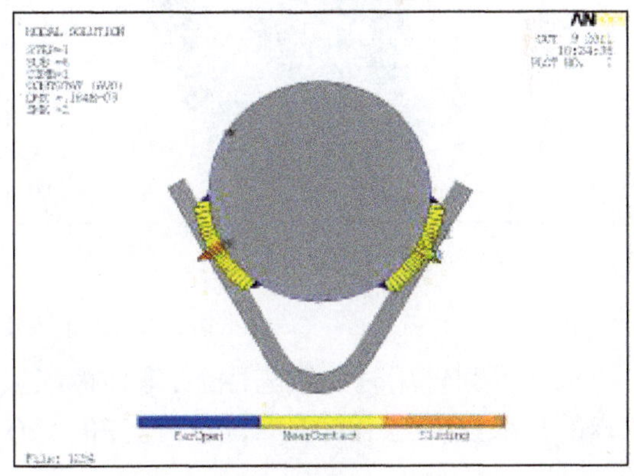

b)局部接触单元

图 2.26　异形分丝管有限元模型及其接触状态

计算结果见图 2.27,随着索力的增加,斜拉索与分丝管间的接触面积也随之变大。在 0.4 倍极限荷载作用下,斜拉索与分丝管接触面的宽度在 0.4 ~ 0.5mm。由此可知,斜拉索的变形很小,即斜拉索与分丝管间的接触面积很小。故在工程误差允许的范围内,可将等效力直接加在斜拉索与分丝管相接触的线上。

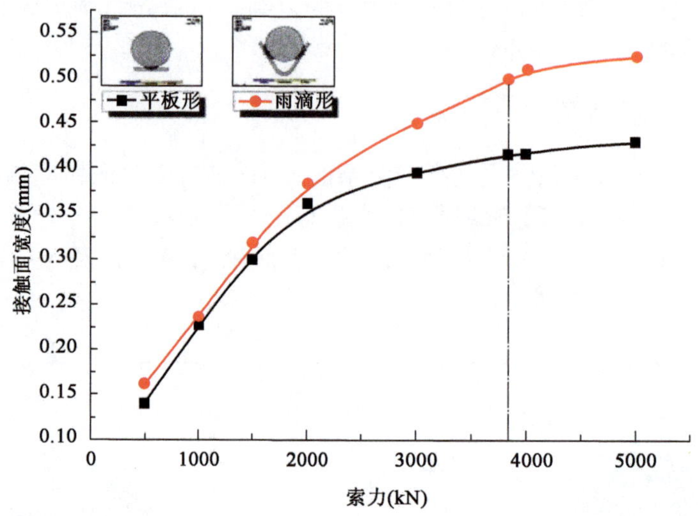

图 2.27　索力与接触面宽度关系

同时为了进一步研究是否考虑斜拉索和分丝管之间的接触变形对分丝管、限位板及填充材料的影响，建立鞍座节段模型进行分析比较模型如图 2.28 所示。

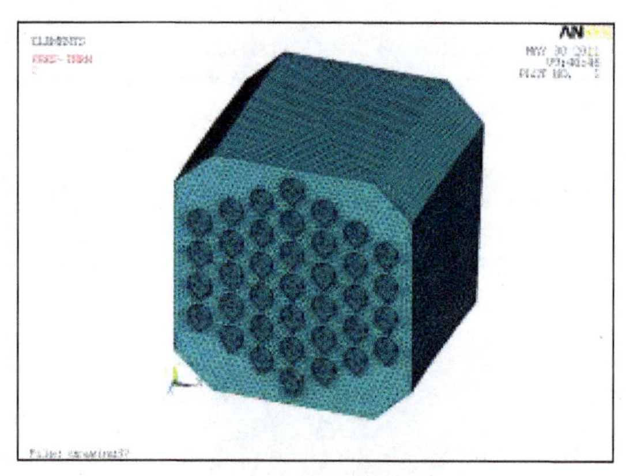

a)局部有限元模型

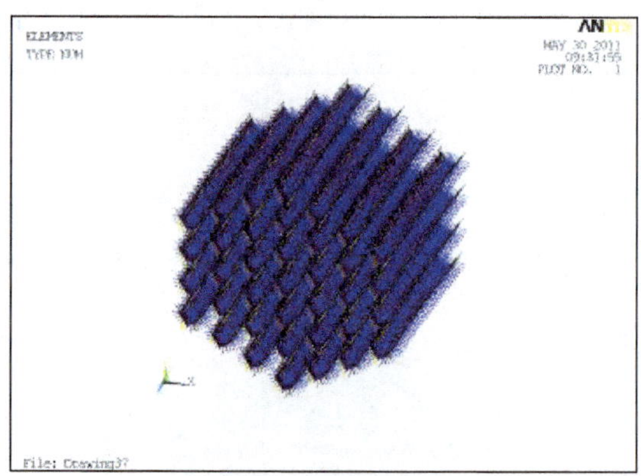

b)接触对选取示意

图 2.28　基于接触非线性有限元模型示意

求最不利作用时的鞍座性能，施加极限索力，本例中以最小半径 $R=2.011\text{m}$ 计入，考虑斜拉索的极限强度是 1860MPa，设计允许值为 $0.4f_{pk}$，则施加的均布力为：

$$q=Q=\frac{F}{R}=\frac{0.4f_{pk}A_s}{R}=\frac{0.4\times1860\times139}{2.011}=51.4\times10^3\text{N/m} \tag{2.7}$$

2.3.2　分丝管性能

考虑到鞍座锚体内填充料施工较难，同时填充料的浇筑会增加鞍座锚体的重量，可能不利于锚体的吊装就位，考虑了不填充以及填充两种方案，以下对两种方案下分丝管的性能进行介绍。

(1)无填充料方案

无填充料方案考虑了两种模式:模式一为分丝管与各限位板接触良好;模式二为分丝管与间隔限位板呈分离状态,即1、2、5…限位板与分丝管接触,2、4、6…限位板与分丝管分离。

模式一的分丝管变形很小,在分丝管与限位板作用的地方应力相对较大,平均应力在350MPa左右,如图2.29a)所示;模式二的最大变形值为模式一的4.5倍,分丝管应力也增大了很多,平均应力达到500MPa,是接触良好时的1.5倍,如图2.29b)所示。

结果表明无填充料状态下分丝管的变形与应力水平较高,在出现局部接触不良的情况下,变形与应力持续增大,不利于分丝管的受力安全,故需要在分丝管和外壳之间增加填充料。

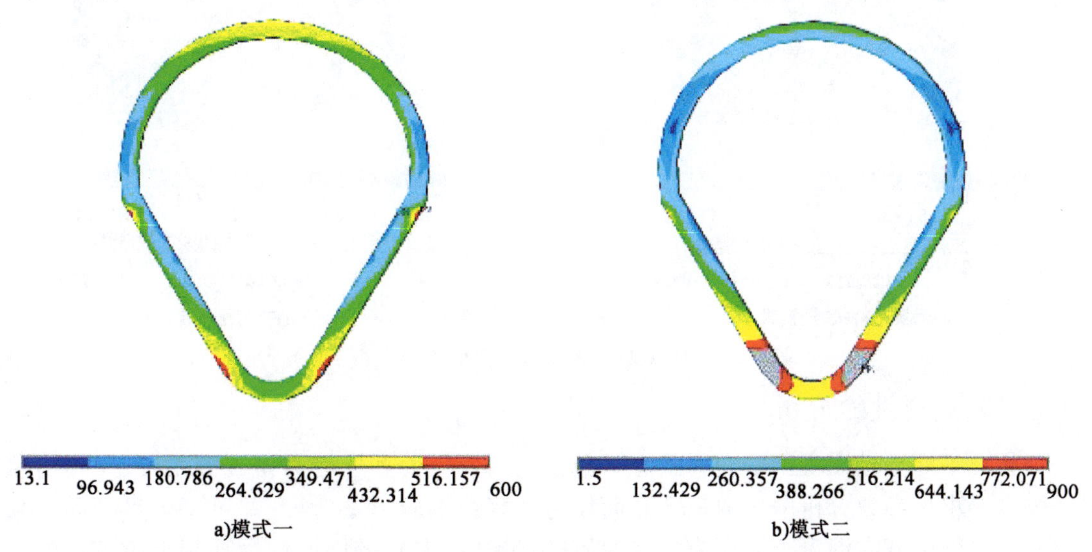

图2.29　不同模式下分丝管与限位板接触位置的Mises应力云图(尺寸单位:MPa)

(2)有填充料方案

在有填充料状态下,分丝管和填充料之间采用共节点方式处理。计算结果表明分丝管的最大应力出现在分丝管施加荷载的部位,约为140MPa,这是因为等效压力直接加载在斜拉索与分丝管接触的线上,产生了应力集中。在分丝管和限位板相互作用处的分丝管应力明显高于其他部位,平均应力值在46.6MPa左右,没有超过不锈钢异形分丝管的材料强度,不会发生破坏。在分丝管圆弧形与直线段相接处的应力也比较大,这是由于在拐点处产生了应力集中,且此处为焊接点,在焊接时要保证其焊接质量。

2.3.3　限位板性能分析

在无填充料状态下[图2.30a)],分丝管受到的荷载均由限位板传递至鞍座锚体下弧板,再由下弧板传递至混凝土桥塔,因此限位板的应力从顶部向底部逐渐增大,且在与分丝管相互作用处的应力值也较大。模式一计算结果表明,最高应力已达550MPa左右,底部平均值在466MPa左右,此时明显超出限位板的材料强度,会发生破坏。

在有填充料状态下[图2.30b)],分丝管受到的荷载由限位板及填充料共同传递至下弧板,再由下弧板传递至混凝土桥塔。计算结果表明,限位板应力自上向下逐渐变大,最大应力出现在限位板下边缘,底部平均值在46.5MPa左右。且在与分丝管相互作用的地方的应力值也较大,最大在77.2MPa左右。均未超出限位板的材料强度,不发生破坏。

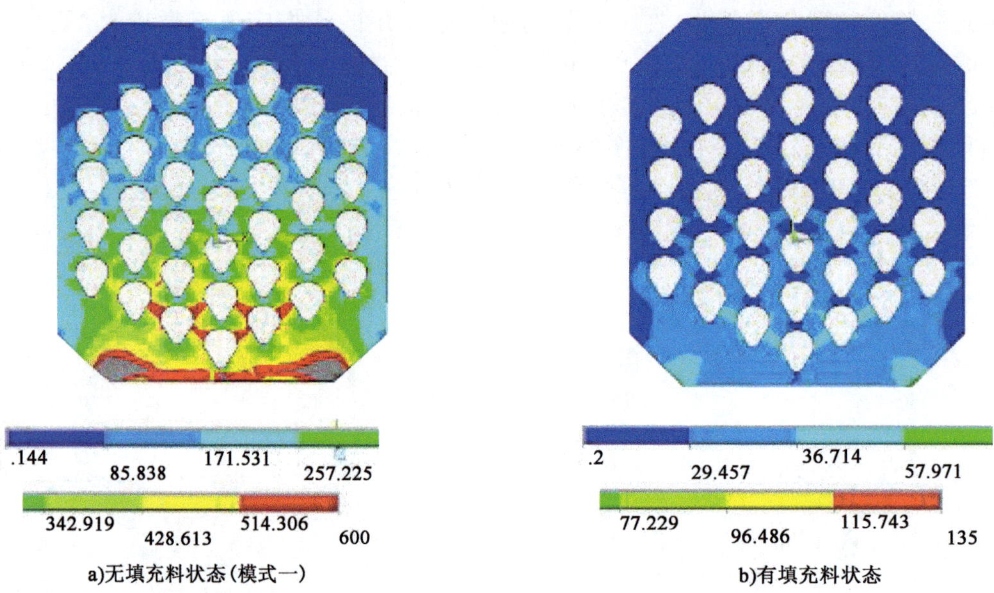

图2.30 限位板断面Mises应力分布(尺寸单位:MPa)

2.3.4 填充料性能分析

分析在不同型号混凝土填充料状态下混凝土的拉应力和压应力是否满足要求,提出填充料的强度要求。参数分析中选取三个断面作为计算结果应力参考面,并对每个参考面沿高度选取三个不同区域内混凝土的压应力最大值进行提取,求其平均值作为混凝土压应力的平均值与设计值比较。同理,选取混凝土拉应力平均值与其设计值进行比较,以此考察填充材料受力性能的合理性。断面及计算结果见图2.31与图2.32。

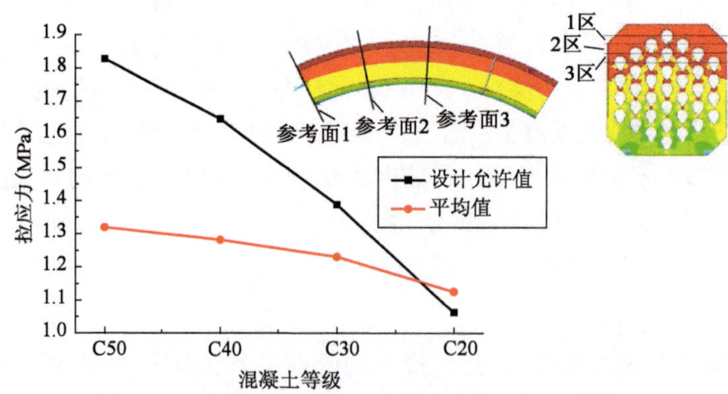

图2.31 主拉应力与混凝土强度等级关系(尺寸单位:MPa)

从图2.31、图2.32中可以看出,随着混凝土强度等级的降低,混凝土平均拉应力值以及平均压应力值逐渐增大，并在 C30 以下超过与之对应的混凝土拉应力设计值。混凝土强度等级越高，结构的安全储备也越大。在实际应用中，考虑部分安全储备，并且避免混凝土收缩产生的不利影响，建议采用 C50 及以上等级的无收缩混凝土作为填充料。

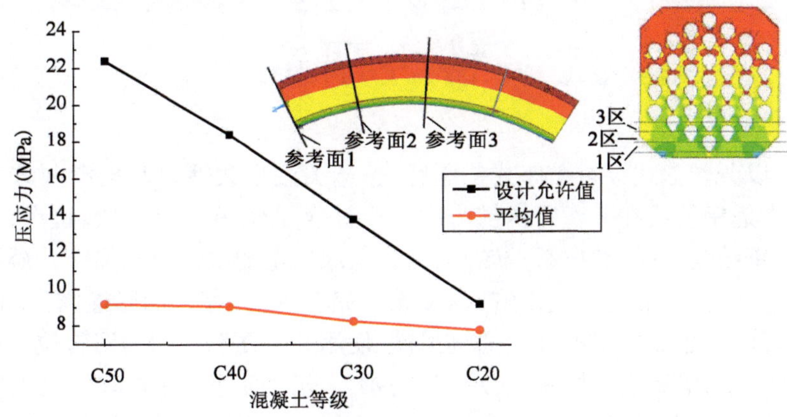

图 2.32　主压应力与混凝土强度等级关系(尺寸单位：MPa)

2.4　本章小结

同向回转拉索体系是对拉索锚固方式的一种重大创新，其将拉索的拉力巧妙地转为对塔柱的压力，可以极大地降低塔柱产生开裂的可能性，保障结构体系的长效耐久，本章给出了同向回转鞍座的构造设计、产品型号以及性能计算方法，以保障鞍座与桥塔在使用阶段可保持较好的力学状态，主要结论有：

(1)同向回转拉索体系适用于桥塔上塔柱为柱式构造的斜拉桥，由内埋至上塔柱的同向回转鞍座、钢绞线斜拉索以及梁上锚固构造共同组成，空间位置设计时采用基准圆筒定位法，首先计算得到拉索的悬链线，然后分别确定塔上及梁上的锚固位置与切线角，即可完成空间位置设计。

(2)提出了同向回转鞍座的标准产品型号，适用于 22 ~ 43 根钢绞线的情况，便于其他桥梁设计购置相应成品。

(3)桥塔锚固区以及鞍座性能可采用实体有限元的分析方法，精细模拟荷载以及边界情况，其中荷载以均布径向力施加，边界考虑各类外在约束以及内部接触的情况，工况应分析最大设计索力以及断索等极端情况。

(4)芜湖长江公路二桥算例表明，桥塔内部以压应力为主，主拉应力较小，且集中在边角应力集中区域，同向回转锚固实现转“拉”为“压”的设计目的；断索工况会导致断索位置鞍座局部区域压应力降低，对其他区域的应力影响较小；在有填充料的情况下，分丝管以及限位板受力满足钢材强度控制要求；填充料应设计为 C30 以上混凝土，方可满足局部承压要求。

(5)采用实体有限元分析方法，考虑钢绞线与分丝管接触影响，分析极限索力作用下同向回转鞍座结构的力学性能，结果表明分丝管、限位板、填充料受力均在规范许可范围内，同向回转鞍座结构构造合理、受力良好。

第3章　同向回转拉索体系自防护抗滑特性研究

钢绞线拉索以分丝形式穿过鞍座式锚固区,普遍关注耐久性以及抗滑两方面的性能。耐久性方面,主要考虑钢绞线在分丝管内部与空气接触,可能存在锈蚀风险;抗滑方面,由于钢绞线与鞍座接触属钢结构接触,摩擦系数较小,需要采取一定的限制滑动措施。矮塔斜拉桥用鞍座一般采取注油脂的方式隔绝空气影响,由于无法完全密闭,存在油脂泄露的风险,注油脂后摩擦系数进一步降低,也需要采取外置的抗滑键,使用并不便利。同向回转拉索体系提出了通过钢绞线涂覆的技术,隔绝空气影响,实现"自防护",同时通过选择具有一定强度和粗糙度的材料,实现拉索寿命周期的抗滑。本章介绍拉索体系的自防护与抗滑特性的机理、计算方法以及试验验证情况,为此类结构设计提供参考。

3.1　自防护抗滑工作机理

3.1.1　索股自防护与抗滑特点

图3.1示出了常规鞍座体系与同向回转拉索体系分丝管内环境的对比示意图。对于常规鞍座体系,一般采用圆形分丝管,在内部注入油脂进行防护,同向回转拉索体系提出的自防护是指钢绞线本身携带防护层进行防护,分丝管自身则采用镍铬不锈钢材料防止产生锈蚀。防护层只需要考虑合理选材,在寿命周期内不会产生磨穿的即可。

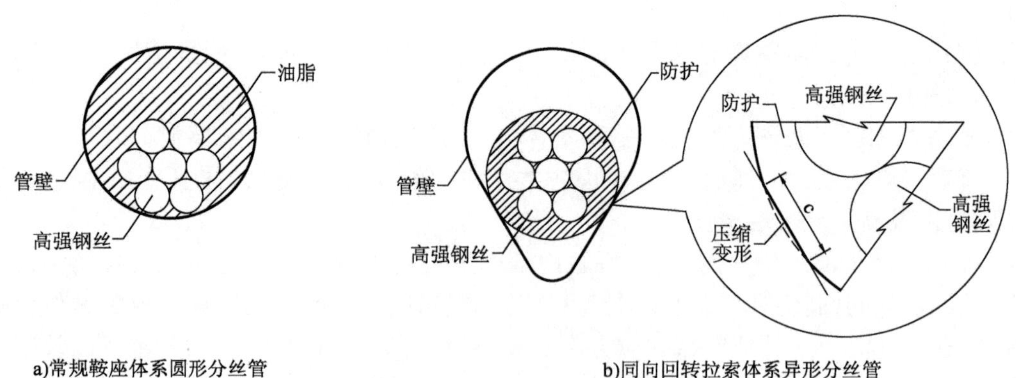

图3.1　分丝管内环境对比示意

相较于传统注油防护形式,自防护具有如下的优势:

(1)避免了油脂填充不密实或泄漏等情况的产生,自防护的表面涂覆可在工厂内完成,质量控制有保障，能够有效地保护钢绞线避免侵蚀；

(2)油脂防护方法可能需要定期补充油脂，由于塔柱建设高度较高，维护成本高，也为作业带来一定的风险，自防护取消了该维护方式，具有较好的经济效益，也杜绝了事故的发生；

(3)斜拉索在寿命周期内面临数次更换，采用油脂防护方式的鞍座需要将油脂排除，在拉索更换完毕后再重新注入油脂，自防护方式则删去了如上工序，便利了拉索的更换，也节约了换索的时间。

自防护可设置复合材料涂层，兼有抗滑功能，在索力下压作用下，与管壁接触位置的涂层会发生压缩变形，与管壁之间的接触面积随之增加（见图3.1），可提供较高的摩阻力，雨滴型分丝管抗滑具有如下的特性：

(1)在索力越大的情况下，面层的变形也就越大，接触面积也就越大，可提供更高的摩阻力，实现了根据索力大小“自调节”摩阻力的功能；

(2)由于索力越大，摩阻力越大，拉索的安装与拆除不可采用拉拽方式施工，可利用上方圆形部分摩阻力较小的特性，采用推送方式进行施工；

(3)利用拉索自身提供的摩阻力实现抗滑，无需设置外置的抗滑键，减少了施工工序，降低了现场施工的难度；

(4)利用防护避免了拉索与分丝管的直接接触，可以起到抵抗磨蚀效应的作用，提高了拉索的适用寿命。

3.1.2　索股防护方式选型

索股需要选取合适的涂覆材料，以实现防护以及抗滑的性能，根据机理分析总结防护方式的选型要点如下：

(1)材料需具有一定的粗糙度：摩擦系数的大小取决于接触材料的粗糙程度，为提供足够的抗滑力，涂覆材料应具备一定的粗糙度；

(2)材料需具有一定的柔度：摩擦力大小的另一决定因素是材料的接触面积，采用具有一定柔度的材料，可以增加材料的变形，从而起到增加接触面积的作用；

(3)材料需具有一定的硬度：材料过柔的情况下，可能产生较大的变形，钢绞线保护层厚度减小，抗磨蚀效果将会受到影响，故对材料提出了硬度的控制要求；

(4)材料性质需满足涂覆工艺的要求：材料应有较好的流动性，能够充分填充钢绞线的缝隙，应有较好的黏结力，能够与钢绞线之间黏结牢靠。

通过对材料进行试验检验，最终确定聚脲涂层、改性环氧涂层两种索股防护方式。

1)聚脲涂层方案

聚脲涂层由改性环氧底涂层和聚脲面层组成，聚脲涂层材料的主要技术指标应符合表3.1、表3.2的规定，其他技术指标应符合《喷涂聚脲防水涂料》(GB/T 23446—2009)的有关规定。聚脲涂层具有较高粗糙度，可以提供更高的抗滑力，由于硬度偏低，故采用了改性环氧作为底涂层。

改性环氧底涂层材料主要技术指标　　表 3.1

项　目	技术指标
涂膜外观	漆膜光滑平整,无气泡,无孔
耐冲击性(kg·m)	≥0.9
附着力(与钢板,单位:MPa)	≥12.5
耐温变(℃)	-40～+180
耐酸性(10% H_2SO_4或10% HCl,30d)	无锈蚀,不起泡,不脱落
耐碱性(10% NaOH,常温,30d)	无锈蚀,不起泡,不脱落
耐盐水(30g/L,30d)	无锈蚀,不起泡,不脱落
耐盐雾(h)	≥1000
耐油性(0号柴油,原油,30d)	无锈蚀,不起泡,不脱落

聚脲面层材料主要技术指标　　表 3.2

项　目	技术指标
涂膜外观	连续、均匀、饱满、无流挂、无损伤
拉伸强度(MPa)	≥18.5
断裂伸长率(%)	≥400
撕裂强度(kN/m)	≥80
耐冲击性(kg·m)	≥1.0
附着力(与钢板,单位:MPa)	≥10
耐温变(℃)	-40～+180
耐磨性(750g/500r,单位:mg)	<30
耐酸性(10% H_2SO_4或10% HCl,30d)	无锈蚀,不起泡,不脱落
耐碱性(10% NaOH,常温,30d)	无锈蚀,不起泡,不脱落
耐盐水(30g/L,30d)	无锈蚀,不起泡,不脱落
耐盐雾(h)	≥1000
耐油性(0号柴油,原油,30d)	无锈蚀,不起泡,不脱落

2)改性环氧涂层方案

改性环氧涂层是指将钢绞线全部采用改性环氧进行涂覆的方法,其材料要求与表3.1相同。改性环氧涂层的粗糙度较聚脲涂层偏低,可用于同截面索力差较小的桥梁。

3.1.3　索股夹持型抗滑的基本原理

采用理论方法推导抗滑效应的计算式,以分丝管及分丝管内的斜拉索钢绞线为研究对象,当斜拉索两侧受到的索力取分丝管内钢绞线受力的微元体如图3.2所示,假设在微元体上正压力和摩擦力均匀分布。实际产生摩擦力的正压力并不是 dF_n,而是其在斜向垂直于两个接触面上的夹挤力。由图3.2易知,在V形口夹角为60°时,$q=2Q\sin30°=Q$。故有:

$$dF_s=\mu\times2dF_n \tag{3.1}$$

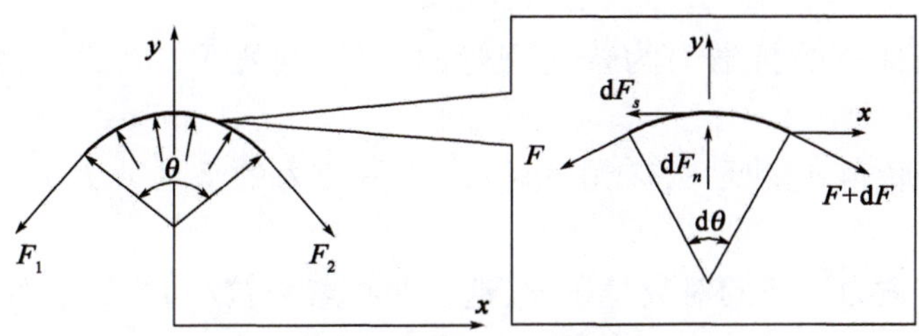

图 3.2 受力微元体示意

从上式可知,使用夹角为60°的异形分丝管,由于存在两个接触面产生的夹持力比使用圆管产生的摩擦力增大了一倍,这也是异形分丝管抗滑性能优异的根本原因。

列出鞍座体系的平衡方程:

$$\begin{cases}\sum F_x = 0 \\ \sum F_y = 0\end{cases} \tag{3.2}$$

将式 3.1 带入展开得:

$$\begin{cases}-F\cos\dfrac{d\theta}{2} - 2\mu dF_n + (F + dF)\cos\dfrac{d\theta}{2} = 0 \\ dF_n - F\sin\dfrac{d\theta}{2} - (F + dF)\sin\dfrac{d\theta}{2} = 0\end{cases} \tag{3.3}$$

由于 dθ 很小,所以:

$$\sin\frac{d\theta}{2} \approx \frac{d\theta}{2}, \cos\frac{d\theta}{2} \approx 1.0 \tag{3.4}$$

又因为 $dF\sin(d\theta/2)$ 为二阶微量,可忽略不计,因此式 3.3 简化为:

$$\begin{cases}-2\mu dF_n + dF = 0 \\ dF_n - Fd\theta = 0\end{cases} \tag{3.5}$$

求得:

$$\frac{dF}{F} = 2\mu d\theta \tag{3.6}$$

两侧积分并化简之后可得:

$$\mu = \frac{1}{2\theta}\ln\frac{F_1}{F_2} \tag{3.7}$$

式中:μ——钢绞线与鞍座分丝管最大静摩擦系数;

θ——鞍座弧段对应的圆心角(rad);

F_1、F_2——钢绞线两侧拉力,$F_1 \geqslant F_2$。

上式即为摩擦系数的计算公式,也是鞍座体系抗滑计算沿用的基本力学模型。本式的物理意义如下：

(1)异形分丝管提供的抗滑力为普通圆管的两倍,故需要的摩擦系数仅为常规鞍座的1/2；

(2)摩擦系数与转角 θ 呈反比,转角 θ 越大,不平衡力的水平分力也就越小,需要的摩擦系数也就越小；

(3)摩擦系数与索力比值的对数呈正比,这表明在索力较小时,异形分丝管的抗滑安全系数较高,随着索力增大,异形分丝管的抗滑安全系数逐渐降低。

3.2 抗滑特性试验研究

3.2.1 抗滑试验设计

理论研究表明,只要能准确测量出钢绞线滑动时鞍座锚体两侧拉索的索力,便可求出此时分丝管对钢绞线的夹持力及两者之间所需的摩擦系数,但仍需要开展抗滑试验工作,验证鞍座设计尺寸、异形分丝管构造以及自防护材料能够提供足够的摩擦效应。

为此设计了抗滑试验,采用足尺鞍座模型,在试验过程中利用临时限位装置固定鞍体位置,使得鞍体处于固定状态。进行单股钢绞线试验,钢绞线采用单股钢绞线千斤顶张拉,由于钢绞线处于分丝管内无法测量其位移,试验利用高频动态压力传感器实时采集鞍座两端拉索的索力,采样频率为20Hz。

针对静摩擦系数和动摩擦系数的特性,本试验共设计了两种加载方式,加载方式一用于测试最大静摩擦系数,加载方式二用于测试动摩擦系数。

加载方式一如图 3.3 所示,先将锚体两侧索力张拉至基准力 F,增加右侧拉索索力,当两侧的不平衡力较小时,由分丝管的夹持力与其平衡,左侧 2 号传感器的压力值保持不变。随着张拉力的增加,两侧不平衡力逐渐增加,当其大于分丝管的额定夹持力时,则 2 号传感器的压力值也会增加,认为此时钢绞线发生了相对滑动,由此求出在基准力为 F 时分丝管和钢绞线的最大静摩擦系数。

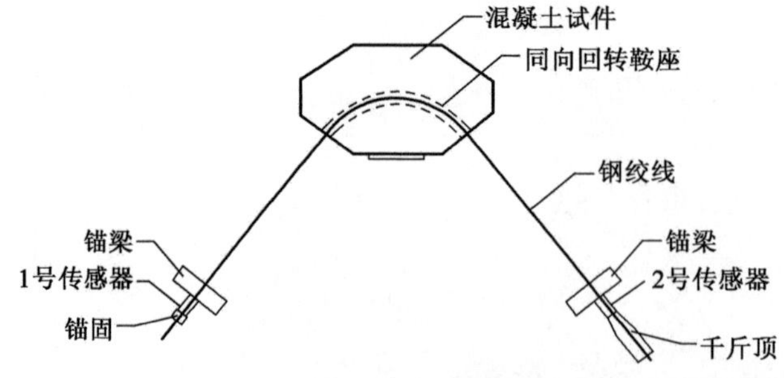

图 3.3　鞍座夹持试验方案示意

加载方式二如图 3.4 所示,不再进行初张拉,而是直接将钢绞线左侧锚固,然后逐渐增加右侧张拉力,动态采集整个过程中两侧传感器的压力时程曲线,由此求出滑动过程中的动摩擦力。

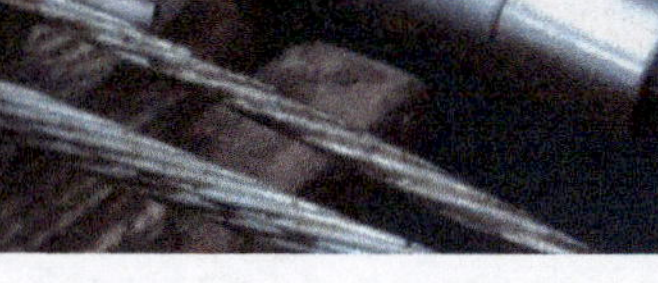

a)电阻式压力传感器

b)动态电阻式应变采集仪

图 3.4　试验数据动态采集系统

出于自防护以及抗滑考虑，采用新型无黏结钢绞线，即将 PE 钢绞线的 PE 外套去除后采用新的包裹方式替代 PE 外套。探索过程中共研发四种不同包裹方式的钢绞线，分别定为 A 型、B 型、C 型和 D 型，如图 3.5 所示。

a)A型钢绞线

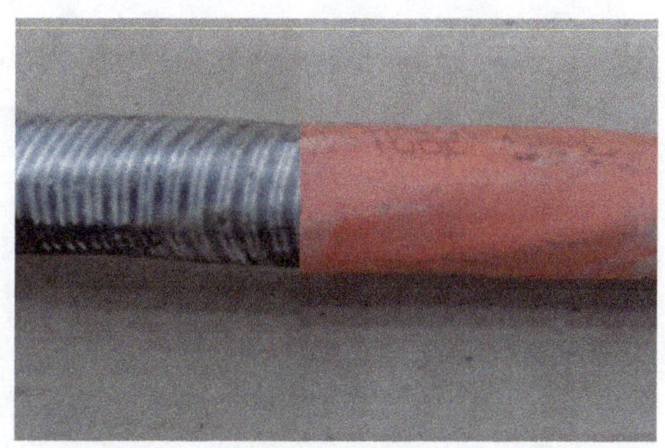

b)B型钢绞线

c)C型钢绞线

d)D型钢绞线

图 3.5　各种钢绞线包裹示意

A 型钢绞线的包裹材料为 0.1mm 厚、10mm 宽的不锈钢带。包裹方式为螺旋式包裹，相邻两螺旋线之间的重叠宽度为5mm。在不锈钢带与钢绞线之间涂抹环氧涂层,通过不锈钢带和环氧涂层将钢绞线与环境之间阻断以起到防腐作用。钢带与PE之间的接头位置采用热缩管进行防护。

B型钢绞线的防护材料是直径为1mm的不锈钢丝及热缩管,包裹方式为不锈钢丝螺旋式缠绕,相邻两螺旋线之间的间距为1mm,钢丝的间隙涂抹环氧涂层,钢丝的外侧包裹热缩管。

C型钢绞线表面喷涂双组份聚脲层;D型钢绞线表面先喷涂一层单组份聚脲层,再喷涂一层双组份聚脲层。

共进行10根钢绞线的夹持试验,1根为A型钢绞线,1根为B型钢绞线,1根为疲劳试验后的B型钢绞线,1根为C型钢绞线,1根为疲劳试验后的C型钢绞线,1根为D型钢绞线,1根为疲劳试验后的D型钢绞线,剩余3根为全新光面无包裹钢绞线,各钢绞线编号见表3.3。

夹持钢绞线编号表 表3.3

编号	钢绞线类型	是否为新钢绞线	加载方式一	加载方式二
1	光面钢绞线	新钢绞线	是	是
2	光面钢绞线	新钢绞线	否	是
3	光面钢绞线	新钢绞线	否	是
4	A型钢绞线	新钢绞线	是	是
5	B型钢绞线	新钢绞线	是	是
6	B型钢绞线	疲劳后钢绞线	否	是
7	C型钢绞线	新钢绞线	否	是
8	C型钢绞线	疲劳后钢绞线	是	是
9	D型钢绞线	新钢绞线	是	是
10	D型钢绞线	疲劳后钢绞线	是	是

3.2.2 试验加载与测试

夹持试验中,1、4、5、8、9、10号钢绞线的夹持试验的流程按照表3.4流程步骤1~10完成,2、3、6、7号钢绞线按照表3.4流程的步骤11~13完成。其中步骤2~10为加载方式一,步骤11~13为加载方式二。

夹持试验加载流程 表3.4

试验步骤	操作内容	记录内容	备注
1	安装试验钢绞线	—	准备工况
2	安装钢绞线左端张拉至100MPa锚固	记录1、2号传感器压力值	准备工况
3	右端张拉至100MPa	记录1、2号传感器压力值	准备工况
4	右端荷载缓慢增加至1号传感器压力值明显增加	记录1、2号传感器压力值	加载工况
5	左端张拉力调整至200MPa	记录1、2号传感器压力值	准备工况

续上表

试验步骤	操作内容	记录内容	备　注
6	右端张拉至200MPa	记录1、2号传感器压力值	准备工况
7	右端荷载缓慢增加至1号传感器压力值明显增加	记录1、2号传感器压力值	加载工况
8	左端张拉力调整至400MPa	记录1、2号传感器压力值	准备工况
9	右端张拉至400MPa	记录1、2号传感器压力值	准备工况
10	右端荷载缓慢增加至1号传感器压力值明显增加	记录1、2号传感器压力值	加载工况
11	两端荷载卸载至0,锚固左端	—	准备工况
12	右端荷载从0开始缓慢增加至1395MPa	记录1、2号传感器压力值	加载工况
13	拆除设备及钢绞线	—	—

3.2.3　夹持试验结果分析

3.2.3.1　静摩擦系数分析

以2号钢绞线的夹持试验数据为例分析该钢绞线和分丝管之间的摩擦系数。2号钢绞线在加载方式一全过程记录的1、2号传感器的荷载时程曲线如图3.6所示。横轴为时间轴(单位:min),纵轴为压力传感器压力值(单位:kN)。红线为2号传感器的荷载时程曲线,黑线为1号传感器的荷载时程曲线,两个传感器的采样频率均为20Hz。

图3.6中两条曲线共有四处位置重合,其中位置1处钢绞线两端的应力值均为13.9kN(100MPa),位置2处钢绞线两端的应力值均为27.8kN(200MPa),位置4处钢绞线两端的应力值均为55.6kN (400MPa),位置3处钢绞线两端的应力值均为0(处于加载调整状态)。

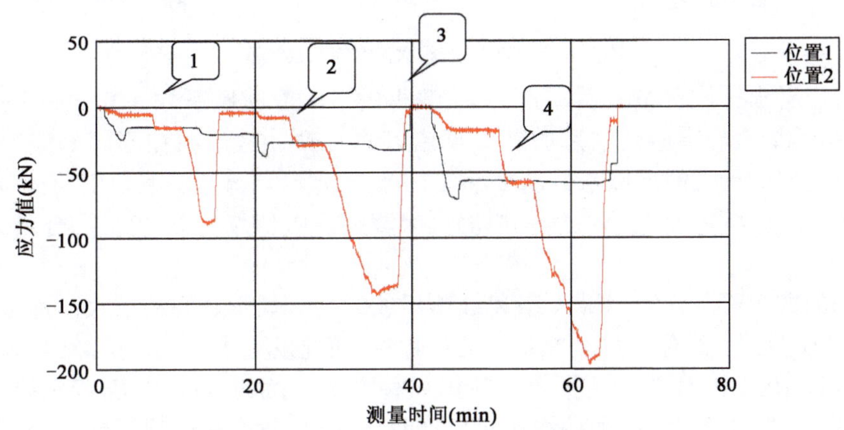

图3.6　钢绞线2号荷载时程曲线(加载方式一)

当两端基准荷载均为13.9kN(100MPa)和27.8kN (200MPa)时,随着主动端荷载的增加出现了钢绞线与分丝管之间发生相对滑动状态;当两端基准荷载为55.6kN (400MPa),直至主动端荷载增加至193.9kN(1395 MPa)仍未出现钢绞线与分丝管之间发生相对滑动状态。

这是因为在两端基准荷载为 55.6kN 状态下，当主动端荷载增加至 55.6kN 时，两端拉索的不平衡力未能完全抵消分丝管提供的夹持力。

为此定义名义摩擦系数，将拉索两端荷载 F_1 和 F_2 带入式(3.7)，求得名义摩擦系数 m 为：

$$m=\frac{1}{2\theta}\ln\frac{F_1}{F_2} \tag{3.8}$$

图 3.7 显示了以 100MPa 和 200MPa 为基准力时，2 号钢绞线进行单侧张拉的钢绞线拉力时程曲线。图中横坐标为时间，红色曲线为主动张拉端（右端）拉力值，黑色曲线为锚固端（左侧）拉力值，蓝色粗曲线为名义摩擦系数值。

图中红色曲线的上升段即为张拉端加载过程，在标注出的滑动台阶处，锚固端拉力发生了明显变化，说明在该时刻钢绞线发生了相对滑动，静摩擦转为滑动摩擦，此处计算出的摩擦系数即为最大静摩擦系数。

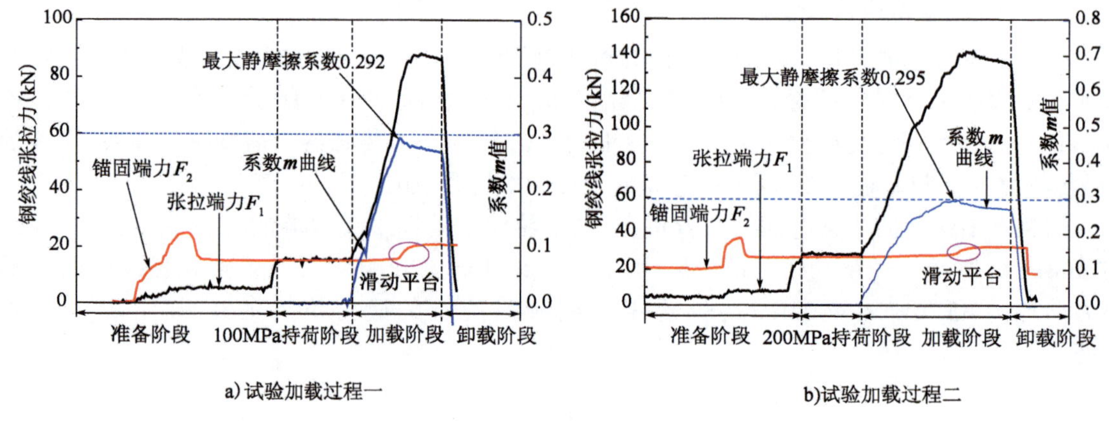

a) 试验加载过程一

b) 试验加载过程二

图 3.7　钢绞线 2 号最大静摩擦系数计算

从图中可以看出，以 100MPa 为基准力时，测得的最大静摩擦系数为 0.292，以 200MPa 为基准力时，测得的最大静摩擦系数为 0.295，两者基本一致。这说明在不同的应力水平下，钢绞线与分丝管之间的最大静摩擦系数基本不变，也证实理论计算摩擦系数仅与荷载比有关，与荷载大小无关。综上所述，2 号钢绞线其单侧最大摩擦系数值取为 0.290，综合最大静摩擦系数为 0.58。

采用相同的方法可以分别测得 A 型和 B 型钢绞线与分丝管之间的最大静摩擦系数，但是在测定 C 型和 D 型钢绞线最大静摩擦系数的过程中，情况发生了变化。例如图 3.8 的 8 号（C 型）钢绞线，在以 100MPa 作为应力平台进行第一种方式加载的过程中，随着张拉端拉力一直增大到 150kN 左右，锚固端的拉力始终没有出现明显变化，即没有出现滑动平台，因此也就无法计算相应的最大静摩擦系数。

试验中虽然未能得到 C 型和 D 型钢绞线最大静摩擦系数的准确数据，但是从试验中没有出现滑动平台的试验现象可以判断，C 型和 D 型（采用聚脲喷涂层）钢绞线的最大静摩擦系数肯定大于光面钢绞线。表 3.5 显示了各类钢绞线最大静摩擦系数的试验结果。

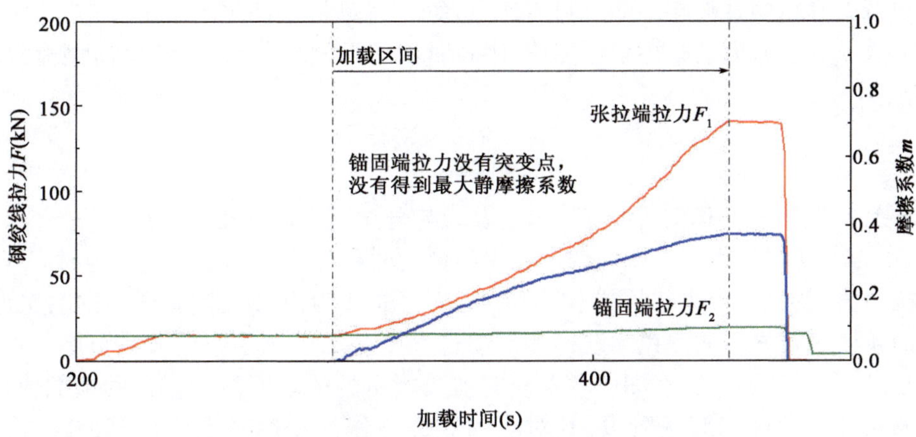

图 3.8　钢绞线 8 号最大静摩擦系数计算

钢绞线最大静摩擦系数试验结果　　表 3.5

钢绞线类型	最大静摩擦系数	综合最大静摩擦系数
光面钢绞线	0.290	0.580
A 型钢绞线(钢带包裹)	0.270	0.540
B 型钢绞线(钢丝包裹)	0.291	0.582
C 型钢绞线(单组份聚脲喷涂层)	>0.291	>0.582
D 型钢绞线(双组份聚脲喷涂层)	>0.291	>0.582

3.2.3.2　动摩擦系数分析

以 2 号钢绞线的夹持试验数据为例分析钢绞线和分丝管之间的动摩擦系数。2 号钢绞线在加载方式二全过程记录的 1、2 号传感器的荷载时程曲线如图 3.9 所示。横轴为时间轴(单位:min),纵轴为压力传感器压力值(单位:kN)。红线为 2 号传感器的荷载时程曲线,黑线为 1 号传感器的荷载时程曲线,两个传感器的采样频率均为 20Hz。

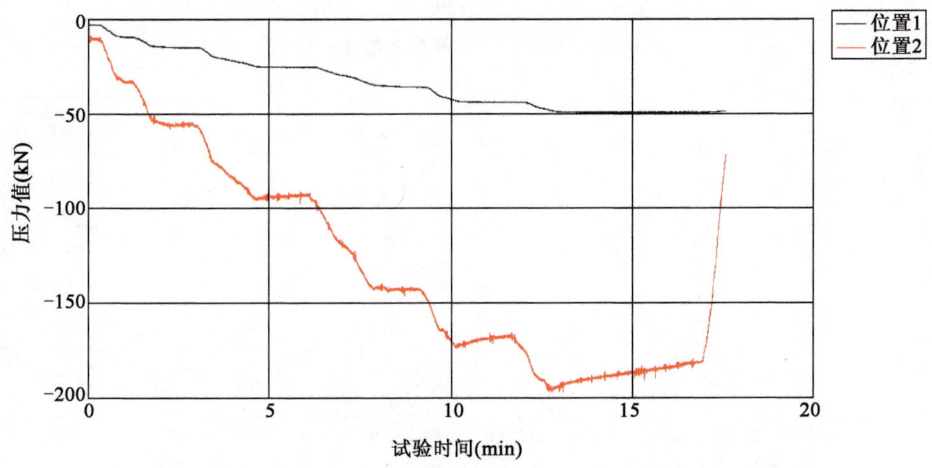

图 3.9　钢绞线 2 号荷载时程曲线(加载方式二)

采用与最大静摩擦系数相同的分析方法，将每一时刻拉索两端荷载 F_1 和 F_2 带入，计算出名义摩擦系数 m。设 $\overline{m}$ 为动摩擦系数真值，则各时刻所得的名义摩擦系数与动摩擦系数真值 $\overline{m}$ 的均方差为：

$$\sigma = \sum_{i=1}^{n} \frac{(m_i - \overline{m})^2}{n} \tag{3.9}$$

以均方差 σ 取得最小值时 $\overline{m}$ 对应的为钢绞线与分丝管之间的动摩擦系数。

图 3.10 为 3 号钢绞线在右端加载过程中的拉力时程曲线。图中横坐标为时间，红色曲线为张拉端拉力值，黄色曲线为锚固端拉力值，蓝色粗曲线为由公式计算得出的名义摩擦系数值。图中两条横虚线之间的蓝色粗线即为滑动过程中名义摩擦系数的波动范围。可以看出，在加载区间内，名义摩擦系数在图中两条横向虚线所示的值之间波动。在两条数值虚线以外的数据为加载准备阶段和卸载阶段，其对应的数据不作为动摩擦系数计算的样本。经计算 $\overline{m}-\sigma$ 为曲线如图 3.11 所示。

从图 3.11 中可知，当 σ 取得最小值时得到的 $\overline{m}$ 为 0.26，即钢绞线与分丝管之间的动摩擦系数为 0.26。其余 5 根钢绞线采用加载方式二所得的 $\overline{m}-\sigma$ 曲线如图 3.12 所示。

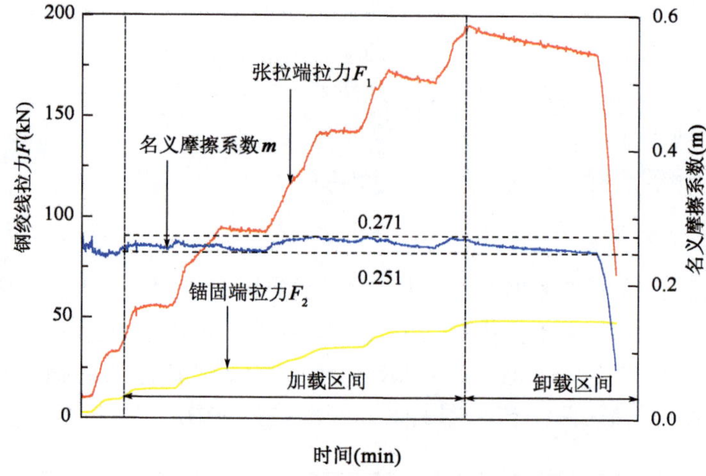

图 3.10　钢绞线 3 号动摩擦系数计算图式

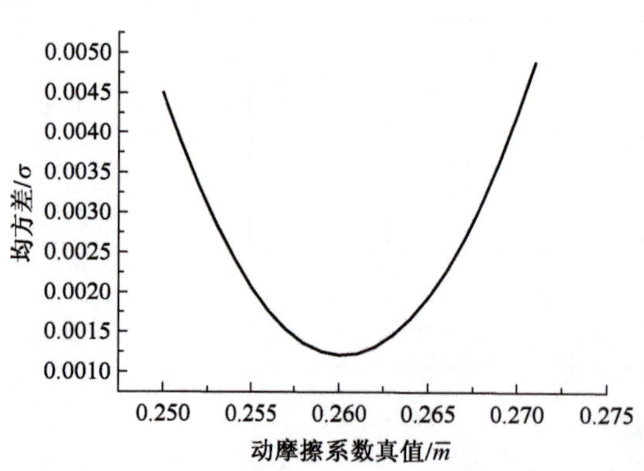

图 3.11　钢绞线 3 号 $\overline{m}-\sigma$ 曲线

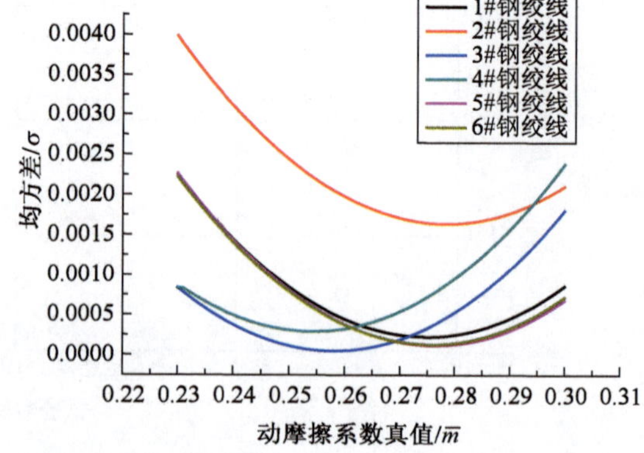

图 3.12　钢绞线 1～6 号试验 $\overline{m}-\sigma$ 曲线

由图3.12可知，试验的六根钢绞线的包裹形式对动摩擦系数有一定影响，但影响不大，包裹B型钢绞线和光面钢绞线与分丝管之间的摩擦系数几乎相同，包裹A型钢绞线与分丝管之间的摩擦系数略小，这主要是A型钢绞线包裹层的外表面较光滑的缘故。疲劳后的B型钢绞线与分丝管之间的摩擦系数较新钢绞线略有降低，是因为在疲劳试验过程中在鞍座出口以内一定范围内钢绞线与分丝管之间存在着相对滑动，降低了表面的粗糙程度，使得摩擦系数略有降低。

表3.6列出了本次试验中所有钢绞线的滑动擦系数试验，可以看出，三根试验光面钢绞线与分丝管之间的动摩擦系数基本一致，取其摩擦系数为0.275；有包裹B型钢绞线与分丝管之间的动摩擦系数为0.278；有包裹A型钢绞线与分丝管之间的动摩擦系数为0.255。采用聚脲喷涂层的两种钢绞线其滑动摩擦系数明显大于前三种钢绞线，至少在0.34以上，这一试验结果也与前一节中C型和D型钢绞线的最大静摩擦系数过大而无法测出的情况相吻合。

钢绞线动摩擦系数试验结果 表3.6

编 号	钢绞线类型	是否为新钢绞线	动摩擦系数
1	光面钢绞线	新钢绞线	0.275
2	光面钢绞线	新钢绞线	0.276
3	光面钢绞线	新钢绞线	0.277
4	有包裹A型钢绞线	新钢绞线	0.255
5	有包裹B型钢绞线	新钢绞线	0.278
6	有包裹B型钢绞线	疲劳后钢绞线	0.258
7	C型钢绞线	新钢绞线	0.450
8	C型钢绞线	疲劳后钢绞线	0.460
9	D型钢绞线	新钢绞线	0.370
10	D型钢绞线	疲劳后钢绞线	0.340

3.3 夹持型鞍座抗滑移设计计算方法

3.3.1 抗滑计算方法

通过鞍座锚索系统足尺模型夹持试验研究，得到了不同钢绞线与分丝管之间的最大静摩擦系数和动摩擦系数。利用试验结果可对锚索区鞍座的设计提供依据，确保锚索区夹持力满足拉索不平衡力的要求。鞍座回转角度设计时，可将式(3.7)进行变换，得：

$$\theta = \frac{1}{2\mu}\ln\frac{F_1}{F_2} \tag{3.10}$$

令k为锚固安全系数，则鞍座锚体分丝管设计最小圆心角计算公式为：

$$\theta = \frac{k}{2\mu}\ln\frac{F_1}{F_2} \tag{3.11}$$

式中：k——锚固安全系数，可由设计人员根据结构的重要性选定，一般不小于2.5。

根据角度与弧长变换,得到鞍座锚体分丝管最小夹持长度 L_0 的计算公式为:

$$L_0 = \frac{kR}{\mu}\ln\frac{F_1}{F_2} \tag{3.12}$$

式中:R——同向回转鞍座半径。

正向设计中,根据鞍座几何尺寸,可以及算得到抗滑安全系数:

$$k = \frac{2\mu\theta}{\ln(F_1/F_2)} \tag{3.13}$$

3.3.2 抗滑算例

以芜湖长江公路二桥鞍座抗滑设计为例,本桥采用四索面布置,如图 3.13 所示,在车辆出现偏载布置的情况下会出现最大不平衡力。

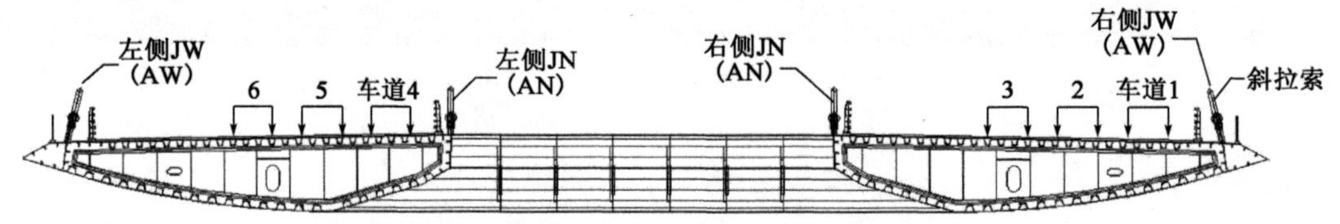

图 3.13 车道布置情况

以索力影响线之差获得索力差的影响线,然后采用影响线加载的方法得到最大索力差。根据夹持试验的结果,摩擦系数 m 偏安全的取为 0.3,以该值代入式 3.13,对 JW9 号鞍座的抗滑安全性进行验算,其中鞍座转角 $\theta=2.9$,计算结果见表 3.7。

JW9 各工况抗滑安全系数 表 3.7

汽车荷载位置	右侧 JW9(kN)	左侧 JW9(kN)	抗滑安全系数 k
车道 1	1428	1145	7.9
车道 2	1407	1162	9.2
车道 3	1386	1179	10.8
车道 4	1210	1347	16.3
车道 5	1193	1368	12.8
车道 6	1176	1389	10.6
车道 1 +2	1652	1125	4.6
车道 1 +2 +3	1708	1135	4.3
车道 1 +2 +3 +4	1652	1252	6.3
车道 1 +2 +3 +4 +5	1610	1356	10.2
车道 1 +2 +3 +4 +5 +6	1571	1455	22.9

3.4　本章小结

同向回转鞍座对钢绞线拉索提出了耐久与抗滑两方面的要求，提出通过围裹或者涂覆的方式兼顾自防护及抗滑性能的技术，主要结论有：

(1)提出异形分丝管的抗滑机理，并且理论推导得到鞍座转角、摩擦系数的相关取值方法。

(2)利用试验结果，分析了钢绞线与异形分丝管之间的最大静摩擦系数；采用包裹方式的钢绞线与分丝管之间的最大静摩擦系数与光面钢绞线基本相同，最大静摩擦系数介于0.270～0.291，系统的综合摩擦系数介于0.540～0.582；而采用聚脲喷涂层的两种钢绞线的最大静摩擦系数明显大于前三种钢绞线。

(3)利用试验结果，分析了钢绞线与异形分丝管之间的滑动摩擦系数；动摩擦系数比最大静摩擦系数略小，疲劳后钢绞线与分丝管之间的摩擦系数较新钢绞线略有较低，但降低很少；对于光面钢绞线和采用包裹形式的钢绞线来说，系统的综合动摩擦系数介于0.510～0.556，而采用聚脲喷涂层的两种钢绞线的系统综合动摩擦系数在0.68以上。

(4)提出抗滑动安全系数 k 的概念，并且建议不小于2.5控制设计，给出设计计算的相关算例，供相关设计参考取用。

第4章　同向回转拉索体系疲劳性能研究

同向回转拉索体系采用的锚索方式以及拉索形式与常规锚索体系不同，锚索区索体呈小半径弯曲状态，索体应力分布将受弯曲应力、分丝管夹持影响；钢绞线由钢丝捻制而成，在受拉状态下，钢丝也受到相互径向力的影响，应力分布比较复杂。本章介绍了采用足尺模型试验检验索体疲劳性能，给出了试验的参数，验证索体的疲劳性能。

4.1　拉索系统疲劳的关键问题

4.1.1　斜拉索疲劳问题概述

斜拉桥是一种桥面体系受压、支撑体系（斜拉索）受拉的桥梁。桥梁结构不仅仅承受自身的巨大重量，而且还要担负其桥面汽车荷载产生的活荷载。作为斜拉桥重要支撑结构的斜拉索承担桥面传来的绝大部分荷载。

斜拉索的应力极易产生变化，导致斜拉索在高应力状态下还要承受周期的轴向和弯曲疲劳应力。引起斜拉索中应力变化的因素有：

①拉索振动：拉索本身在风或风雨激励下产生风致振动（涡激振动、尾流驰振以及大幅的风雨振动），引起斜拉索轴向应力和端部弯曲应力的周期性变化；主梁振动频率与斜拉索的固有频率之比为2∶1时，斜拉索产生参数振动，这同样会引起斜拉索内部轴向应力和端部弯曲应力的周期性变化。

②主梁振动：在风、汽车和其他环境激励下，斜拉桥始终处于振动之中。对于大跨度斜拉桥，主梁的竖向振动可能达到0.1m的量级，并导致斜拉索轴向索力变化，同时，该轴力变化将引起主梁的垂度变化，而垂度变化和主梁竖向振动挠曲都会带来拉索锚固区的二次弯曲应力。

③汽车等移动荷载：和主梁振动的情况类似，移动荷载使桥面系产生竖向位移，导致斜拉索的产生轴向应力变化；同时，该轴力变化将引起主梁的垂度变化，而垂度变化和主梁竖向挠曲都会带来拉索锚固区的二次弯曲应力。

④环境温度效应：桥梁结构热胀冷缩使斜拉索产生轴向应力和二次弯曲应力变化。

斜拉索在汽车等可变荷载作用下，拉索的应力处于反复的变化过程中，如果钢绞线的表面或者内部存在某种缺陷出现微裂纹（称为疲劳源），在交变荷载的作用下这种微裂纹会逐渐向外扩散，最后形成钢绞线的疲劳破坏。从宏观上说疲劳破坏是一种突发性的破坏，对桥梁结构的安全性带来一定的影响。从斜拉桥整体安全性的角度而言，如果出现单根拉索断裂一般不会引起结构的整体安全性问题，但如果在某根拉索断裂时其临近拉索也存在较严重的损伤，则会对桥梁的安全性带来较大的隐患。

一旦拉索出现疲劳失效，则需要对拉索进行更换。更换拉索将会带来巨大的经济耗损，而且频繁的拉索更换会打来较大的社会影响。在斜拉桥设计的过程中需要充分考虑斜拉桥在运营过程中承担的疲劳应力，确保在拉索的使用周期内不出现疲劳破坏。

目前国内外规范对斜拉索的疲劳性能也有一定的规定，给出了疲劳试验的方法和判别标准，以下对各国规范进行概述。

1）中国规范

《高强度低松弛预应力热镀锌钢绞线》（YB/T 152—1999）中5.4.2条规定用于斜拉桥拉索的钢绞线自身应满足上限应力为45%f_{ptk}，应力幅为300MPa疲劳荷载200万次而不出现断裂。该规范中未对拉索和锚具组成系统的疲劳性能做出规定。

中国2001年颁布的国标《斜拉桥热挤聚乙烯高强钢丝拉索技术条件》（GB/T 18365—2001）中第6.4.2条规定允许以较小规格的试验索模拟试验。试验索钢丝自由度不小于3m，钢丝根数不小于成品索中钢丝根数的20%。疲劳试验斜拉索的对应200万次循环加载的轴向应力幅为0.28σ_b～0.4σ_b，评判标准为钢丝断丝数不大于总数的5%。该规范对拉索的弯曲疲劳并没有做出具体规定。

2009年，我国交通部门参考欧美国家的一些规定并结合我国的实际情况，颁布了《无黏结钢绞线斜拉索技术条件》（JT/T 771—2009），其中6.2.8规定：锚具与无黏结钢绞线组成的试验索，应满足上限应力为45% f_{ptk}，应力幅度为200MPa，循环次数为200万次疲劳性能试验。6.2.9规定，评判标准为：

（1）钢丝总根数不足100根时，折损不超过两根；钢丝总根数达到或超过100根时，折损率不超过实际根数的2%；

（2）疲劳试验时，钢绞线的护套不应损伤，锚具或锚具构件不得受损破坏；

（3）疲劳试验后，试验索的最小张拉应力应不低于92%f_{pm}（钢绞线实测极限抗拉强度）或95% f_{ptk}（标准抗拉强度）（取两者中的较大者）；

（4）两支承板间的延伸率在最大应力下不低于试验索长度1.5%。

2）国际后张预应力协会（美国）

美国后张预应力协会颁布的《斜拉索设计、试验与安装规范》(2001第四版)4.2规定：

拉索试验至少进行三组，三组试验索必须代表全桥截面积最大、最小和中等大小的拉索。拉索试样的最小长度为3.5m，试验的试验索在200万次疲劳荷载作用下承受应力上限0.45 f_{ptk}，采用的应力幅值为194MPa。在试验过程中要求斜拉索的断丝率不大于2%。疲劳试验后进行静载试验，要求试验索的静载能力超过95%的拉索极限强度。

疲劳试验过程中应该保证锚具不被破坏，任何锚具的损坏都可能导致试验的失败。疲劳试验结束后，所有试验索需重新加载，疲劳试验中垫片应该保留，疲劳后最小张拉应力应不低于95% f_{ptk}（标准抗拉强度），锚具不被破坏。

3）欧洲规范

欧洲一些国家的规范对斜拉索的疲劳性能考虑较为全面，不仅考虑斜拉索轴向拉伸疲劳，同时也考虑斜拉索横向弯曲疲劳性能。欧洲混凝土委员会与国际预应力混凝土协会（CEB—FIP）2005年公布的《预应力斜拉索标准》第6.2.1.2条规定：高强度钢丝斜拉索疲劳试验对应200万次的轴向应力幅为200 MPa，并且考虑弯曲应力影响，根据试验条件可采用同定偏转角为10 mrad的试验方法，也可采用同步变化的偏转角±5 mrad。

欧洲规范《受拉构件结构设计》规定斜拉索疲劳试验最大应力为 0.45 f_{ptk}，应力幅值为 200MPa，弯曲角度为 0 ~ 10 mrad，疲劳荷载加载次数为 200 万次。

4）法国规范

法国公路部门（SETRA）2002 年颁布的《Recommendations of the French Interministerial Commission on Prestressing》第 11.2.2.2 条规定：高强钢丝斜拉索疲劳试验的轴向应力幅为 200MPa，并且考虑弯曲应力效应，在锚固端同步产生转角幅值为 10mrad，峰值应力为 0.45 f_{ptk}。评判标准为钢丝断丝数不大于总数的 2%。

法国规范 CEB-FIP2005 公布的《Acceptance of Stay Cable Systems Using Prestressing Steels》第 6.2.1.2 条规定：高强度钢丝斜拉索疲劳试验对应 200 万次的轴向应力幅为 200MPa，并且考虑弯曲应力影响，根据试验条件可以采用固定偏转角 10mrad 的试验方法，也可以采用同步变化的偏转角 ±5mrad。

5）规范的比较总结

从上述国内外标准和规范来看，斜拉索轴向疲劳试验的荷载幅值基本一致。各国规范对于斜拉索钢绞线疲劳试验的轴向应力幅值规定均为 200MPa，并没有明确指出该应力幅值是对于长斜拉索还是对短斜拉索，可以肯定该幅值不对长索和短索进行区分，也就是在斜拉桥设计、制作和安装的技术要求上，长斜拉索和短斜拉索的参数标准是一致的。在设计上，长、短斜拉索的轴向应力容许值和应力变化幅值一致，长索并不因为其索长相对更长而考虑其疲劳强度的折减。

应该指出，斜拉索疲劳试验不对索长进行区分，其根本的原因在于拉索疲劳的控制点在拉索根部和其锚固系统。通常，长拉索由于承受更大的恒载而采用更多的钢丝数量，因此，其锚具系统比短索要大。对于这种情况，国外的规范均规定对同一座斜拉桥，其最长、最短和居中长度的斜拉索均应进行疲劳试验，但试验的技术标准则是完全一致的，故同向回转拉索体系的疲劳性能主要以我国标准开展相关试验分析。

4.1.2 关键问题分析

同向回转拉索体系索体受拉、弯、压的共同作用，索体内部钢丝之间相互摩擦、索体与分丝管之间相互摩擦，存在磨蚀的情况，其疲劳破坏机理与常规拉索存在较大的差别，图 4.1 示出了在受拉循环荷载作用下的破坏机理。

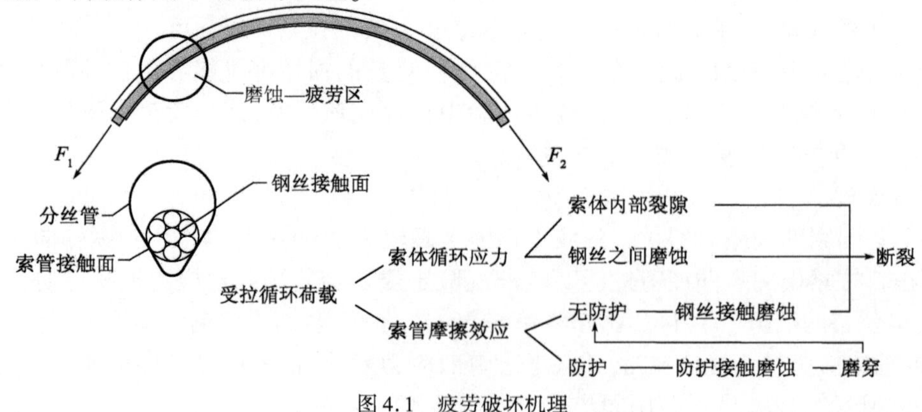

图 4.1 疲劳破坏机理

受拉循环荷载作用下，索体发生受拉应变，对于钢绞线自身来说，索体本身内部裂隙会逐渐增加，与一般索体疲劳机理相似，同时，钢丝之间也会相互错动产生磨蚀，削减有效受力面积；对于与分丝管接触的钢丝来说，也会由于微动效应产生磨蚀现象，若外侧采用自防护技术，可延缓该现象的产生。

同向回转拉索体系具有弯曲半径小导致索体承压，以及磨蚀效应加速退化两个方面的特点，导致现有的疲劳性能分析方法并不能完全适用。然而，从工程应用的层面出发，采用循环疲劳荷载试验的方法检验拉索的疲劳性能，对于同向回转拉索体系仍然是适用的。

4.2　疲劳试验方案设计

4.2.1　试验系统设计

根据4.1节分析，疲劳试验选择的拉索应力与我国规范《无黏结钢绞线斜拉索技术标准》(JT/T 771—2009)的规定一致，应力幅为200MPa，应满足上限应力为45%f_{pk}，循环次数为200万次。

鞍座系统的疲劳试验均采用立式试验方案，鞍座和疲劳助动器在同一竖直平面内运动，如美国老玻璃城桥拉索疲劳试验、克拉克大桥斜拉索疲劳试验等。该方案能够较好地模拟斜拉索在实桥中的受力状态，系统装置较为简单；但该方案最大的弱点是对疲劳助动器的加载能力要求极高，疲劳助动器既要承担斜拉索索力的竖向分量，同时还要承受鞍座的自重。

由于鞍座回转圆心角较大，在索鞍中部需要助动器的加载能力很大，如采用立式系统，则疲劳助动器即要承受斜拉索较大的竖向分量又要承受鞍座锚体的自重，该系统对疲劳助动器的加载能力要求极高。为了提高疲劳助动器的加载效率，本次试验采用了卧式试验系统如图4.2所示，即助动器、斜拉索、鞍座均处于同一水平面内，在助动器荷载的作用下鞍座在水平方向上运动。该体系的最大特点是助动器只承受拉索沿系统中线方向上的分量，而不承受鞍座锚体的自重。

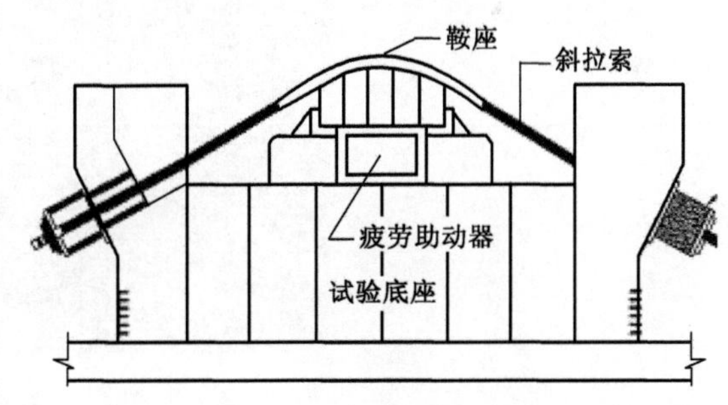

图4.2　立式试验方案示意

实桥中钢绞线的型号有55－ϕs15.2、43－ϕs15.2、37－ϕs15.2、31－ϕs15.2、22－ϕs15.2五种，如果开展整束拉索的疲劳试验，即使是型号最小的22－ϕs15.2要求的助动器加载吨位也在1150t以上，拉索端部的锚固力在550t左右，目前能够提供如此大吨位荷载的试验室在是国内和国外都比较少。

考虑到本桥的鞍座系统为分丝管式鞍座，在锚体范围内每根钢绞线都平行的处于分丝管内。各钢绞线在分丝管内的受力基本相同。因此，在保证试验结果对实桥的真实模拟下，综合考虑试验成本和试验室的加载能力，采用每组8股(试验室的最大加载能力)钢绞线进行疲劳试验。

本鞍座系统中影响钢绞线疲劳性能的主要因素包括鞍座的回转半径、分丝管对钢绞线的夹持力、钢绞线在分丝管的出口状况等。其中鞍座的回转半径越小,对钢绞线的疲劳性能越不利,为了确保试验的结果为最不利状况,选取鞍座最小半径 $R=2.25$m 进行疲劳试验研究,见表4.1。

在该试验系统中,钢绞线的疲劳应力幅为200MPa,疲劳循环的应力范围为637 ~ 837MPa,疲劳助动器的荷载均值为1600kN,荷载变幅为218kN,试验加载的频率为1.8Hz。

疲劳试验荷载 表4.1

编号	拉伸应力值(MPa)	加载吨位(kN)	合计(kN)
拉索轴向最大荷载值	837	931	708 ~ 931
拉索轴向最小荷载值	637	708	
疲劳助动器最大荷载值	—	1818	1382 ~ 1818
疲劳助动器最小荷载值	—	1382	

4.2.2 试验装置

试验系统充分利用试验室的现有试验设备完成试验系统的设计,以降低试验成本。利用试验室的反力框架作为助动器反力设备和钢绞线的锚固设备。试验系统的装置主要由滚动装置、凸面球头、凹面圆盘、助动器及支架、助动器反力架、拉索锚梁及反力架、锚头及锚下垫块组成,见图4.3。

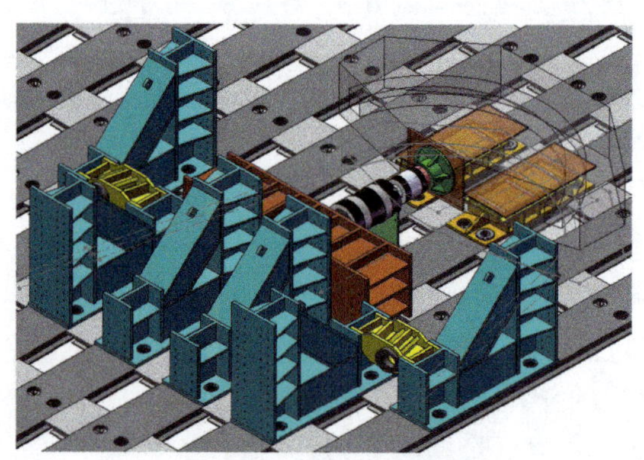

图4.3 卧式试验系统示意

滚动装置见图4.4,是为了让鞍体在荷载作用下能够自由的沿鞍体轴线方向运动,降低系统摩阻力而研发的装置。该装置由两个带槽口的滚轴系统构成,每个槽口内有3根滚轴,在每根滚轴两侧各布置一组(三个)限位销,每个槽口中的六组限位销相互平行。在鞍体吊装之前,六根滚轴均调整与后侧限位销贴紧,保证六根滚轴相互平行,使得鞍体吊装后各滚轴可以协调工作,实现鞍体沿轴线方向运动。在鞍体预埋两块型号为2000mm × 1000mm × 30mm 的Q235A钢板,其位置与滚轴位置相对应,用于承担滚轴传来的局部压力。

助动器是提供试验疲劳加载的装置见图4.5,能以一定的频率进行循环加载,本试验所用的助动器是由德国进口,助动器加载的最大荷载值为250t。助动器尾部与反力架相接,下方利用支架固定,形成稳定的系统。助动器前部与专用凸面球头头连接,在加载时凸面球头与鞍体上的凹面圆盘顶紧,并通过球形接触面将荷载传递至鞍体上。

a)鞍体吊装就位前

b)鞍体吊装就位后

图4.4　滚动装置系统

a)助动器反力架

b)凸面球头和凹面圆盘

图4.5　助动器示意

拉索锚梁是用于锚固拉索的重要装置如图4.6所示,本试验的拉索锚梁安装于锚梁反力架上,锚梁与锚头之间由楔形垫块构成,通过楔形垫块角度的调整确保钢绞线锚头与钢绞线垂直。经对中安装调整后系统的构造形式如图4.7所示。

a)拉索锚梁装置

b)锚头及垫块

图4.6　拉索锚固系统

图 4.7　安装完成后试验系统

4.3　疲劳试验加载

4.3.1　试验加载过程

荷载施加分为预加载和正式加载两部分,预加载的主要目的是对系统进行调试,确保试验系统各部分都能正常工作,确保鞍体能按照试验设计要求的路径运动,钢绞线能达到要求的应力水平。试验具体加载步骤如表 4.2 所示。

疲劳试验加载顺序　　表 4.2

编　号	操作内容	备　注
1	固定鞍体安装钢绞线	每根钢绞线两端均张拉至 100MPa 后锚固
2	助动器加载至 500kN	记录压力传感器与位移计读数
3	助动器加载至 1000kN	记录压力传感器与位移计读数
4	助动器加载至 1383kN	记录压力传感器与位移计读数
5	助动器加载至 1600kN	记录压力传感器与位移计读数
6	助动器加载至 1818kN	记录压力传感器与位移计读数
7	助动器加载至 1900kN	持荷并记录压力传感器与位移计读数
8	卸载至 1600kN	记录压力传感器与位移计读数
9	卸载至 1383kN	记录压力传感器与位移计读数
10	卸载至 1000kN	记录压力传感器与位移计读数
11	卸载至 500kN	记录压力传感器与位移计读数
12	卸载至 100kN	记录压力传感器与位移计读数
13	加载至 500kN	记录压力传感器与位移计读数
14	加载至 1000kN	记录压力传感器与位移计读数
15	加载至 1383kN	记录压力传感器与位移计读数
16	加载至 1600kN	记录压力传感器与位移计读数

续上表

编号	操作内容	备注
17	加载至1818kN	记录压力传感器与位移计读数
18	卸载至1383kN	记录压力传感器与位移计读数
19	正式开始疲劳试验	记录位移计读数

加载的过程中在鞍体后方安装动态采集位移计，确保鞍体的运动方向为沿轴线的直线运动，不会发生刚体旋转运动，实现两侧钢绞线应力均匀加载。

图4.8中1号位移计的位移时程曲线为红色曲线，2号位移计的时程曲线为黑色曲线，从下图中可知两条曲线基本重合。由此可知在整个加载过程中两侧位移计的位移量完全相同，在荷载施加过程中鞍体保持直线运动，未发生旋转位移，两侧索力均匀。

a)动态采集位移计安装示意

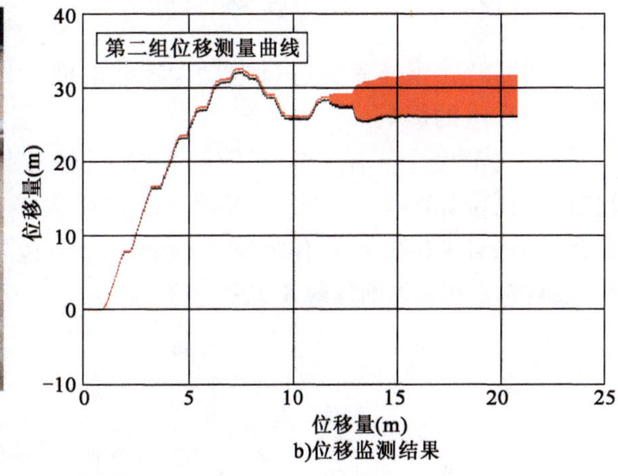

b)位移监测结果

图4.8 位移监测示意

预加载的过程中在斜拉索两侧钢绞线锚固处安装压力传感器如图4.9所示，通过读取两侧压力传感器的读数，判读两侧钢绞线的应力是否均匀。通过对预加载各工况下两侧传感器的读数可知在钢绞线的加载过程中两侧的拉索应力基本均衡，满足试验设计要求。

a)左侧压力传感器布置

b)右侧压力传感器布置

图4.9 锚头压力传感器布置示意

在试验过程中进行详细的测量、观察、记录，主要的记录内容如下：

(1)试验装置的安装与试验系统的定位，包裹各工装的安装过程和鞍体系统及斜拉索的安装情况。

(2)试验加载的步骤及不同步骤的操作内容和测量数据。

(3)整个试验过程中的实际试验参数，包括时间、加载次数、应力幅、助动器荷载等。

(4)试验过程中的断丝情况，包括断丝时间、对应的加载次数、断丝的位置、断口情形等。

(5)试验过程中钢绞线的更换、荷载的改变等相关信息。

(6)疲劳试验完成后将试验索拆除，并仔细检查各构件，记录试验中钢绞线的损伤情况及各工装部件的相关情况。

在以上的相关信息的记录过程中辅以大量照片等多媒体数据记录。

4.3.2 试件分组与孔位选择

同向回转拉索体系共进行七批钢绞线的疲劳试验，分别探索了不同的材性及防护方式对疲劳性能产生的影响。

第一批钢绞线共有 8 根钢绞线，其中 4 根钢绞线为 A 型钢绞线 4 根钢绞线为 B 型钢绞线。钢绞线的孔位如图 4.10 所示，包括鞍座内最大半径及最小半径，其中 AP1-1 ~ AP1-4 是 A 型钢绞线，BP1-1 ~ BP1-4 是 B 型钢绞线。(A 型：包裹材料为 0.1mm 厚、10mm 宽的不锈钢带；B 型：包裹方式为不锈钢丝螺旋式缠绕)。

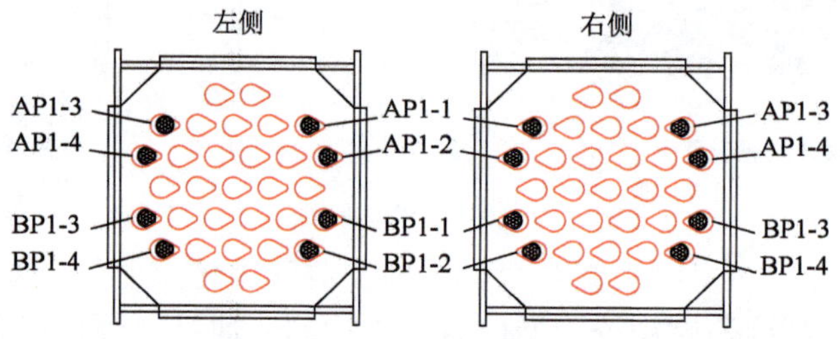

图 4.10 第一批钢绞线孔位选择

根据第一批钢绞线的试验结果，B 型钢绞线的疲劳性能比 A 型钢绞线的疲劳性能好。第二批钢绞线共有 8 根钢绞线，均选择 B 型钢绞线。钢绞线的孔位如图 4.11 所示，编号分别为 BP2-1 ~ BP2-8 号钢绞线。

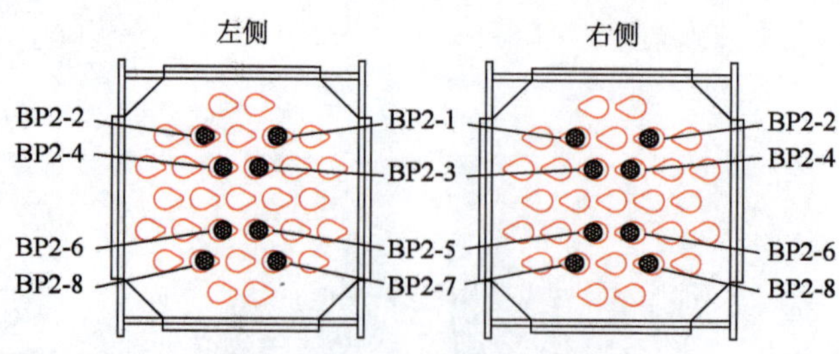

图 4.11 第二批钢绞线孔位选择

由于前两批钢绞线的试验研究结果都未达到 200 万次，A、B 两种类型钢绞线未满足疲劳要求,故第三批钢绞线拟采用无包裹镀锌钢绞线(记为D型钢绞线)。在第三批疲劳试验之间对试验系统的锚梁角度进行了调整,消除钢绞线与分丝管口安装偏差对钢绞线疲劳性能的影响。第三批钢绞线共有8根钢绞线,均为D型钢绞线。钢绞线的孔位如图4.12所示,编号分别为CP3-1～CP3-8号钢绞线。

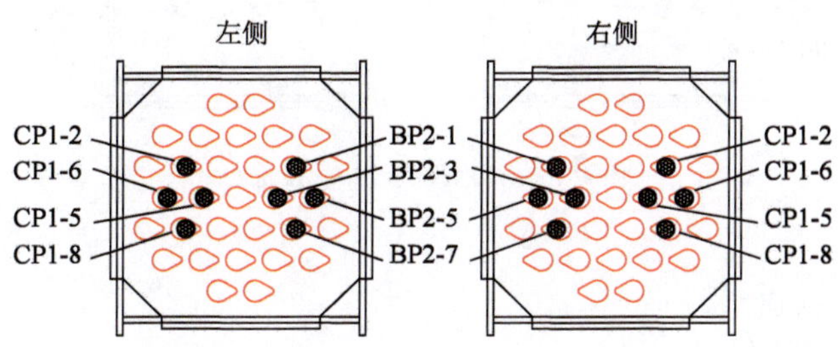

图4.12　第三批钢绞线孔位选择

第四批钢绞线共有8根钢绞线,由两种钢绞线构成,其中D型钢绞线两根,C型钢绞线6根。C型钢绞线为新包裹方式的钢绞线,并在C型钢绞线鞍座出口的一定范围内将热缩管与不锈钢带之间涂抹高温润滑脂。钢绞线的孔位如图4.13所示,编号分别为CP4-1～CP4-3、DP4-4～DP4-5、CP4-6～CP4-8号钢绞线。

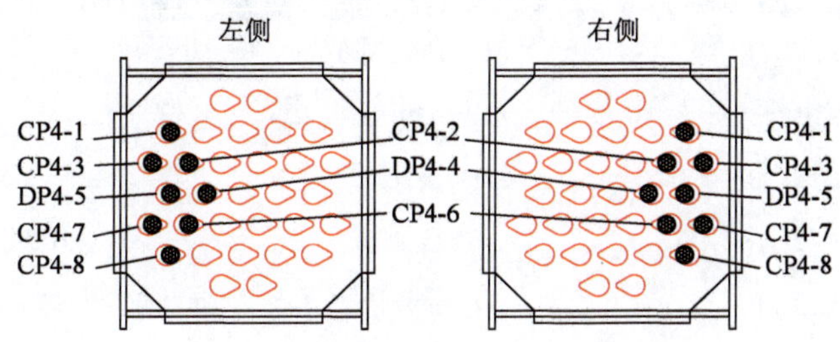

图4.13　第四批钢绞线孔位选择

第五批疲劳试验钢绞线采用定型产品,即喷涂单组份聚脲涂层钢绞线,该批次共有8根钢绞线,均选择E型钢绞线,及钢绞线外直接喷涂单组份聚脲涂层。钢绞线的孔位如图4.14所示,编号分别为E5-1～E5-8号钢绞线。

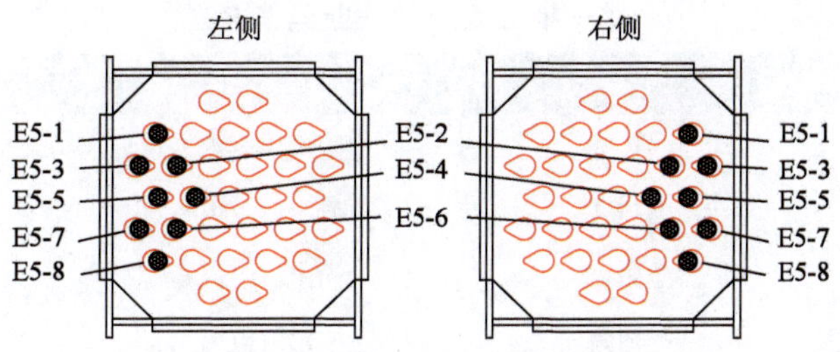

图4.14　第五批钢绞线孔位选择

第五批钢绞线试验后发现聚脲喷涂防腐层有一定的损伤,故改进了喷涂方式,先喷涂单组份聚脲涂层,后喷涂双组份聚脲涂层,以增加防护强度。以此钢绞线开展第六批疲劳性能试验,本批次钢绞线共有8根钢绞线,命名为F型钢绞线,钢绞线的孔位如图4.15所示,编号分别为F6-1～F6-8号钢绞线。

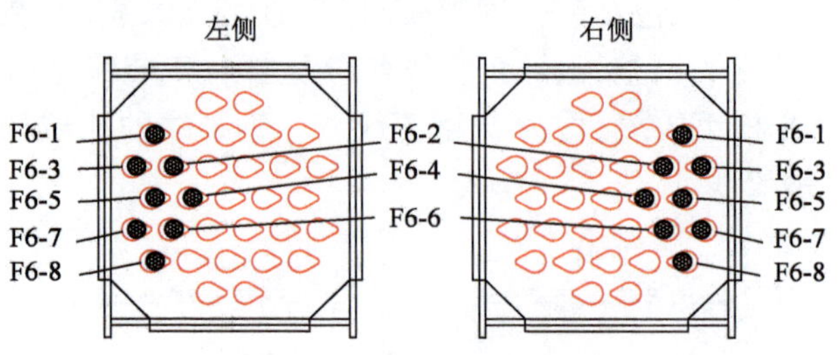

图 4.15　第六批钢绞线孔位选择

4.4　疲劳试验结果

4.4.1　第一批钢绞线试验记录

第一批钢绞线试验的具体情况如表 4.3 所示。

第一批钢绞线疲劳试验记录　　表 4.3

时　间	加载次数	记录内容
2012 年 1 月 22 日 11 时 01 分	93.1960 万次	有断丝声音
2012 年 1 月 23 日 12 时 18 分	109.6307 万次	有断丝声音
2012 年 1 月 23 日 17 时 38 分	113.0880 万次	A 型钢绞线发现异常
2012 年 1 月 23 日 21 时 58 分	115.0980 万次	A 型钢绞线断 3 根,试验机停止
2012 年 2 月 1 日上午	115.0980 万次	对第一批钢绞线进行拆除分析

四根 A 型无黏结钢绞线在鞍座锚体两侧出口至出口以内 20cm 范围内有明显损伤,该区域内钢绞线外层包裹的不锈钢带出现断裂,不锈钢带内的环氧树脂焦黑;部分断口有明显颈缩现象,部分断口无明显颈缩现象。此范围以外的钢绞线无明显损伤。各 A 型钢绞线的断丝情况见表 4.4,图 4.16。

第一批 A 型钢绞线断丝情况　　表 4.4

序　号	钢绞线编号	断丝位置	断丝情况
1	AP1-1	左侧出口以内 5cm 处	有一丝断丝
2	AP1-1	右侧出口以内 8cm 处	整股断丝
3	AP1-2	左侧出口以内 6cm 处	整股断丝
4	AP1-2	右侧出口以内 4cm 处	有一丝断丝
5	AP1-3	左侧出口以内 10cm 处	有一丝断丝
6	AP1-3	右侧出口以内 8cm 处	有一丝断丝
7	AP1-4	左侧出口以内 12cm 处	有一丝断丝
8	AP1-4	左侧出口以内 8cm 处	整股断丝

a)AP1-1钢绞线左出口

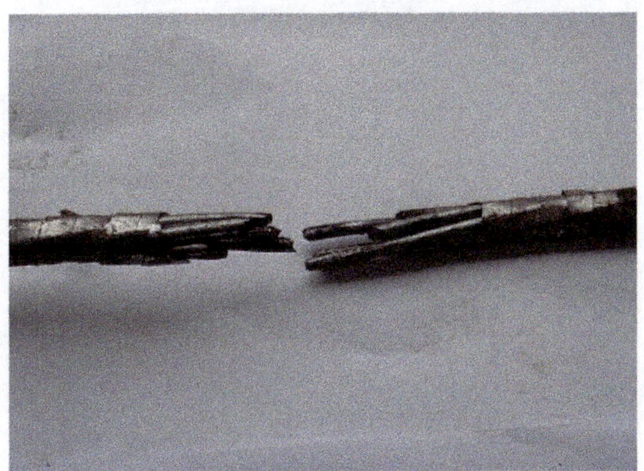
b)AP1-1钢绞线右出口

c)AP1-3钢绞线左出口

d)AP1-3钢绞线右出口

图4.16　第一批钢绞线(A型)损伤示意

B型钢绞线在鞍座左、右侧出口以内20cm范围内热缩管磨损破裂见图4.17，剥除热缩管后发现不锈钢丝及不锈钢丝之间的环氧发黑。剥除不锈钢丝后钢绞线上有明显的钢丝包裹的压痕。除两侧鞍座出口附近的热缩管出现破损外，其余位置的热缩管无明显损伤，但在钢绞线外包裹的热缩管上可以明显看到钢绞线沿程受分丝管挤压留下的痕迹。其中BP1-1号钢绞线在鞍座右侧出口以内20cm处剥除不锈钢丝后钢找到一丝钢绞线发生了断丝。

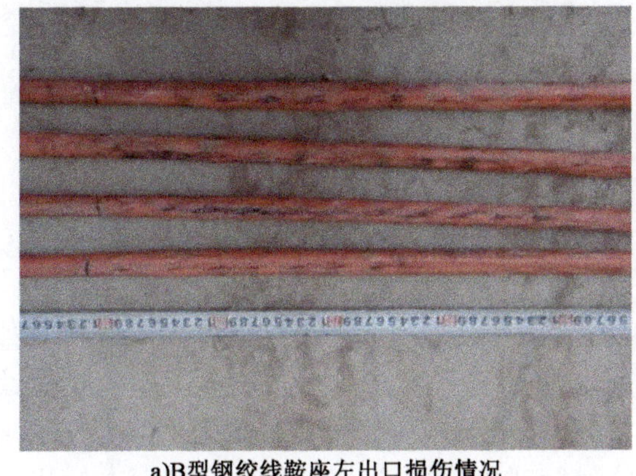
a)B型钢绞线鞍座左出口损伤情况

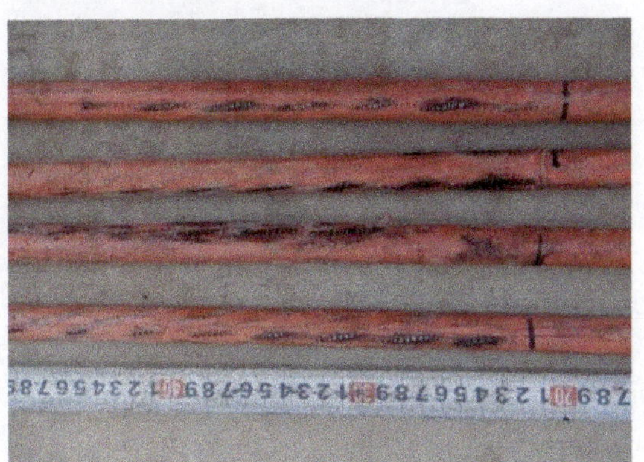
b)B型钢绞线鞍座右出口损伤情况

图　4.17

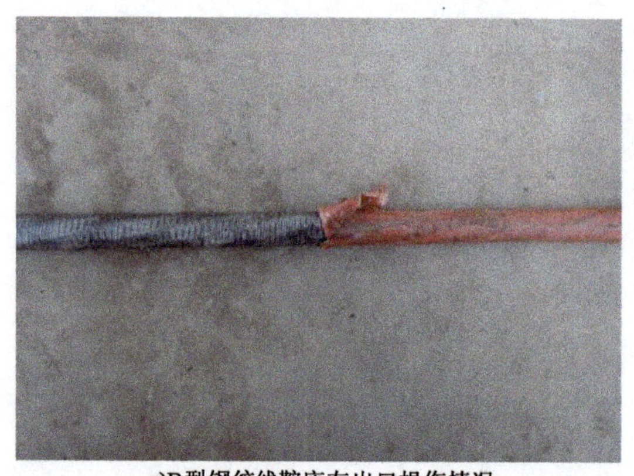

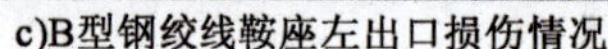
c)B型钢绞线鞍座左出口损伤情况

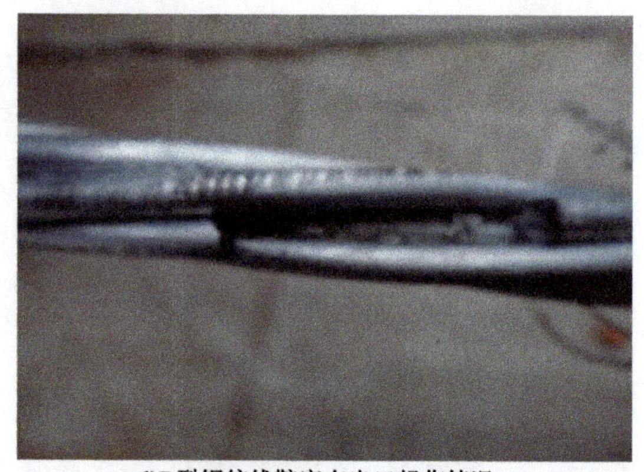
d)B型钢绞线鞍座右出口损伤情况

图4.17 第一批钢绞线(B型)损伤示意

4.4.2 第二批钢绞线试验记录

第二批钢绞线试验的具体情况见表4.5所示。

第一批钢绞线疲劳试验记录 表4.5

时间	加载次数	记录内容
2012年2月2日10时35分	0万次	正式开始疲劳试验
2012年2月7日8时32分	76.93万次	有断丝声音
2012年2月8日8时12分	92.37万次	有断丝声音BP2-8号钢绞线发现异常
2012年2月8日8时25分	92.4296万次	停止试验机加载,卸载后BP2-8号钢绞线松弛
2012年2月8日下午	92.4296万次	将BP2-8号钢绞线拆除并进行分析
2012年2月8日15时58分	92.4296万次	剩余7股钢绞线继续进行疲劳加载
2012年2月11日18时30分	119.2万次	听到断丝的声音
2012年2月11日21时45分	121.2万次	听到断丝的声音
2012年2月12日16时45分	132.8万次	听到断丝的声音
2012年2月12日21时10分	135.4万次	听到断丝的声音
2012年2月13日9时28分	143.1万次	听到断丝的声音
2012年2月13日9时28分	143.1万次	BP2-5钢绞线有异常情况
2012年2月13日9时45分	143.2065次	暂停试验机
2012年2月13日9时45分	143.2065次	停止试验机加载,卸载后BP2-5号钢绞线松弛

观测结果表明B型钢绞线在鞍座锚体两侧出口以内30cm范围内热缩管磨损破裂如图4.18所示,剥除热缩管后发现不锈钢丝及不锈钢丝间的环氧发黑。剥除不锈钢丝后钢绞线上有明显的钢丝压痕,有5根钢绞线在鞍座锚头右侧出口处出现断丝现象,而在左侧出口未出现断丝现象,这主要是由于右侧出口处钢绞线与分丝管碰撞较厉害,磨损较严重,而左侧出口钢绞线和分丝管之间无明显碰撞,较右侧出口更有利。

a)夹片出口处断丝示意

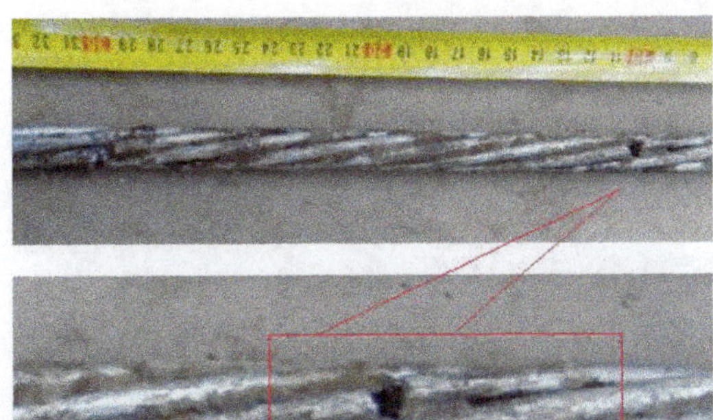

b)直线段断丝示意

c)鞍座左出口钢绞线损伤示意

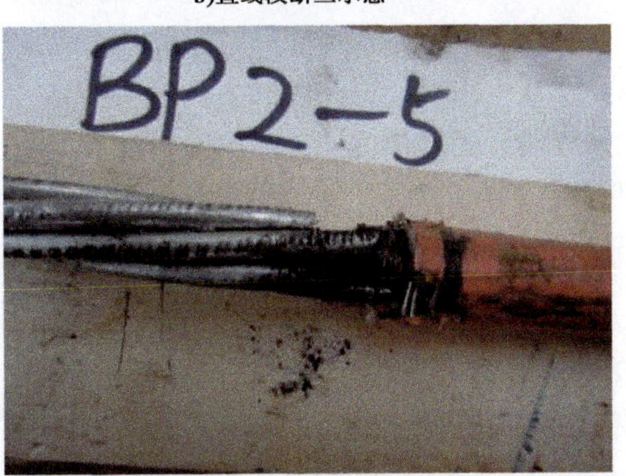

d)鞍座右出口钢绞线断丝示意

图 4.18　第二批钢绞线疲劳后损伤示意

有 5 根钢绞线在左右两侧锚头的夹片出口位置出现了断丝现象，其中有一根钢绞线在锚头与鞍座锚体之间的直线区段出现了断丝现象，这可能是钢绞线母材的疲劳性能较差的原因造成。各钢绞线的具体断丝情况见表 4.6。

第二批钢绞线断丝情况　　表 4.6

序　号	钢绞线编号	断 丝 位 置	断 丝 情 况
1	BP2-1	右侧锚头夹片位置	有一丝断丝
2	BP2-2	左侧锚头夹片位置	有两丝断丝
3	BP2-2	右侧鞍座出口以内 2cm 处	有一丝断丝
4	BP2-4	左侧锚头夹片位置	有一丝断丝
5	BP2-5	右侧锚头夹片位置	有两丝断丝
6	BP2-5	距离右侧锚头夹片 30cm 处	有一丝断丝
7	BP2-5	右侧鞍座出口以内 1cm 处	有两丝断丝
8	BP2-6	右侧鞍座出口以内 2cm 处	有两丝断丝
9	BP2-7	右侧鞍座出口以内 1cm 处	有两丝断丝
10	BP2-8	右侧鞍座出口以内 3cm 处	有六丝断丝

4.4.3 第三批钢绞线试验记录

第三批钢绞线试验的具体情况见表4.7。

第三批钢绞线疲劳试验记录 表4.7

时 间	加载次数(万次)	记 录 内 容
2012年2月22日15时35分	0	正式开始疲劳加载
2012年2月23日9时38分	11.42	出现断丝
2012年2月23日9时42分	12.02	出现断丝
2012年2月23日9时42分	12.0376	停止试验机加载
2012年2月23日下午	12.0376	对钢绞线进行分析

经过12.0376万次试验后在右侧鞍座出口处有三股钢绞线出现了断丝现象,断丝位置均出现在鞍座出口位置,断丝钢绞线的编号分别为CP3-5、CP3-6、CP3-7;在鞍座的左侧出口位置未发现明显的异常现象。出口的断丝都集中出现在鞍座右侧出口处,在右侧出口处钢绞线有明显磨损痕迹。两侧出口的情形如图4.19所示。

a)鞍座锚体左侧出口情况

b)鞍座锚体右侧出口情况

图4.19 第三批钢绞线断丝情况

4.4.4 第四批钢绞线试验记录

第四批钢绞线试验的具体情况见表4.8。

第四批钢绞线疲劳试验记录 表4.8

时 间	加载次数(万次)	记 录 内 容
2012年3月5日15时05分	0	正式开始疲劳加载
2012年3月8日上午	39.3	机器暂停,设备维修
2012年3月8日12时58分	39.3	开机继续试验
2012年3月9日8时02分	51.13	听到断丝声音,DP1-4号钢绞线出现断丝
2012年3月9日8时25分	51.4039	暂停试验机,将DP1-4号钢绞线拆除

续上表

时　间	加载次数(万次)	记录内容
2012 年 3 月 9 日 9 时 15 分	51.4039	重新开始试验
2012 年 3 月 9 日 12 时 32 分	53.4193	有断丝声音,DP1-1 号钢绞线断丝
2012 年 3 月 9 日下午	53.4193	暂停机器,将 DP1-1 号钢绞线拆除,调整为六股继续试验
2012 年 3 月 10 日凌晨	65.3	DP1-6 号钢绞线整股断裂,DP1-18 号钢绞线出现断丝
2012 年 3 月 10 日下午	65.3	拆除 DP1-6、DP1-8 号钢绞线调整为四股继续进行试验
2012 年 3 月 13 日 13 时 37 分	123.888	有断丝声音,DP1-2 号钢绞线断丝
2012 年 3 月 13 日 13 时 39 分	123.943	停止试验

在疲劳试验结束后对各钢绞线进行了详细的观察,各 C 型钢绞线在鞍座锚体两侧出口以内 10 ~ 120cm 范围内热缩管均有明显破损见图 4.20,由于两端出口以内一定范围内的热缩管和不锈钢带之间涂有高温润滑脂,使得两侧出口以内滑动区段(钢绞线和分丝管之间发生相对滑动的区段)明显增长,因此热缩管的破损长度也较第一、二批有明显变长。热缩管下的不锈钢带保存较完好,无明显破损。

a)1号钢绞线断丝情况

b)2号钢绞线断丝情况

c)6号钢绞线断丝情况

d)8号钢绞线断丝情况

图 4.20　第四批钢绞线断丝情况

在荷载循环至51.13万次时就开始出现了断丝现象。在荷载循环至123.9万次时已经有5股发生了断丝现象。而且只有一股断丝发生在鞍座出口附近，其余的断丝均发生在直线区段，这表明钢绞线母材的疲劳性能有较明显的缺陷。各钢绞线的断丝情况见表4.9。

第四批钢绞线断丝情况 表4.9

序　号	钢绞线编号	断丝位置	断丝情况
1	CP4-1	距离左侧锚头夹片28cm处	有一丝断丝
2	CP4-2	距离右侧锚头夹片150cm处	有两丝断丝
3	CP4-4	距离右侧锚头夹片25cm处	有一丝断丝
4	CP4-6	右侧鞍座出口以内20cm处	整股断丝
5	CP4-8	距离右侧锚头夹片150cm处	有两丝断丝

4.4.5 第五批钢绞线试验记录

第五批钢绞线疲劳试验历时190h，在试验过程中声发射装置并未发现明显异常。在试验结束后对试验钢绞线进行了详细的观察，未发现断丝。

在试验完成后按照计划进行了疲劳后静力强度测试，由于考虑到设备能力有限，疲劳后静力强度采用安全系数方进行检验，即疲劳后加载时设计允许值的1.2倍，运营阶段设计允许值为0.4%f_{ptk}，疲劳后利用疲劳助动器进行系统加载至0.4% f_{ptk} =893MPa，持荷5min，观察未出现断丝现象。试验结束后同时在鞍座出口及中央位置分别截取3根钢绞线时间进行疲劳后静力强度测试，试验结果表明索体的疲劳后强度均大于1860MPa，满足规范要求。

本批次钢绞线满足疲劳试验的要求，但是试验结束时钢绞线的聚脲喷涂防腐层有一定的损伤，见图4.21，在鞍座两侧出口15～35cm范围内聚脲护套被磨损破裂，钢绞线裸露在外。在鞍座中间位置聚脲喷涂层有明显夹痕，但未出现破裂。

图4.21　聚脲涂层破损照片

4.4.6 第六批钢绞线试验记录

第六批钢绞线疲劳试验历时约190h，在荷载加载至191.2万次时，在鞍座左侧4号钢绞线出现了异常，有一丝钢丝鼓起。但当时考虑到试验的完整性，荷载未发生改变，维持原荷载进行试验。在钢绞线拆除后发现F6-4钢绞线右端夹片出口位置出现了两丝断丝，其中一丝在出口两道咬痕出以内，在夹片拆除前该丝无明显异常；另一丝在一道咬痕出口以内，并与其他钢丝发生了错动。

采用与第五批钢绞线相同的疲劳后静力强度测试，试验结果表明索体的疲劳后强度均大于1860MPa，满足规范要求。

虽然有一根钢绞线发生了两丝断丝，但是断丝的时间都已经接近200万次，而且出现的位置是在夹片的出口位置,并未发生在鞍座系统内或鞍座出口位置。根据交通运输部颁布的行业标准《无黏结钢绞线技术条件》(JT/T 771—2009)中6.2.9规定:如果疲劳试验的钢丝总数不足100根时,疲劳试验折损不超过两根。根据本条规定,本次试验可判定为成功。而且断裂位置发生在夹片出口位置,并未出现在鞍座锚体范围之内,不影响鞍座系统的疲劳试验的判定。

本批次钢绞线满足疲劳试验的要求。同时通过对疲劳后的钢绞线进行了观察,发现本批钢绞线疲劳后护套的磨损主要集中在鞍座出口以内15~45cm的范围内。该范围内钢绞线的外层护套有明显磨损,但未破损,钢绞线未出现裸露,中间位置有明显夹痕,但损伤很小。此类钢绞线防腐方案能够较好地实现防腐的目的。

4.4.7　试验小结

共完成了六批钢绞线的疲劳试验,每批钢绞线为8股,其中第一批采用了A型和B型钢绞线,第二批采用的均为B型钢绞线,第三批采用的是D型钢绞线,第四批采用的是C型和D型钢绞线,第五批采用了E型钢绞线,第六批采用了F型钢绞线。

第一批至第四批钢绞线均在不超过100万次就出现了断丝现象。其中第一批钢绞线在93.19万次出现了断丝,在达到115.1万次时停止试验,钢绞线的断裂位置均出现在鞍座出口附近。第二批钢绞线在76.93万次时出现了断丝,在达到143.2万次时停止试验,钢绞线的断裂位置出现在夹片处、鞍座出口附近、夹片附近的直线段。第三批钢绞线在11.42万次时出现了断丝,在加载达到12.04万次时停机,钢绞线的断裂位置出现在右侧鞍座出口附近。第四批钢绞线在39.3万次时出现了断丝,在荷达到123.943万次时停机,钢绞线断裂位置出现在右侧鞍座出口附近和直线段。断丝的主要缘故为防护不足以及钢绞线母材的材性不足。

第五批至第六批钢绞线通过疲劳试验以及疲劳后的静力试验,表面防护的聚脲涂层在出口位置出现一定的磨损现象。

4.4.8　疲劳断口特征分析

典型的疲劳断口可分为疲劳源区、疲劳裂纹稳定扩展区和瞬断区三部分见图4.22。给出了一个典型疲劳断口的宏观断口形貌(工作中疲劳断裂的螺栓断口),可以清晰地看出典型的三个疲劳区域,左上方为疲劳源区、右下方为瞬断区域。

疲劳源区是疲劳裂纹萌生的区域,其一般出现在试件的表面或次表面,但如果材料内部有严重的不连续或严重的初始缺陷,则疲劳源区也可能出现在材料内部;一般用宏观观察的方法便可以确定疲劳源区的位置。疲劳源区是最早出现的疲劳断口,而且该区裂纹扩转速率缓慢,裂纹反复张开闭合引起匹配断后的摩擦,因此一般比较平整光滑。一般疲劳断口中的疲劳源区有单一源区和多个疲劳源区两种;当作用在构件上的交变荷载较低时,或者疲劳在平滑的表面上萌发时,一般只有一个疲劳源。当交变荷载较高,或者在应力集中部位萌发裂纹时,往往出现多个疲劳源。

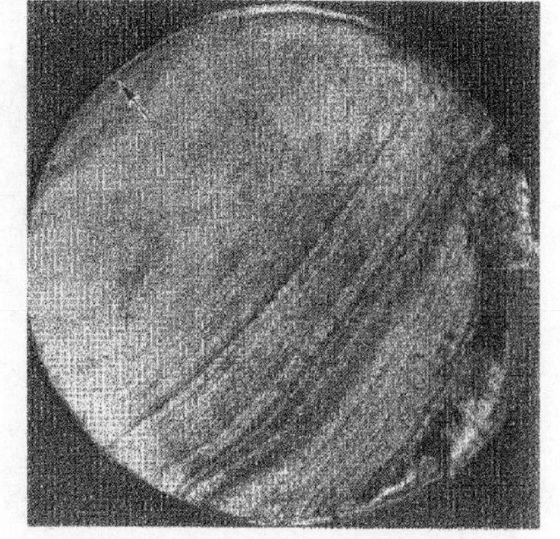

图4.22　典型疲劳断口特征

疲劳断裂诊断的基本前提是首先要确认其断口为疲劳断口。宏观断口上有疲劳弧线和疲劳台阶,或者微观断口上有疲劳条带,就可以判定次断口为疲劳断口,宏观疲劳特征和微观疲劳特征两者具一即可。对于高强度钢、低周疲劳或疲劳断裂扩展速度较大时拟采用宏观形貌形象判定。主要的判定依据见表4.10。

疲劳断裂模式的判断　　表4.10

序号	内　容	特　征
1	宏观特征	断裂位置附近没有明显的宏观塑性变形
2	应力状态	交变动荷载,大于材料的疲劳极限
3	断口宏观形貌	断口齐平、光滑,具有宏观疲劳弧线和放射棱线、有的有疲劳台阶特征;断口可分为疲劳源区、扩展区个瞬断区三部分;疲劳源区一般位于试件表面应力集中处或缺陷处、内部缺陷处
4	断口微观相貌	疲劳条痕特征,如疲劳条带、平行的二次裂纹带、韧窝带、轮胎花样等
5	断口颜色	疲劳区颜色相对于瞬断区较暗,氧化较重,将光亮
6	组织	断口附近表面晶相组织有明显变形
7	表面状态	断口表面附近的脆性镀层和涂层等覆盖膜破裂

在试验结束后对试验钢绞线的断口选取试样,利用高倍显微镜进行分析断口的特点,共选取了6对断口试件进行观测。在选取的六对断口中其中用五对断口找到了较明显的疲劳破坏痕迹,其中第一批AP1-3钢丝的疲劳破坏特征最为明显,有清晰的疲劳条纹。第一批AP1-3钢丝断口的宏观断口形貌如图4.23所示,从断口情形中发现在正下部位置为疲劳源区,疲劳稳定扩展区域较大,且疲劳稳定发展区域疲劳条带较为明显,有明显的贝壳状条带。断面中的瞬断区域面积较其他断口小(红色线条以外为瞬断区)。

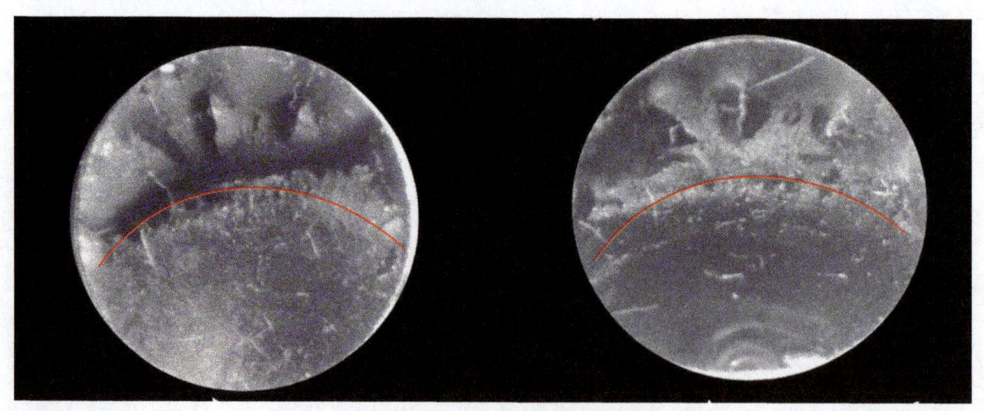

图4.23　第一批AP1-3钢丝疲劳断口

而在第一批BP1-1钢丝中没有找到明显的疲劳断口特征,但这并不能说明5号断口不是疲劳断口。在高倍显微镜下可以发现在部分断口的断面上有明显的裂缝,这可能是材料中的初始缺陷,见图4.24。

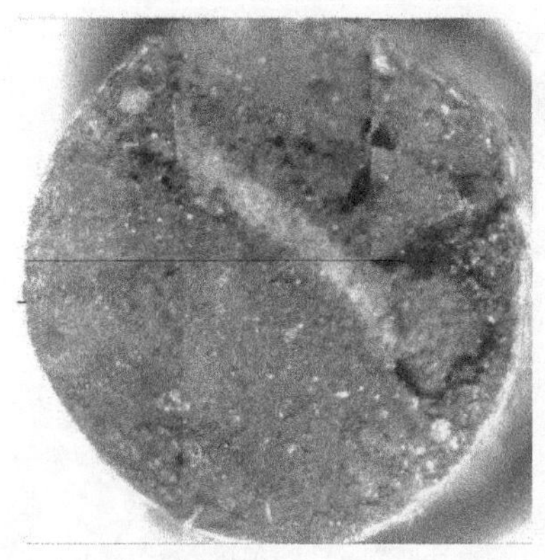

图 4.24　第一批 BP1-1 钢丝疲劳断口

4.4.9　疲劳断裂成因分析

试验中 6 对断口中有 5 对断口找到了明显的疲劳断裂特征，可以基本确定在疲劳试验工程中大部分钢绞线的断裂均属于疲劳断裂。将对可能造成钢绞线发生疲劳断裂的原因进行分析和探讨。

1）钢绞线材料对疲劳断裂的影响

材料性能对疲劳断裂的影响主要有两个方面，第一方面是试件的表面特性，第二方面是试件内部材料的晶格特性及内部材料的均匀性。

试件的表面对于疲劳裂纹的萌发有着非常重要的影响。很多研究表明，表面的几何形态对试件的疲劳寿命有着决定性的影响，用电解抛光等方法去除表面的粗糙形貌可以使试件的疲劳寿命得到很大提高。

就镀锌钢绞线而言，镀锌的目的在于防止或减轻污染源对钢丝表面的腐蚀，以提高钢丝的寿命。锌层既可以用电镀，也可以用热镀进行镀覆。少数强度要求高、断面形状复杂的钢丝通常不用热镀，如异形针布钢丝和普通针布钢丝削，但对于建筑工程中用的钢绞线均为热镀锌钢绞线。带有镀层的钢丝，在工艺流程中可以是“先拉后镀”，也可以“先镀后拉”。

具体采用哪种方式要看技术要求。一般来说，要求钢丝表面镀层光亮、致密，而成品钢丝抗拉强度要求又较高者，采用“先镀后拉”，例如：轮胎钢丝、轮胎钢丝帘线、航空钢线等。而对于表面质量要求不十分高，成品钢丝在完成镀层以后强度韧性等性能又能够保证的则采用“先拉后镀”，例如：钢绞线用钢丝、普通钢丝绳用钢丝、钢芯铝绞线用钢丝、架空通信线用钢丝等。目前国内土建中采用的钢绞线多为“先拉后镀”，这样可以有效地降低生产成本。对于“先拉后镀”的钢绞线，由于在热镀锌的过程中钢绞线的强度会有一定程度地降低，因此在镀锌前冷拉的时候会提高钢丝的冷拉强度，便于完成镀锌后钢绞线的强度满足相关要求。但是如果冷拉时的强度过高，则在钢绞线的表面会产生微裂纹，这种微裂纹会较低钢绞线的疲劳寿命，这也是生产镀锌钢绞线的主要难点之一。

在试验结束后对钢绞线厂家提供的第二批次镀锌钢绞线进行了详细的分析。利用盐酸洗去表面镀锌层后，对裸钢绞线的表面在高倍电子显微镜下进行观察，见图 4.25。观察结果发现在钢绞线的表面没有明显的裂缝但局部位置有部分暇点，这也可能是造成钢绞线疲劳寿命减少的原因之一。

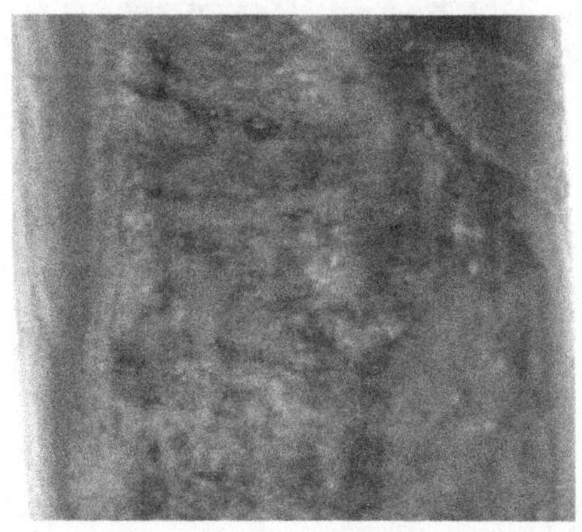
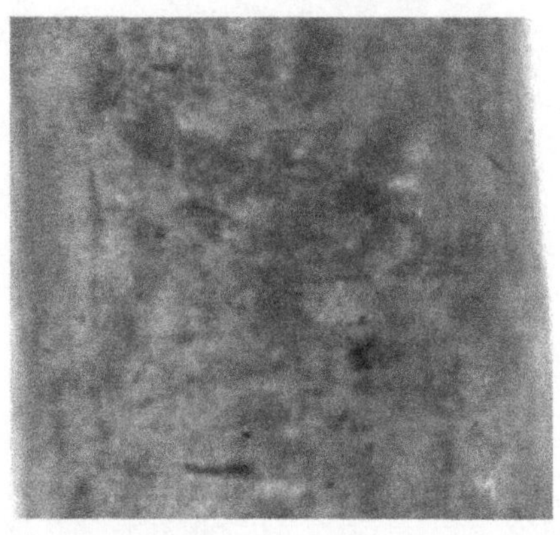

图 4.25　去除镀锌层后钢绞线表面情形

试件内部材料的微观组织对疲劳断裂的每个阶段都有影响，但对疲劳裂纹的萌发和近门槛区扩展阶段的影响较大。一般来说在疲劳加载的过程应尽量避免材料出现疲劳软化，使其具有较高的稳定性。但是对于变形强化的高强度材料一般都会出现疲劳软化，当变形基体不均匀时这种情况更严重。因此对于变形强化材料为了提高其疲劳寿命，应尽量采用层错较小、均匀性较好的基体生产。

图 4.26　钢绞线断面暇点

对于内部存在缺陷和材质不均匀的材料，其断裂韧度 K 值将会降低，在应力幅不变的情况下，材料的 K 值越低则其疲劳寿命越低，断口上的表象为其疲劳扩展区域的尺寸越小。这些与前文中断口观察的结果一致，在断口的截面上明显找到了大量暇点(见图 4.26)，且各断面的瞬断区域均较大。因此内部材料的初始缺陷，也是导致试验疲劳断裂的另一重要原因。

2)荷载对疲劳断裂的影响

疲劳荷载是疲劳断裂的外在必要条件，荷载类型、荷载谱中各种参数对疲劳都有直接的影响。本鞍座锚索系统中的钢绞线，既要受到轴向的拉力作用，又要受到侧向的挤压力和夹持力的作用，同时还要受到弯曲荷载的作用，故其疲劳为复合荷载作用下的疲劳问题。

由于分丝管中夹持力的存在，导致分丝管内不同位置钢绞线的轴向应力水平也有所差别，而且不同的加载过程对最终分丝管内各位置钢绞线的轴向应力水平也有较大影响。由于钢绞线在分丝管内处于弯曲状态，因此在曲线段的钢绞线中存在弯曲应力，这种弯曲应力对钢绞线的疲劳寿命也有一定的影响。当钢绞线受弯时，捻制成钢绞线的 7 丝钢丝之间是否发生相对错动，及相对错动的程度等都还没有明确的研究成果。为了分析钢绞线的弯曲应力，先假定两种计算模式，模式一认为钢绞线在受弯时钢丝之间无相对滑动(即认为钢绞线截面是一个整体)，模式二认为钢绞线在受弯时钢丝之间可以自由滑动。

由经典材料力学的公式可知，当试件发生图 4.27 所示的弯曲变形，断面任意高度处的弯曲应力表达式为：

$$\sigma = E\varepsilon = \frac{Ey}{\rho} \tag{4.1}$$

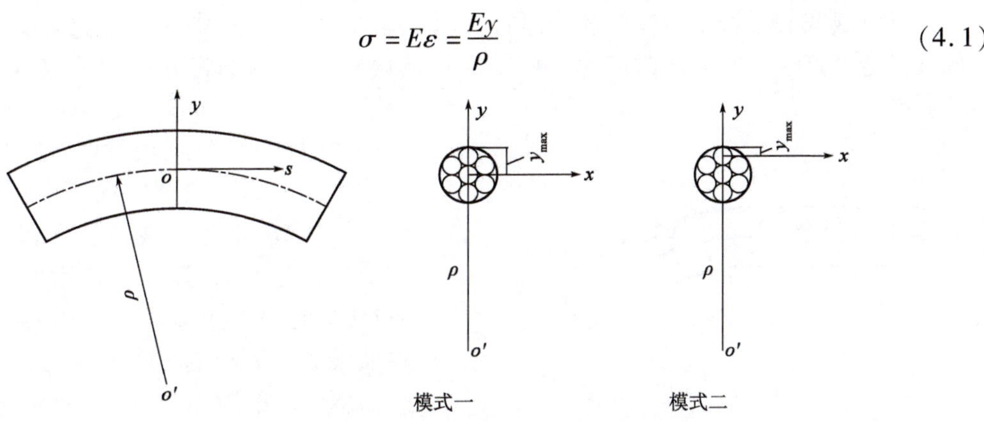

图4.27　弯曲计算图式

带入本批试验参数计算表明，在模式一下钢绞线截面最外侧纤维最大弯曲应力为658.7MPa；在模式二下，曲线最外侧钢丝纤维最大弯曲应力为216.7MPa，曲线最内侧钢绞线纤维最大弯曲应力为219.1MPa。若不考虑在疲劳过程中钢绞线和分丝管之间的相对运动，则钢绞线的弯曲应力在疲劳试验过程中相当于非交变应力，此时钢绞线沿程应力如图4.28所示。鞍座出口处在模式一下钢绞线外侧纤维的应力变幅为1295.7～1495.7MPa，模式二下内侧钢丝（弯曲应力较外侧钢丝稍大）外侧纤维应力变幅为856.1～1056.1MPa。从鞍座出口往里沿弧线长0.667m后钢绞线已被分丝管锁死，钢绞线的应力为常应力状态，疲劳问题只出现在鞍座两侧出口以内0.667m的范围内。

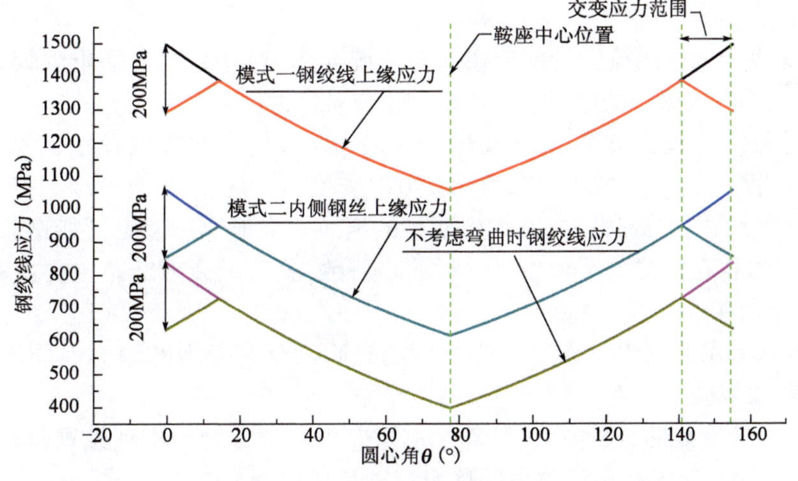

图4.28　疲劳试验过程中钢绞线沿程应力

但是，在实际加载过程中，钢绞线与分丝管相切的局部位置所承受的弯曲应力并非常应力状态。在疲劳加载过程中，在助动器的作用下鞍体会沿着轴线方向运动，因此切点附近的钢绞线微动段会不停地在直线段和圆弧段之间变化，对于该区段而言弯曲应力是属于交变应力。理论上而言，该段钢绞线的应力幅远大于其他位置的应力幅，如在模式二下内侧钢丝的外侧纤维应力变化范围为417.9～837MPa，应力幅达到419.1 MPa；实际中由于相对滑动的运动很小，其弯曲应力的交变值较小，但依然对出口处钢绞线的疲劳性能产生很大的影响。

在钢绞线安装过程中钢绞线和分丝管在出口处发生碰撞时，则在出口位置的钢绞线会由于局部微弯而产生一定的弯曲应力。假定微弯的角度为 θ，以下将分析这种微弯对钢绞线应力的影响。

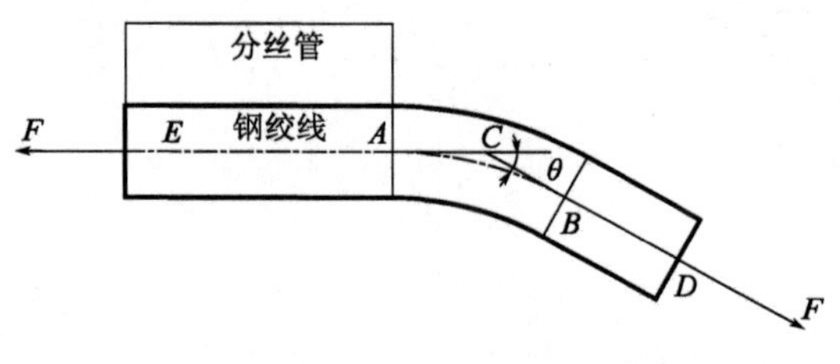

图 4.29 出口微弯计算模式

如图 4.29 所示，当发生 θ 的偏转角度时，在鞍座出口的一段范围内由直线 EA 过渡至 BD，其中 AB 段为弧线弯转区段。利用数值模拟的方法可以求出当拉索的轴向应力为 637MPa 时，发生的偏角 $\theta = 10\text{mrad}$，在鞍座出口处模式一下产生的附加应力为 142MPa（模式二下产生的附加应力为 194MPa）。

以上分析表明，从鞍座出口往里沿弧线长一定范围后钢绞线已被分丝管锁死，钢绞线的应力为常应力状态，疲劳问题只出现在鞍座两侧出口附近。处于分丝管内的钢绞线由于受到弯曲效应的影响，使得钢绞线的平均应力水平提高很大，同时也极大地增加了切点附近钢绞线的疲劳应力幅，使得切点处钢绞线的疲劳寿命低于其他位置的疲劳寿命，这也正是试验中钢绞线断丝主要出现在鞍座出口附近的原因。鞍座出口位置的局部偏差对出口位置附近的钢绞线疲劳应力有显著影响，对其疲劳受力不利，在试验和桥梁建设中应充分考虑该效应，提高出口位置的加工质量，避免产生局部偏差效应。

4.5 本章小结

同向回转鞍座内钢绞线拉索的疲劳模式与传统索体有较大差异，采用试验方法探明疲劳破坏机理，提出合理的分析与防护方法，主要结论有：

（1）设计同向回转拉索体系的卧式试验装置，给出试验参数以及控制标准，应力幅为 200MPa，上限应力为 $45\%f_{pk}$，循环次数为 200 万次。

（2）在试验中，采用钢带防护以及钢丝防护的钢绞线未能通过疲劳性能试验，主要原因为防护与钢丝之间的相互磨蚀以及钢绞线母材缺陷所致，验证了疲劳断裂主要由索体内部瑕疵以及磨蚀效应导致的。

（3）采用聚脲涂层的钢绞线通过了疲劳性能检验以及疲劳后的静力性能检验，柔性防护材料可以减少磨蚀效应的产生。

（4）建立了疲劳性能的分析方法，计算表明鞍座出口位置为最不利位置，局部偏差对索体疲劳性能有较大影响，应提高出口位置的质量以避免局部偏差效应。

第 5 章　同向回转拉索体系微动损伤研究

同向回转拉索的足尺疲劳试验主要是对不同包裹方式的拉索进行疲劳性能验证,而同向回转拉索与普通拉索不一样,疲劳试验表明,拉索和分丝管间存在磨损作用,这个磨损作用对拉索的疲劳寿命产生很大的影响,现有技术体系对于该新问题缺少理论模型。本章介绍微动损伤理论研究取得的成果以及相关试验验证结论,为同向回转拉索体系寿命预测提供理论支撑。

5.1　同向回转拉索体系微动损伤基本理论

5.1.1　微动损伤数学模型

金属材料的微动磨损是塑性应变不断累积的结果,当材料累积的塑性应变达到其应变极限时,就产生失效。在法向力和切向力作用下,材料表面的局部区域产生塑性变形;在荷载的反复作用下,塑性变形不断累积,在材料塑性应变较大区域产生裂纹;随着裂纹的不断扩展,很多裂纹连接在一起形成宏观裂纹,并向表面不断延伸,形成磨屑从基体材料脱落。磨损的过程由许多因素决定,Achard 把影响微动磨损的参数归结为接触应力、相对滑移量,从而建立了微动磨损的预测公式。

如图 5.1 所示,假定单颗圆锥形磨粒,在荷载 P 作用下压入材料中,并在切向力作用下,在表面滑动了 ΔL 的距离,犁出了一条沟槽。

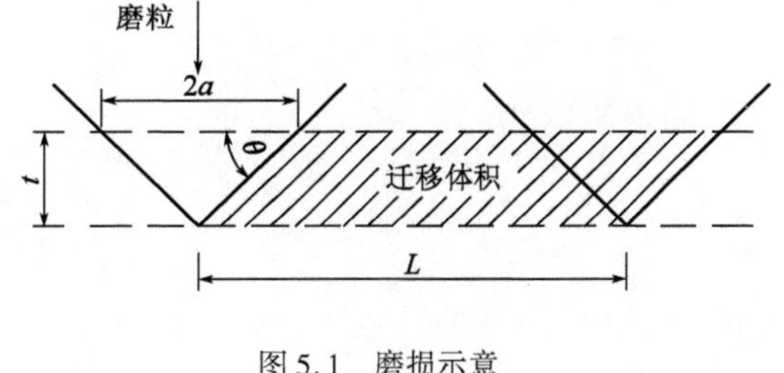

图 5.1　磨损示意

$$P = \sigma_s \times \pi a^2 \tag{5.1}$$

$$A = at = a^2\tan\theta = \frac{P\tan\theta}{\sigma_s \pi} \tag{5.2}$$

$$V = AL = \frac{\tan\theta}{\sigma_s \pi}PL \tag{5.3}$$

式中:P——工件与材料接触面的法向压力(N);

σ_s——压实力(Pa);

a——1/2 承压宽度(m);

t——沟槽深度 V 形槽(m);

A——沟槽深度 V 形槽面积(m^2);

L——两接触体的切向相对滑移距离(m);

V——磨损体积(m^3)。

因此磨损体积与荷载及滑动距离成正比。Archard 提出的磨损理论模型为:

$$V = \frac{KPL}{H} \tag{5.4}$$

式中：K——磨损因子。

令 $k = K/H$，因此，Archard 磨损模型的一般公式如下：

$$V = kPL \tag{5.5}$$

式中：k——Archard 磨损系数；

H——物体硬度；

其余符号意义同前。

对于接触体之间的微动磨损，根据 Archard 磨损公式推出磨损宽度的演化公式为：

$$\frac{\mathrm{d}a}{\mathrm{d}s} = \frac{kR}{a(s)}p \tag{5.6}$$

式中：a——磨损宽度尺寸(m)；

s——磨损滑动距离(m)；

R——等效半径，由接触体半径 R_1、R_2 换算而得，$1/R = 1/R_1 + 1/R_2$(m)；

p——磨损面的平均应力(Pa)。

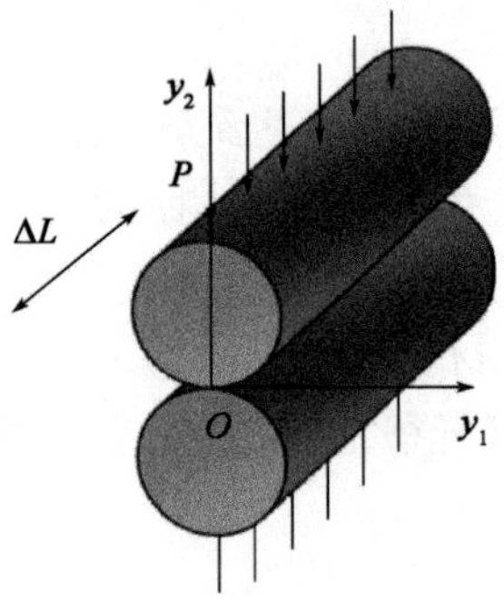

对于钢丝与钢丝间的磨损，设 $a(s)$ 为沿磨损方向的磨损尺寸，$p = \frac{P}{2a(s)}$，其中 P 为接触线荷载，如图 5.2 所示，则有：

$$\frac{\mathrm{d}a}{\mathrm{d}s} = \frac{kR}{2a^2(s)}P \tag{5.7}$$

积分得到：

$$a(s) = \sqrt[3]{a_0^3 + \frac{3}{2}kRPs} \tag{5.8}$$

其中，$s = 2N\Delta L$，N 为循环加载次数，则：

$$a(s) = \sqrt[3]{a_0^3 + 3kRPN\Delta L} \tag{5.9}$$

图 5.2 钢丝磨损示意

磨损深度为：

$$h = k\int_0^s \frac{P}{2a(s)}\mathrm{d}s = \frac{1}{R}\int_{a_0}^{a} a\mathrm{d}a \tag{5.10}$$

即

$$h = \frac{a^2 - a_0^2}{2R} \tag{5.11}$$

式中：a_0——初始接触宽度(m)。

对于钢绞线与分丝管间的磨损，设 $b(s)$ 为垂直于磨损方向的磨损尺寸，$p = \frac{P}{\pi a(s)b(s)}$，则有：

$$\frac{\mathrm{d}b}{\mathrm{d}s} = \frac{kR}{b(s)}\frac{P}{\pi b(s)a(s)} \tag{5.12}$$

假定 $a(s) = \lambda b(s)$，则：

$$\frac{\mathrm{d}b}{\mathrm{d}s} = \frac{kRP}{\lambda\pi b^3(s)} \tag{5.13}$$

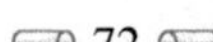

对式(5.13)进行积分得到:

$$b(s) = \sqrt[4]{b_0^4 + \frac{4}{\lambda\pi}kRPs} \tag{5.14}$$

考虑到 $s = 2N\Delta L$,则:

$$b(s) = \sqrt[4]{b_0^4 + \frac{8}{\lambda\pi}kRPN\Delta L} \tag{5.15}$$

同样微动磨损深度可表示为:

$$h = \frac{b^2 - b_0^2}{2R} \tag{5.16}$$

在此理论模型中,为了对钢绞线的磨损演化进行预测,需要通过计算得到钢丝间、钢绞线与分丝管间的相对位移以及接触应力等微动损伤参数,其中微动磨损的 Achard 系数 k 需要通过微动损伤试验来获得。

5.1.2 磨损寿命预测

疲劳破坏的过程分为三个阶段:裂纹的萌生、裂纹的扩展、疲劳断裂。在交变荷载作用下,结构在有缺陷部位或者应力集中的部位产生塑性变形,晶粒在晶界面之间滑移形成微裂纹,微裂纹扩展就形成了宏观裂纹,宏观裂纹继续扩展到一定时候,截面强度削弱,截面应力达到强度极限而断裂。

结构在微动疲劳的过程中,伴随着结构的磨损,首先在结构的表面产生磨损、萌生微裂纹;微裂纹扩展成宏观裂纹,直至结构断裂失效。所以,结构的寿命是由微裂纹的萌生和裂纹的扩展两部分寿命组成,同时在微动疲劳过程中磨损始终存在。疲劳裂纹萌生阶段占总寿命的百分数可以从0~95%,这个阶段的微裂纹尺寸一般在几十微米到几百微米间,这主要与试样的材料属性、几何形状、制造工艺等有关。如果试样上存在严重的应力集中、表面粗糙或其他表面缺陷,该数值可能为0%;而对完备制造没有缺陷的高纯材料光滑试样,该百分数可达95%。按照裂纹萌生、裂纹扩展在微动疲劳总寿命中的占比情况,可把微动疲劳寿命计算方法分为:①基于裂纹萌生的微动疲劳寿命计算方法;②基于裂纹扩展的微动疲劳寿命计算方法;③裂纹萌生加裂纹扩展的微动疲劳全寿命计算方法。

将基本的微动疲劳寿命评估方法归纳如下:

(1)名义应力评估法评估

名义应力评估法跟普通的疲劳评估法一样,也是利用($S-N$)曲线进行评估。根据材料疲劳($S-N$)曲线和考虑微动疲劳的各种因素,得到材料的微动疲劳($S-N$)曲线,根据($S-N$)曲线评估材料的微动疲劳寿命。但是微动疲劳跟接触压力、循环荷载、摩擦系数等因素有关,所以得到的($S-N$)曲线只能适用于特定的材料,并不具有通用性。名义应力法属于上述分析中的全寿命计算方法。

(2)附加应力法评估

附加应力法是把微动作用以附加应力的形式加入到名义应力中,得到总的应力,然后根据($S-N$)曲线来确定微动疲劳寿命,该方法为半经验半试验方法,应用简单方便。附加应力法属于上述分析中的全寿命计算方法。

(3)局部应力——应变法评估

很多材料的微动疲劳寿命主要取决于微动疲劳裂纹的萌生,因为这些材料的裂纹萌生阶段占疲劳寿命中的时间是最长的。因此,很多学者把疲劳裂纹的萌生作为研究的重点,他们提出的经验公式评估大多基于表面滑移幅度和应力场而建立的。其中临界面法是应用最为广泛的方法。该方法认为,疲劳损伤参数达到最大值的临界面(损伤最大的面)就是裂纹的萌生面。其预测微动疲劳裂纹特性的过程为:有限元计算微动疲劳模型,得到应力和应变分布,接着对应力和应变进行分析,就能够得到微动裂纹萌生特性。应用较多的临界面法主要有:SWT临界面法、$F-S$ 参数法、MSR 临界面法、SSI 临界面法。局部应力——应变法属于上述分析中的基于裂纹萌生的寿命计算方法。

(4)断裂力学法评估

应用断裂力学的方法对构件的微动疲劳进行预测,主要是预测构件裂纹扩展阶段的寿命。首先计算裂纹尖端的应力强度因子变程 ΔK,然后以下式计算裂纹从 h_0 扩展到 h_c 的时间 N。断裂力学法属于上述分析中的基于裂纹扩展的寿命计算方法。

$$N = \int_{h_0}^{h_c} \mathrm{d}h / C\ (\Delta K)^m \tag{5.17}$$

上述四种微动疲劳寿命预测方法中,名义应力法只针对特定的接触状态的结构,具有局限性。局部应力—应变法是基于裂纹萌生的寿命预测,对于同向回转拉索钢绞线在循环荷载作用下,钢绞线的接触力和相对位移均比较大,因此微动磨损较为严重,裂纹萌生所占的时间较短,而裂纹扩展所占的时间较长。基于断裂力学法的寿命预测法主要预测裂纹的扩展寿命,不能很好地考虑微动损伤效应,因此预测寿命效果也不好。基于附加应力法的寿命预测具有较为普遍的适用性,适用于同向回转钢绞线的全寿命预测。

结合上述微动疲劳寿命预测理论与同向回转拉索钢绞线的特点,选择基于附加应力法对同向回转拉索钢绞线进行微动疲劳寿命预测。

附加应力法是将微动作用的效果当成一种附加应力,在普通力学分析中得到的宏观应力的基础上,加上附加应力得到总应力,然后根据构件的疲劳寿命 $S-N$ 曲线得到疲劳寿命。这种方法是一种半经验半试验的方法,通过附加应力引入微动疲劳参数,使用简单方便。

一个荷载循环中消耗的摩擦功 Q 可以用来衡量微动磨损的严重程度。

$$Q = \mu \sigma_{\mathrm{d}} \Delta L \tag{5.18}$$

式中:μ——摩擦系数;

σ_{d}——接触面上节点的接触应力(Pa);

ΔL——接触节点的相对位移(m)。

则附加应力可表示为:

$$\sigma_{\mathrm{F}} = \beta Q \tag{5.19}$$

β 为附加应力系数,则总应力为:

$$\sigma_{\mathrm{Tol}} = \sigma_{\mathrm{F}} + \sigma_{\mathrm{T}} \tag{5.20}$$

式中:σ_{T}——轴向应力(Pa)。

所以考虑附加应力的应力幅为:

$$\Delta\sigma_{\mathrm{Tol}} = \mu\beta(\sigma_{\mathrm{d2}}\Delta L_2 - \sigma_{\mathrm{d1}}\Delta L_1) + \Delta\sigma_{\mathrm{T}} \tag{5.21}$$

得到考虑附加应力后的总应力 $\Delta\sigma_{\mathrm{Tol}}$，代入普通拉索试验得到的拉索（$S-N$）曲线公式中，就能得到拉索的微动疲劳寿命 N。

中国铁道科学研究院为了研究国产1860级低松弛预应力钢绞线的疲劳性能，进行了大量的拉索疲劳试验，进行回归分析，并且取得99.7%保证率之后得到我国1860级低松弛预应力钢绞线的（$S-N$）曲线表达式为：

$$\lg N = 13.84 - 3.5\lg\Delta\sigma \tag{5.22}$$

通过外推并考虑应力水平，得到1860级低松弛预应力钢绞线的（$S-N$）曲线表达式为：

$$\lg\Delta\sigma_{\mathrm{Tol}} = \begin{cases} -\dfrac{1}{3.5}\lg N + 4.124, N < 5\times10^{6} \\ -\dfrac{1}{5.5}\lg N + 3.424, 5\times10^{6} < N < 1\times10^{8} \\ 1.969, N > 10^{8} \end{cases} \tag{5.23}$$

至此，得到了基于附加应力法的微动疲劳寿命预测模型，其中同向回转拉索钢绞线的附加应力系数 β 需要通过微动损伤试验获得。

5.2　微动损伤试验方案设计

5.2.1　试验目的

通过在设计的微动损伤试验装置上进行同向回转拉索钢绞线的微动损伤试验，需要达到如下试验目的：

（1）研究无涂层的同向回转拉索钢绞线的微动损伤机理；

（2）分析得到钢丝与分丝管间的Archard磨损系数 k，建立磨损预测公式；

（3）建立基于附加应力法的微动疲劳寿命预测模型，并进行验证；

（4）使钢绞线在出口位置产生一定角度的偏差，研究钢绞线出口偏差下同向回转拉索钢绞线的微动损伤机理；

（5）研究有涂层的同向回转拉索钢绞线的微动损伤机理。

5.2.2　试验参数

同向回转拉索钢绞线在循环荷载作用下，钢绞线存在“滑移区”与“锁死区”。钢绞线的微动损伤效应发生在钢绞线的滑移区。由前面计算知道，钢绞线的滑移区在分丝管出口至出口处往里约1.365m的范围内。由5.1节可知，钢绞线的微动损伤效应主要由钢绞线与分丝管间的接触应力以及相对滑移量决定，而两个量与分丝管的半径、分丝管的长度等均有关系。因此，可以通过钢绞线与分丝管间的这两个微动损伤参数来表征分丝管半径、分丝管长度等对钢绞线微动损伤的影响。试验选取长度为0.3m的分丝管来进行试验，以此来模拟实桥同向回转拉索钢绞线的滑移区。

试验中制备的异形分丝管由不锈钢圆管制成，其断面呈雨滴型。分丝管的材料采用优质 $Cr_{18}Ni_{12}$ 无缝不锈钢圆管，壁厚为1.5mm，钢管外径为32mm。试验用分丝管顶部长度为0.3m，

半径 $R=2\text{m}$，圆心角为 8.6°，分丝管如图 5.3 所示。

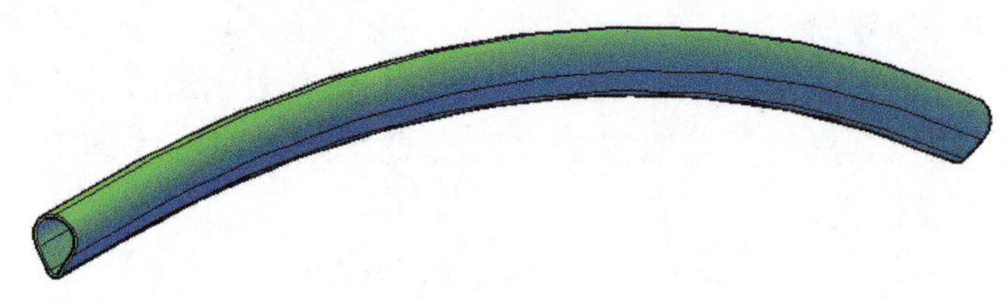

图 5.3　分丝管

为了研究无涂层钢绞线微动损伤机理及获得所需的 Archard 磨损系数和附加应力系数，进行了试验 1－1 和试验 1－2；为了对所建立的损伤预测模型进行验证，进行了试验 2－1 和试验 2－2；为了研究聚脲涂层的损伤机理，进行了试验 3－1 和 3－2；为了研究环氧涂层的损伤机理，进行了试验 4－1 和试验 4－2。试验进行的工况见表 5.1。

试 验 工 况　　表 5.1

试验编号	目　　的	涂层编号	应力下限(MPa)	应力上限(MPa)	应力幅(MPa)
1－1	研究无涂层钢绞线损伤机理 获得所需的 Archard 磨损系数和附加应力系数	0	637	837	200
1－2		0	637	837	200
2－1	验证损伤预测模型	0	637	757	120
2－2		0	637	757	120
3－1	研究聚脲涂层钢绞线的损伤机理	1	637	837	200
3－2		1	637	837	200
4－1	研究环氧涂层钢绞线的损伤机理	2	637	837	200
4－2		2	637	837	200

注：涂层编号 0 代表无涂层；1 代表聚脲涂层；2 代表填充型环氧涂层。

另外，为研究出口偏角对同向回转拉索钢绞线产生的影响，进行了出口偏角的无涂层同向回转拉索钢绞线在循环应力为 637～837MPa 下的微动损伤试验，共进行了 9 组试验。

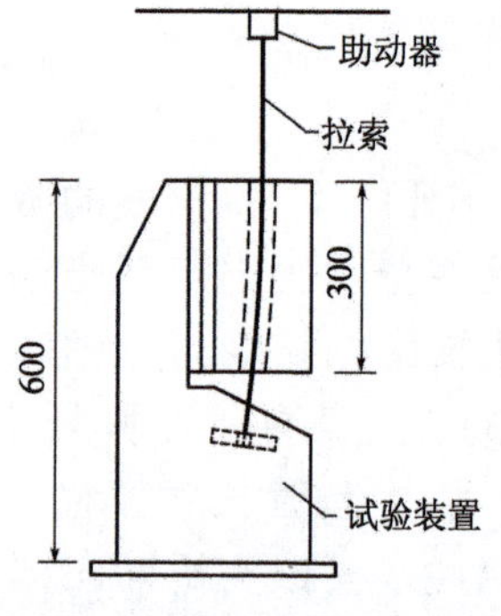

图 5.4　同向回转拉索钢绞线微动损伤试验装置示意(尺寸单位：mm)

5.2.3　试验装置

微动损伤试验根据研究内容的不同，其试验设备也各不相同，没有统一的微动损伤试验装置。根据同向回转拉索钢绞线本身的特点，自制一套微动试验装置，在微动试验装置上做微动损伤试验。试验装置是由上部的助动器和下部的分丝管锚固装置组成，如图 5.4 所示。分丝管锚固装置高 600mm，钢绞线底端锚固在锚固块上，顶端连接助动器，中间经过埋在灌浆料里的分丝管。助动器对钢绞线进行一定振幅的振动，使钢绞线在预张力作用下做循环振动。

5.2.4　试验钢绞线的加工

试验中采用的钢绞线包括1.5m无涂层钢绞线；1.5m双层聚脲喷涂防腐钢绞线，1.5m填充型环氧涂层钢绞线。其中聚脲涂层喷涂时每遍厚度控制在0.5mm左右，从不同的角度进行喷涂。采取薄层多次的方法进行喷涂，最终均匀达到2±0.5mm。喷涂完10min后马上检测涂层外观，有流挂处应进行修理，缺陷处应进行补喷。填充型环氧涂层厚度约为0.6mm，环氧填满钢丝间的缝隙。试验中采用的钢绞线如图5.5所示。

a)无涂层

b)双层聚脲喷涂

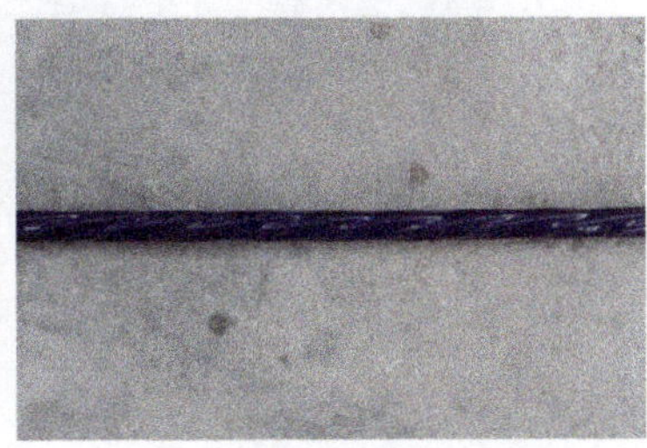
c)填充型

图5.5　试验用同向回转拉索钢绞线

试验装置实体如图5.6所示，分丝管锚固装置是由分丝管接触头和钢板框架组成，两者用螺栓连接而成，整个装置和下部的基底梁通过螺栓连接。钢绞线的下端锚固在钢板框架的锚固块上，上端锚固在与助动器连接的装置上。

图5.6　同向回转拉索钢绞线微动损伤试验装置

分丝管接触头是把分丝管预埋在钢板焊接而成的长方形块中，然后在长方形块中灌注灌浆料。由于分丝管接触头与钢板框架是螺栓连接，因此分丝管接触头是可更换的，每做完一根钢绞线试验均可更换分丝管接触头。分丝管接触头如图5.7所示。

助动器通过MTS系统进行控制，MTS操作系统通过输入振动频率、拉力的中值和上下限值进行控制，同时可以设定位移限制值，超过位移限值时振动自动停止。

图5.7　分丝管接触头

5.2.5　微动损伤试验加载

1)试验准备

准备好长度为1.5m的钢绞线,去除掉包裹物,把钢绞线的油脂擦拭干净,并拉直;准备好1.5m双层聚脲喷涂防腐回转钢绞线;准备好1.5m填充型环氧涂层回转钢绞线。将钢绞线保存在干燥阴凉的地方,以供试验用。

在试验前把试验台准备好。擦拭试样,尤其是钢绞线与分丝接触块接触部位,防止污染物或灰尘附着在钢绞线上面,影响试验效果。将试验钢绞线固定在试验台的上下端,保持钢绞线沿圆弧切线拉出。

2)试验步骤

(1)根据试验的要求,把钢绞线安装就位。对同向回转拉索钢绞线进行预张拉,以拉紧锚具,然后通过MTS操作系统进行控制,对钢绞线做固定振幅的振动。

(2)试验过程中观察钢绞线的变化情况。

(3)钢绞线断裂后,拆下钢绞线,进行钢绞线磨损观察。

(4)拍照记录磨损位置。

(5)用游标卡尺对磨损后的钢绞线的磨损长度和宽度进行测量,并计算钢丝的磨损深度。

(6)进行磨痕形貌观测。首先用丙酮清洗磨损钢绞线,然后采用扫描电镜观测微观磨痕,对典型形貌进行放大拍摄,对钢绞线断口形貌进行观测。

5.3　微动损伤试验结果分析

5.3.1　无涂层钢绞线试验分析

1)微动损伤分布分析

无涂层钢绞线微动疲劳试验共开展了两种工况试验:应力幅200MPa和应力幅120MPa,

两种工况各做两组,共四组试验。两种工况钢绞线的微动损伤分布和最终断裂的位置均基本一致,四组试验的结果如表 5.2 所示。

无涂层无偏角钢绞线试验结果　　表 5.2

工况编号	疲劳寿命(万次)	磨损尺寸(mm)	断裂位置描述
1-1	21.37	1.68	张拉端分丝管出口附近磨损位置
1-2	20.82	1.62	张拉端分丝管出口附近磨损位置
2-1	88.29	2.26	张拉端分丝管出口附近磨损位置
2-2	109.33	2.32	张拉端分丝管出口附近磨损位置

选取试验 1-1 进行分析,这组试验工况为钢绞线应力幅 200MPa,钢绞线在疲劳次数达到 21.37 万次时发生断裂,断裂的位置位于分丝管的出口附近,断裂宏观形貌如图 5.8 所示。

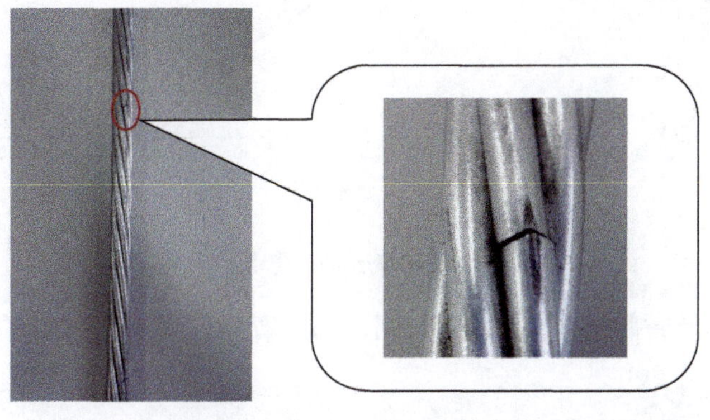

图 5.8　无涂层钢绞线断裂宏观形貌

钢丝与分丝管直接接触位置在加载初始即产生磨损,使得钢丝的疲劳寿命大大降低。钢绞线与分丝管间的微动磨痕清晰,微动磨损宏观形貌如图 5.9 所示。加载过程中有磨屑掉落,且随着加载的继续,磨屑逐渐增多。试验中的磨屑形貌如图 5.10 所示。磨屑呈现灰黑色,表明钢丝在磨损过程中发生一定的氧化,钢丝本身也产生了一定的氧化腐蚀。

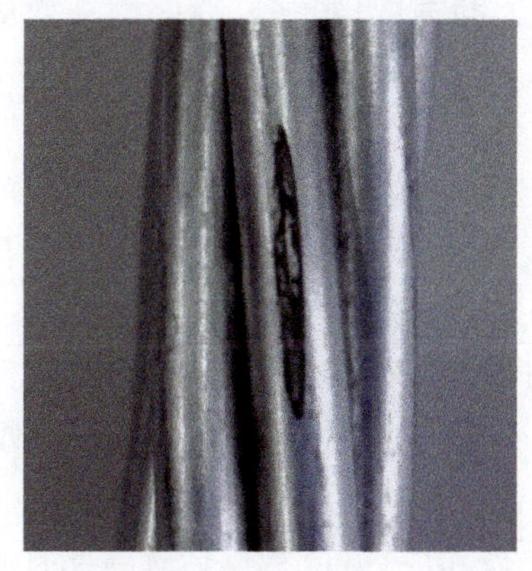

图 5.9　钢绞线与分丝管间的宏观磨损形貌

图 5.10　磨屑形貌

钢绞线与分丝管间的磨损形貌呈椭圆形，且其间距约为32mm，磨损的椭圆短轴最大为1.68mm，对应的长轴为15.12mm，从张拉端向内部锚固端对磨痕进行编号，则磨痕短轴的变化曲线如图5.11所示，磨痕尺寸从张拉端向锚固段呈逐渐减小的趋势，与相对滑移量呈正相关关系。

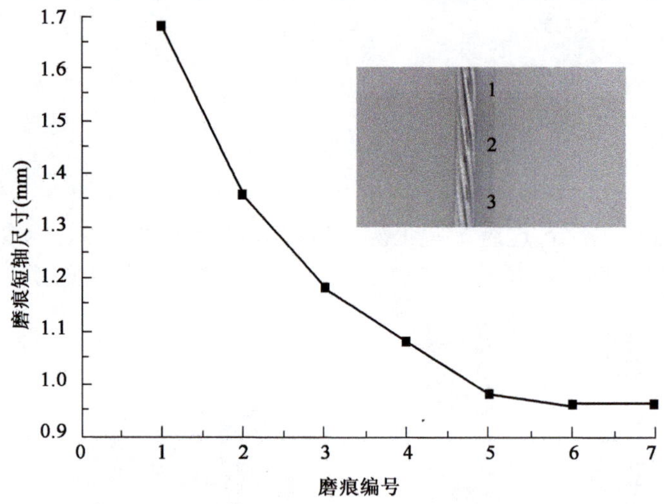

图5.11 无偏角钢丝磨痕尺寸分布曲线

钢绞线不仅与分丝管间产生微动损伤，钢丝间也存在微动损伤，如图5.12红色所示。

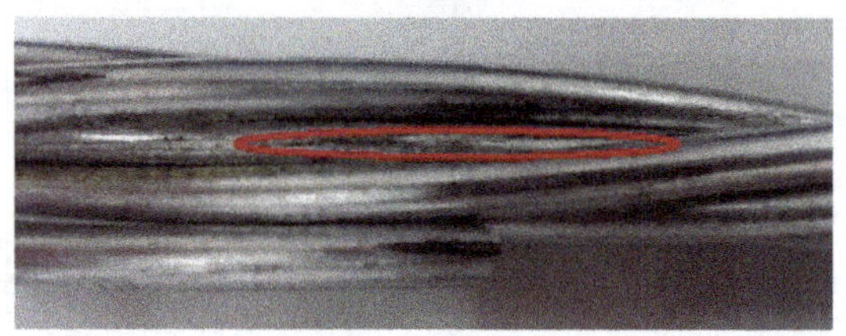

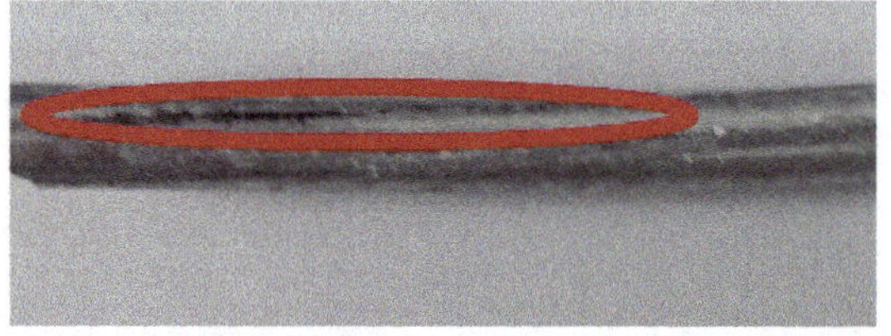

图5.12 钢绞线芯丝与外丝间的宏观损失形貌

钢绞线断口宏观形貌如图5.13所示，断口位置与最大磨损部位重合，表明磨损效应削弱断面，导致应力增大，成为薄弱区。

2)微动损伤微观形貌分析

钢绞线的微动损伤形貌分为微动黏着区、微动滑移区和微动混合区。接触体发生的滑移量非常微小甚至无滑移的区域称为微动黏着区；接触体发生滑移量的区域称为滑移区；滑移量介于黏着区和滑移区之间的区域称为混合区。

钢绞线与分丝管间在断裂附近的相对滑移很大，属于滑移区。钢丝与分丝管磨损后的微观磨损形貌如图5.14所示。钢丝的磨损形状呈椭圆形。对磨损部分进行放大，并与无磨损的钢丝表面进行对比，效果如图5.15所示。

从图5.15中可以看到，受微动磨损影响，钢丝表面不再光滑，形成颗粒状脱离或者未脱离的物体。这些颗粒状物体为铁氧化的产物，再对其进行放大，效果图如图5.16所示。

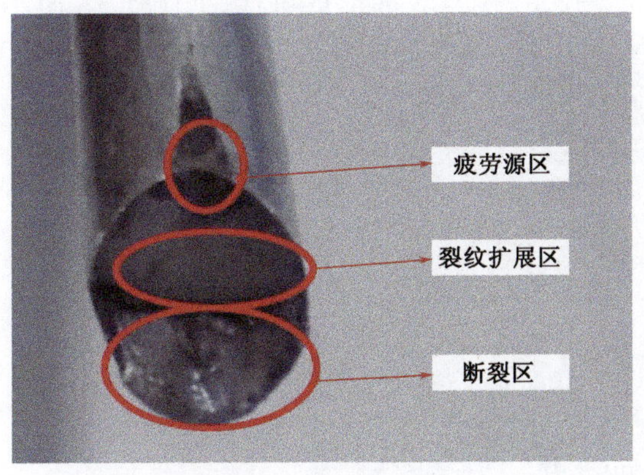

图 5.13　断口宏观形貌

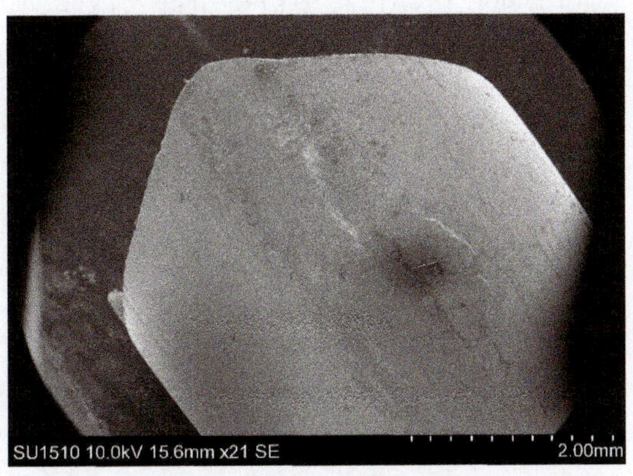

图 5.14　钢丝磨损微观形貌

a)磨损

b)无磨损

图 5.15　磨损与无磨损形貌对比

磨粒在钢丝与分丝管间不易排出，使得大的磨粒在微动过程中逐渐变成小的磨粒，同时由于磨粒的硬度比钢丝本身的硬度大，磨粒将持续磨损钢丝与分丝管，钢丝表面将逐渐形成微观犁沟、微观麻点，如图 5.17 所示。

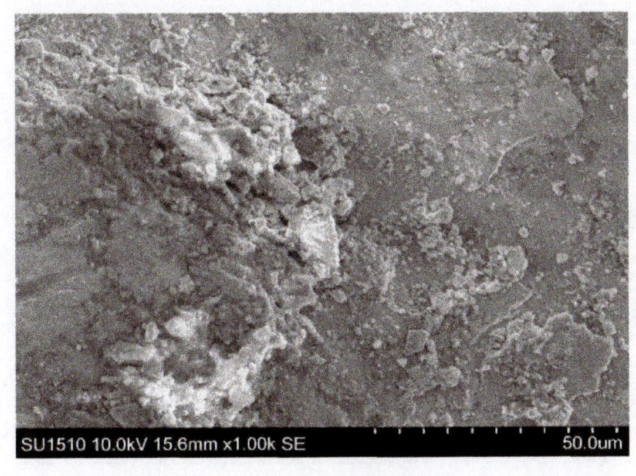

图 5.16　磨粒形貌

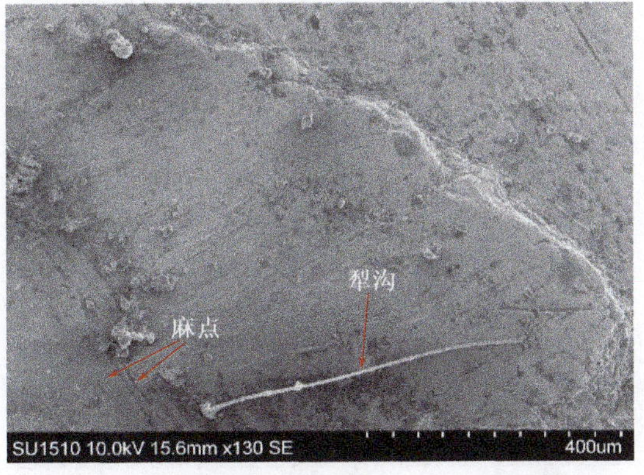

图 5.17　犁沟与麻点

当磨粒在微动过程中被挤压进入钢丝，其脱离后将在钢丝表面形成坑槽，如图 5.18 所示。

图 5.18　坑槽

从试验结果可知，钢丝的裂纹起源于钢丝磨损处，因此，钢丝裂纹的生成和发展与钢丝的微动磨损关系密切。

微动磨损过程中，接触体表层中发生塑性变形，使得金属表层的强度和硬度都得到提高，同时交变的摩擦力使得接触表面空位不断迁移，与相邻原子互换位置，最后空位聚集起来形成微孔隙和细孔。这些孔隙逐渐变大或材料受剪而聚集，形成与磨损表面相平行的裂纹，称为Ⅰ型裂纹；在微动过程中，交变的摩擦力作用使得接触点两侧承受交变应力而萌生裂纹，此裂纹垂直于微动方向，逐渐向深层扩展，称为Ⅱ型裂纹。Ⅰ型裂纹和Ⅱ型裂纹的判断很简单，平行于接触表面的裂纹就是Ⅰ型裂纹，垂直于接触表面的裂纹就是Ⅱ型裂纹。

钢丝与分丝管在微动过程中将同时形成Ⅰ型裂纹和Ⅱ型裂纹，Ⅰ型裂纹和Ⅱ型裂纹的交汇将使得磨屑脱离基体。钢丝断口附近的微观形貌如图 5.19 所示。钢丝的断裂由Ⅱ型裂纹扩展导致。从图 5.19 可以看出，在断口附近同时伴随着Ⅰ型裂纹和Ⅱ型裂纹，因此形成了磨屑。

钢丝的磨损表面同样也会产生微裂纹，如图 5.20 所示。从图 5.20 可以看出，钢丝在磨损过程中产生长度约为 30μm 的Ⅱ型裂纹。同时在磨粒附近也形成一些微裂纹。当微裂纹扩展到一定长度时，钢丝就发生疲劳断裂。

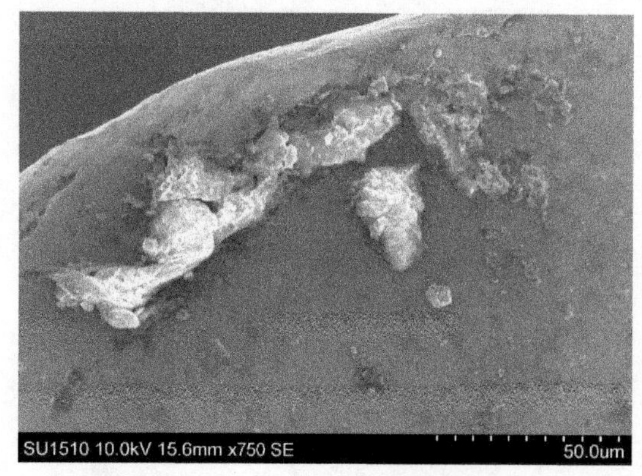

图 5.19　钢丝断口附近微观形貌

图 5.20　磨损表面微裂纹

同向回转拉索钢绞线的疲劳断裂的断口形貌基本一致，均包括疲劳源区 A、裂纹扩展区 B 和断裂区 C。钢丝的断口形貌如图 5.21 所示。

从图 5.21 可以看出，微动磨损在钢丝的微动疲劳断裂过程中起着非常重要的作用。由于钢丝的微动磨损，造成应力集中，使得裂纹产生。在微动疲劳过程中，裂纹逐渐扩展，同时由于微动磨损使得截面面积减小，钢丝的应力增大，从而加剧了钢丝的断裂进程。

(1)疲劳源区

钢绞线的疲劳源区在钢丝的磨损部位如图 5.22 所示。

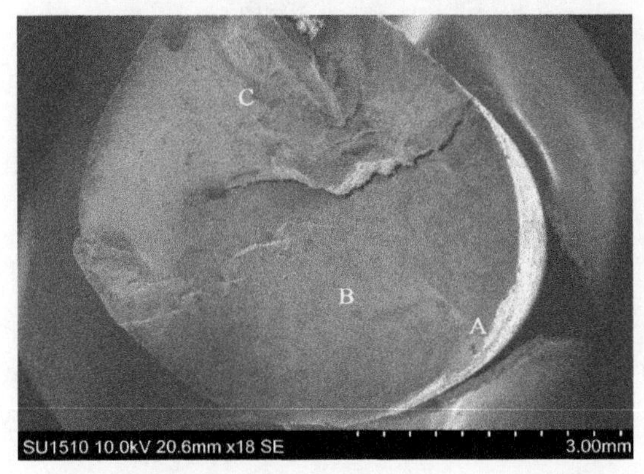

图 5.21　钢丝断口形貌

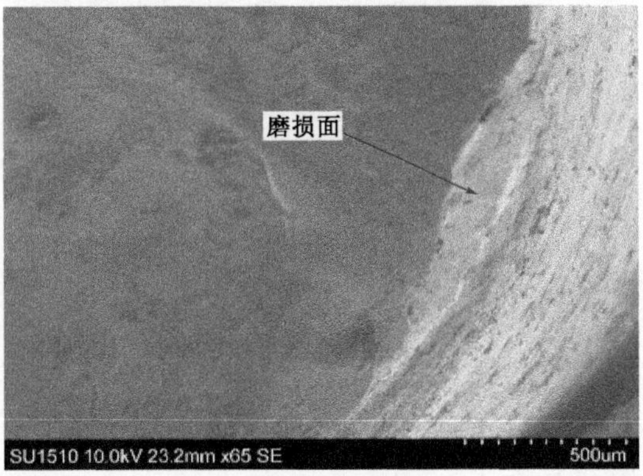

图 5.22　钢丝的磨损部位

(2)裂纹扩展区

裂纹扩展区是疲劳断口重要的一个区域，从断口形貌可以看出钢丝的贝纹线，贝纹线不是很明显，说明钢丝的韧性较差。如图 5.23 所示。裂纹在裂纹扩展区内扩展的过程中，当遇到阻碍时将形成疲劳台阶，有时会形成二次裂纹。钢丝在裂纹扩展区内的疲劳台阶和二次裂纹如图 5.24 所示。疲劳台阶指明了裂纹的扩展方向。

图 5.23　疲劳扩展区内的贝纹线

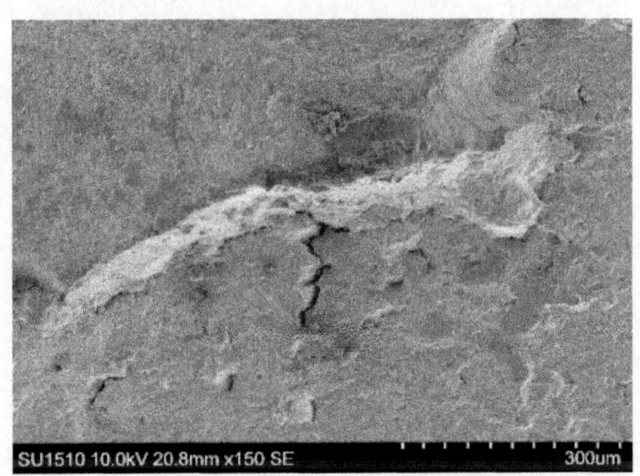

图 5.24　疲劳台阶和二次裂纹

(3)断裂区

当裂纹扩展到一定长度时，钢丝瞬间断裂，断裂区是钢丝裂纹最后失稳扩展的断口。钢丝瞬间断裂为脆性断裂，在断裂区形成了撕裂岭，如图 5.25 所示。

图 5.25　断裂区撕裂岭

5.3.2　无涂层有偏角钢绞线试验分析

钢绞线出口偏角对钢绞线的接触状态有很大的影响,因此开展了无涂层同向回转拉索钢绞线有偏角微动损伤试验。为了与无偏角的试验进行对比,试验采用在钢绞线下端分丝管出口处使钢绞线与分丝管不再是切向而出,而是以 1°的偏角拉出锚固。无涂层有偏角钢绞线试验结果见表 5.3。

无涂层有偏角钢绞线试验结果　　表 5.3

疲劳寿命(万次)	磨损尺寸(mm)	断裂位置描述
21.37	1.78	出口偏角附近

1)断裂分析

在钢绞线应力幅为 200MPa 的工况下,钢绞线在疲劳次数达到 19.09 万次时发生断裂,断裂的位置在偏角位置附近。钢绞线的断裂宏观形貌如图 5.26 所示。

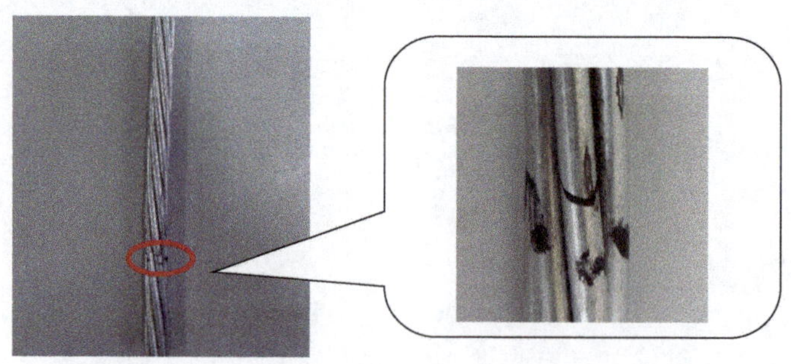

图 5.26　无涂层钢绞线出口偏角断裂宏观形貌

由前面的分析可知,钢绞线断裂的原因是钢绞线与分丝管间的微动损伤造成的,由于同向回转拉索钢绞线在出口产生一个偏角,使得钢绞线在出口位置处的接触荷载非常大,虽然这个位置钢绞线与分丝管间的相对滑移比其他地方小,但是由于接触荷载增加很大,使得钢绞线在这个位置的微动损伤更为严重,因此钢丝在此处断裂。

2)钢绞线与分丝管间的磨损分析

通过测量,钢丝磨损的椭圆最大短轴为1.78mm,其对应的长轴为12.52mm。钢丝的磨痕最大短轴比出口无偏角的钢绞线钢丝的磨痕最大短轴的尺寸大,说明钢绞线出口偏角使得钢丝与分丝管的接触变得不均匀。钢丝的磨痕最大短轴尺寸从张拉端到锚固端的分布如图5.27所示。出口偏角的钢丝磨痕尺寸分布与出口无偏角的钢丝磨痕尺寸分布不一样。由于出口偏角的影响,使得钢丝与分丝管间的微动磨损尺寸出现"两头大,中间小"的趋势。

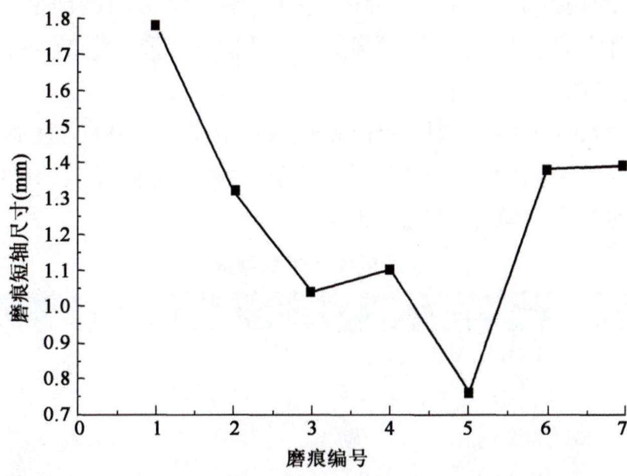

图5.27　有偏角钢丝磨痕尺寸分布曲线

钢绞线不仅与分丝管间产生微动损伤,钢绞线的钢丝间也存在微动损伤作用。钢丝间的微动损伤如图5.28红圈所示。

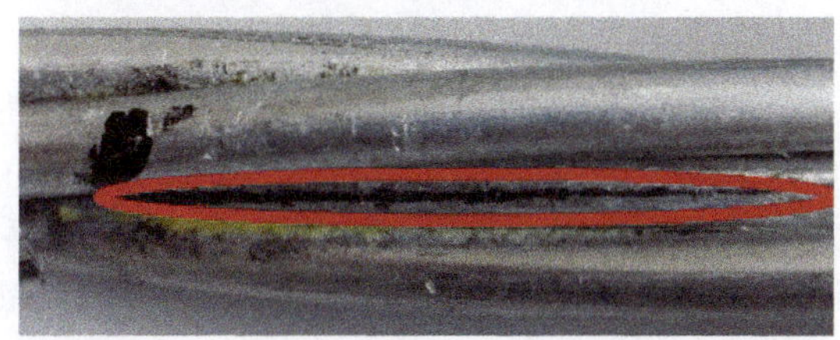
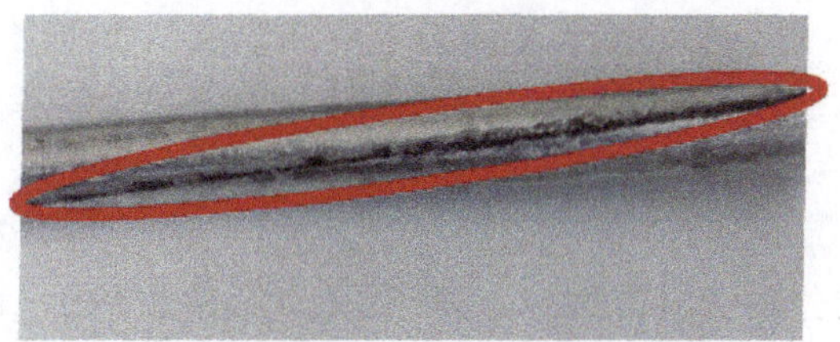

图5.28　钢绞线芯丝与外丝间的宏观损失形貌

钢丝间的微动损伤宏观形貌同样是条带状,只是由于偏角的影响,使得钢丝间微动损伤比无偏角的钢丝微动损伤更为明显。钢绞线微动损伤断裂的断口宏观形貌如图5.29所示。

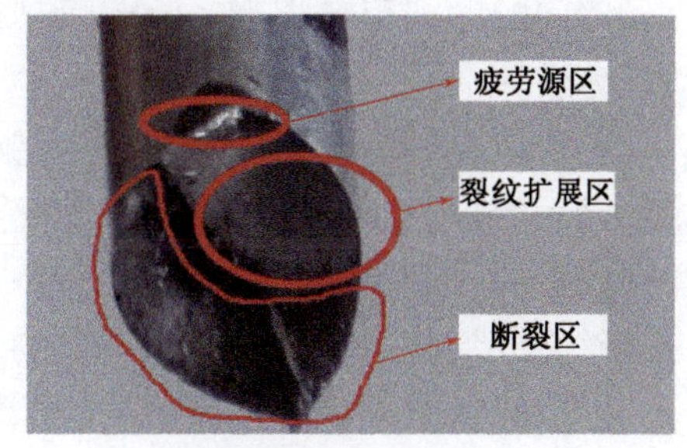

图5.29　断口宏观形貌

同样地,同向回转拉索钢绞线微动疲劳断口的疲劳源区在微动磨损部位,说明钢丝断裂的原因同样是微动磨损造成的裂纹萌生,而不是由于弯曲应力造成的破坏。裂纹扩展区用肉眼很难看到贝纹线,表面看起来较为光滑。由于出口偏角的影响,钢绞线的断裂区较大,大于一半的钢丝截面,说明钢丝的韧性较差,在钢丝截面减小到小于钢丝截面一半时,钢丝瞬间断裂。

5.3.3 有涂层钢绞线试验分析

通过无涂层钢绞线微动损伤试验研究发现,无涂层钢绞线在应力幅为 200MPa 作用下,其平均疲劳寿命仅为21.10 万次,与规范规定的 200 万次相差较大。对于外层无涂层的同向回转拉索,其均会产生微动损伤疲劳问题。为解决同向回转拉索钢绞线的微动损伤疲劳问题,必须在钢绞线外层加防磨损保护层。本节对聚脲涂层和填充型环氧涂层的钢绞线进行微动损伤试验研究,分析不同涂层的保护作用。

试验结果表明,试验 3－1 对同向回转拉索钢绞线进行了 200 万次循环加载后,钢绞线没断即停止试验;试验 3－2 对同向回转拉索钢绞线进行循环加载直至钢绞线断裂。聚脲涂层和环氧涂层钢绞线的微动损伤试验结果见表 5.4。

涂层钢绞线试验结果 表 5.4

工况编号	疲劳寿命(万次)	磨损尺寸(mm)	断裂位置描述
3－1	200(未断停止)	—	—
3－2	231.43	1.76	张拉端分丝管出口附近磨损处
4－1	300(未断停止)	—	—
4－2	365.85	1.84	张拉端分丝管出口附近磨损处

1)聚脲涂层钢绞线损伤分析

试验 3－1 中钢绞线在经过 200 万次疲劳试验后钢绞线没有断,不过钢绞线的表面与分丝管间的磨损挤压作用使得钢绞线表面的涂层变形、开裂,如图 5.30 所示。

试验 3－1 结果虽然聚脲涂层发生变形开裂,但是钢丝与分丝管间磨损很小。可以推断,在聚脲涂层磨穿后,由于钢丝与分丝管直接接触,发生微动磨损,进而发生微动疲劳破坏,试验 3－2 证实了这点。

试验 3－2 钢绞线在疲劳次数达到 231.43 万次时发生断裂,断裂的位置同样位于较不利的分丝管出口附近,其断裂宏观形貌如图 5.31 所示。对断裂区的磨损尺寸进行测量,磨损短轴尺寸为 1.76mm(无涂层钢绞线断裂时,钢丝的磨损短轴尺寸为 1.68mm),说明聚脲涂层钢绞线在保护层破坏到最后断裂过程中,钢绞线与分丝管间的微动磨损程度跟无涂层钢绞线与分丝管间的磨损程度相当。因此,聚脲涂层钢绞线的最终破坏原因为钢绞线与分丝管间的微动疲劳破坏。

钢绞线在微动疲劳试验过程中,钢绞线外面的聚脲涂层逐渐磨损。在钢绞线断裂前聚脲涂层已经磨损裂开了。因此,在聚脲涂层磨损后,钢丝与分丝管间产生接触微动磨损作用。从断裂位置看,钢绞线断裂的位置处有一个椭圆形的磨痕,说明钢绞线疲劳破坏的主要原因是外层钢丝与分丝管间的微动损伤造成的。

钢绞线在微动疲劳过程中聚脲涂层不断磨损,到钢绞线断裂前,聚脲涂层早已磨损开裂,致使钢丝与分丝管直接接触。聚脲涂层在试验开始阶段和疲劳次数为 150 万次时钢绞线出口附近的聚脲涂层表观形貌如图 5.32 所示。

图5.30　试验3－1钢绞线磨损形貌

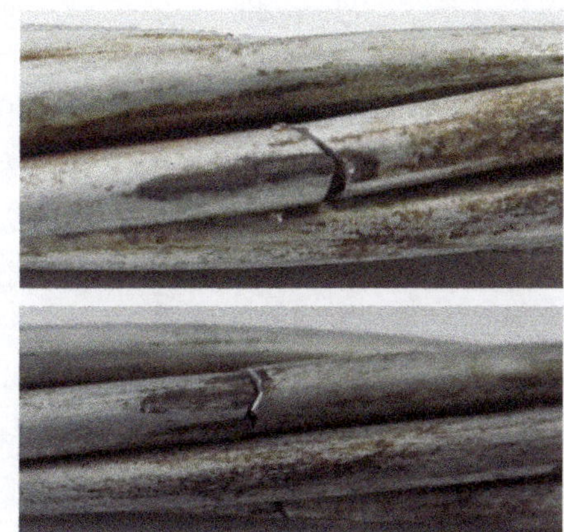

图5.31　试验3－2钢绞线断裂宏观形貌

a)试验开始阶段

b)150万次后

图5.32　钢绞线聚脲涂层磨损

与无涂层试验相同,钢绞线不仅与分丝管间产生微动损伤,钢绞线的钢丝间也存在微动损伤作用。钢丝间的微动损伤如图5.33红圈所示。由图中可以看出,微动磨损主要为外丝与芯丝间的磨损,外丝与外丝间的磨损量较小。钢丝间的磨损形貌为细长条形,说明钢丝间的接触状态为线接触。

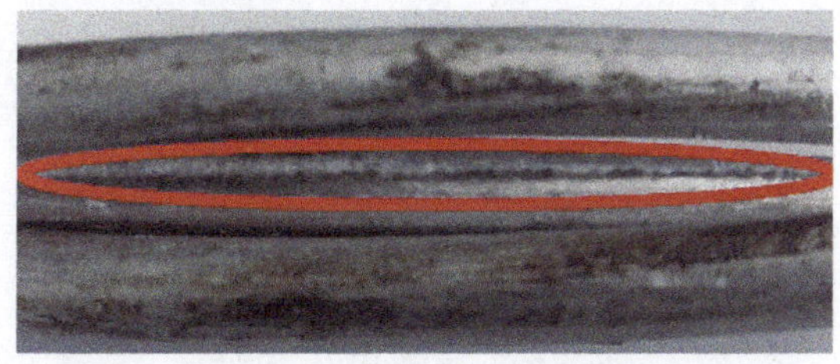

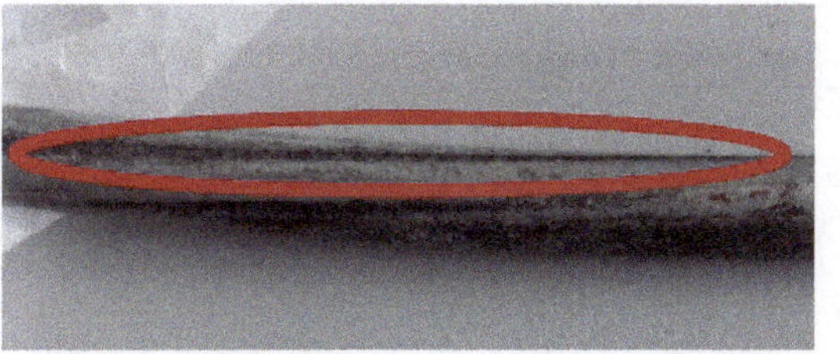

图5.33　钢绞线芯丝与外丝间的宏观损失形貌

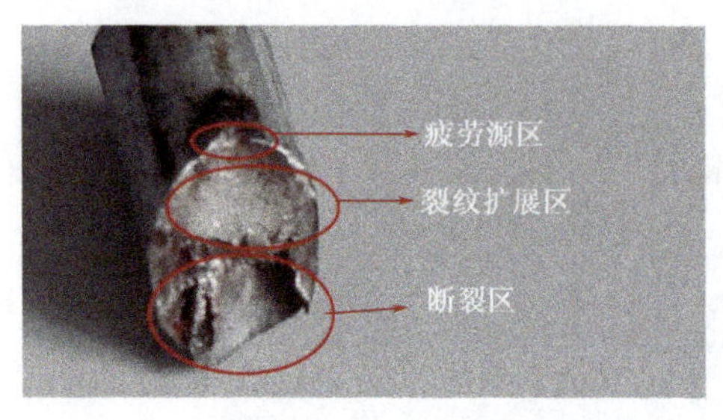

图 5.34　断口宏观形貌

同向回转拉索钢绞线的疲劳断口宏观上跟一般的钢绞线疲劳断口差不多，均包含疲劳断口的三个区。有聚脲钢绞线微动损伤断裂的断口宏观形貌如图 5.34 所示。

2）环氧涂层钢绞线损伤分析

试验进行了两组有填充型环氧涂层的同向回转拉索钢绞线的微动损伤试验 4－1 和 4－2。试验 4－1 对同向回转拉索钢绞线进行了 300 万次循环加载后，钢绞线未发生断裂，即停止试验；试验 4－2 对同向回转拉索钢绞线进行循环加载直至钢绞线断裂。试验 4－1 钢绞线经过疲劳试验后钢绞线的宏观磨损形貌如图 5.35 所示。

环氧涂层钢绞线表面的环氧层在试验过程中逐渐磨损，磨损形貌为椭圆形。磨损面积从钢绞线张拉端到锚固端呈减小的趋势，这主要是由于接触荷载与微动位移逐渐减小的缘故。此外，钢绞线的磨损在相应位置涂层磨损后才发生，进而引起微动损伤，最终发生破坏，试验 4－2证实了这点。

试验 4－2 钢绞线疲劳寿命达到了 365.85 万次，断裂形貌如图 5.36 所示。钢绞线断裂的位置同样位于张拉端分丝管出口附近。由于环氧涂层与分丝管磨损破坏，使得钢丝与分丝管直接接触，发生微动疲劳破坏。对断裂区的微动磨损尺寸进行测量，磨损短轴尺寸为 1.84mm（对应无涂层钢绞线磨损短轴尺寸为 1.68mm）。环氧涂层钢绞线与分丝管间的微动磨损程度与无涂层钢绞线与分丝管间的磨损程度相当。

图 5.35　试验 4－1 钢绞线磨损宏观形貌

图 5.36　试验 4－2 钢绞线断裂宏观形貌

试验结果表明，环氧涂层对钢绞线也可以起到重要的保护作用，使得钢绞线的耐磨性得到了很大提高。在环氧涂层被磨穿以后，钢丝才直接与分丝管接触，之后才发生微动磨损以及疲劳断裂现象。

钢绞线不仅与分丝管间产生微动损伤，钢绞线的钢丝间也存在微动损伤作用。钢丝间的微动损伤如图 5.37 红圈所示。

然而钢丝与钢丝间的微动磨损形貌很不明显，说明钢丝间的微动磨损作用较小。这主要是由于环氧涂层使得钢绞线的七根钢丝紧固成一个整体，也起到了相对隔离的作用，从而使得钢丝间的微动磨损量减小。环氧涂层钢绞线微动损伤断裂的断口宏观形貌如图 5.38 所示。

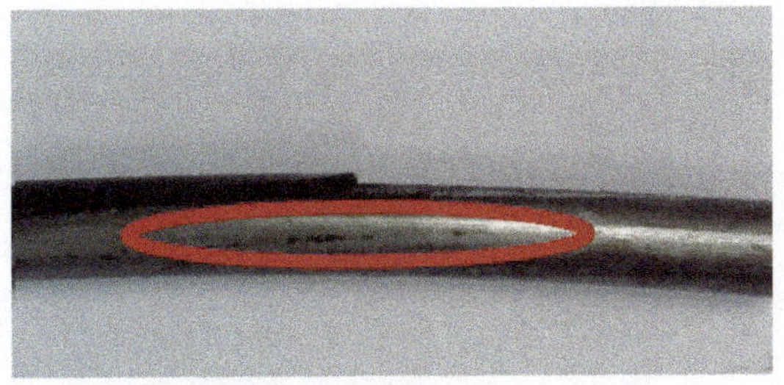

图 5.37　钢绞线芯丝与外丝间的宏观损失形貌

综上分析，同向回转拉索钢绞线的微动损伤，包括芯丝与外丝间的微动损伤和外丝与分丝管间的微动损伤。其中对钢绞线微动疲劳寿命取决定性作用的是钢绞线外丝与分丝管间的微动损伤。有涂层的钢绞线由于受涂层的保护作用，使得钢绞线的疲劳寿命远大于无涂层的钢绞线，其最终破坏也是在涂层发生破损，使得钢绞线与分丝管直接接触造成的。钢绞线的破坏位置在分丝管的出口附近，因为出口附近钢丝与分丝管间的接触应力以及相对滑移量均较大，造成微动磨损较为严重，出现较大的应力集中，造成裂纹的萌生、发展和最终的断裂。

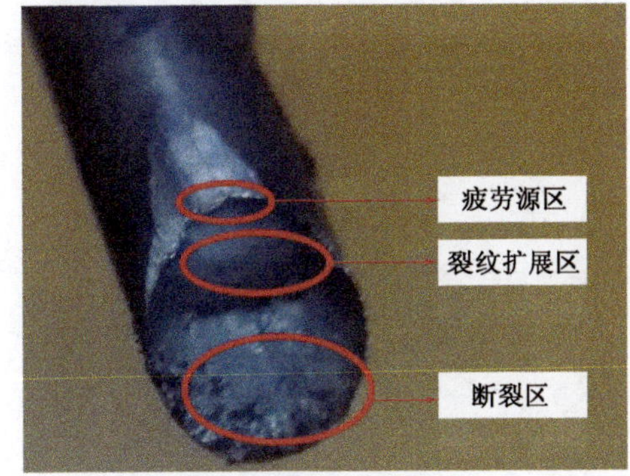

图 5.38　断口宏观形貌

5.4　微动损伤的预测模型

通过同向回转拉索钢绞线微动损伤试验结果可知，钢绞线的疲劳破坏过程是钢丝与分丝管接触产生微动磨损，之后在微动磨损位置产生裂纹源，裂纹逐渐扩展，最后发生疲劳断裂。因此，本节对钢绞线的微动磨损演化和微动疲劳寿命进行预测和验证。试验 1－1 和试验 1－2 的目的是得到钢丝与分丝管间的微动磨损 Achard 系数 k 和附加应力系数 β，通过两个系数建立微动损伤演化公式和微动疲劳寿命预测公式；试验 2－1 和试验 2－2 可以验证微动磨损演化和微动疲劳寿命预测的准确性。

5.4.1　微动磨损演化模型与试验验证

试验磨损演化预测与验证的流程如图 5.39 所示。

钢丝磨损后的横截面如图 5.40 所示。设钢丝磨损平面的弦长为 x，底面到磨损面的高度为 h，钢丝直径为 d，则磨损深度：

$$h = \frac{d}{2} - \sqrt{\left(\frac{d}{2}\right)^2 - \left(\frac{x}{2}\right)^2} \tag{5.24}$$

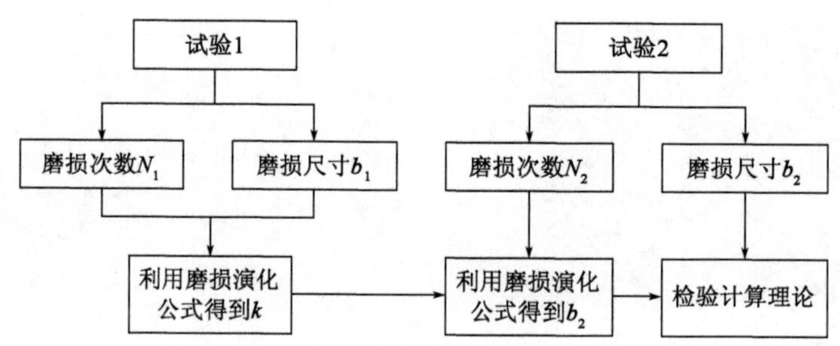

图 5.39　微动磨损演化预测与验证流程

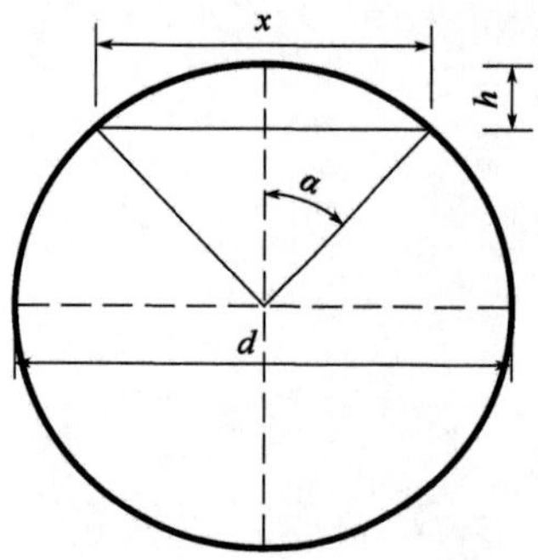

则磨损损失的面积为：

$$A = \frac{1}{2}\left(\frac{d}{2}\right)^2 2\alpha - \frac{1}{2}\left(\frac{d}{2}\right)^2 \sin\alpha\cos\alpha \tag{5.25}$$

其中：

$$\alpha = \sin^{-1}\left(\frac{x}{d}\right) \tag{5.26}$$

因此，只需要测量出钢丝的磨损弦长 x，即可得到钢丝的磨损深度。

图 5.40　钢丝磨损后的横截面示意

试验 1 在磨损次数为 21.1 万次时，测量得到钢丝的磨损尺寸 $x = 1.68\text{mm}$，则计算得到钢丝磨损面的高度为 $h = 0.145\text{mm}$，磨损损失的面积为 $A = 1.15\text{mm}^2$，面积损失率为 $\eta = 5.87\%$。

可以计算出同向回转拉索钢绞线在 637 ~ 837MPa 循环荷载作用下，钢绞线钢丝与分丝管间的接触荷载为 1328 ~ 1745N，以接触荷载均值 1536N 作为计算的接触荷载。钢绞线与分丝管间的相对滑移量为：$\Delta L = 0.297\text{mm}$。长轴与短轴比值 $\lambda = 11.9$，$b_0 = 0.113$。

因此，将数值代入式（5.15），即

$$1.68 = \sqrt[4]{0.113^4 + \frac{8}{11.9\pi} 2.5 \times 1536 \times 21.10 \times 0.297k} \tag{5.27}$$

可以计算出钢丝与分丝管间的 Achard 磨损系数为：$k = 1.55 \times 10^{-7}$。

试验 2 中钢绞线在 637 ~ 757MPa 循环荷载作用下，钢丝的磨损短轴尺寸为 2.26mm，则计算得到钢丝的磨损面高度为 $h = 0.269\text{mm}$，磨损损失的面积为 $A = 1.67\text{mm}^2$，面积损失率为 $\eta = 8.50\%$。

钢绞线钢丝与分丝管间的接触荷载为 1328 ~ 1578N，以接触荷载均值 1453N 作为计算的接触荷载。钢绞线与分丝管间的相对滑移量为：$\Delta L = 0.179\text{mm}$。因此，由式（5.15）可以计算出钢丝与分丝管间的在循环 88.29 万次时的磨损尺寸为：$b = 2.089\text{mm}$，与实测值的相对误差为 7.6%。误差较小，说明建立的同向回转拉索钢绞线与分丝管间的微动磨损演化计算方法具有足够精度。

5.4.2　基于附加应力法的微动疲劳寿命模型与试验验证

微动疲劳寿命预测与验证的流程如图 5.41 所示。

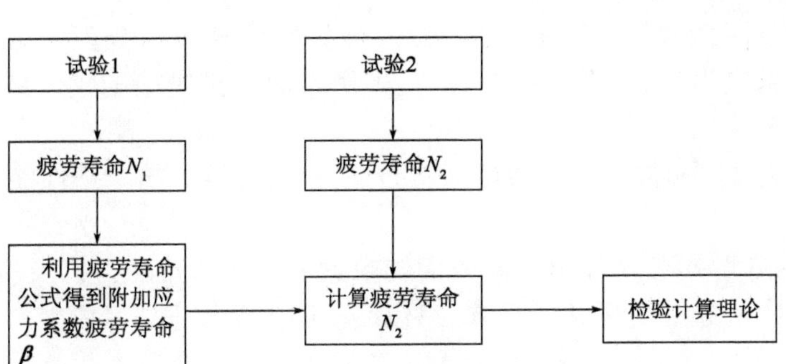

图5.41 微动疲劳寿命预测与验证流程

从试验1中同向回转拉索钢绞线微动疲劳试验可知，钢绞线在轴向应力幅为 $\Delta\sigma_T=200\text{MPa}$ 作用下，疲劳寿命 $N=21.10$ 万次。接触应力公式计算得到的 $\sigma_{N1}=3636\text{MPa}$，$\sigma_{N2}=3982\text{MPa}$，钢丝与分丝管的相对位移为 $\Delta L_1=0.951\text{mm}$，$\Delta L_2=1.250\text{mm}$，钢绞线与分丝管间的摩擦系数为 $\mu=0.2$。

计算得到钢绞线疲劳寿命为21.10万次时的钢绞线应力幅为 $\Delta\sigma_{\text{Tol}}=392.1\text{MPa}$。将 $\Delta\sigma_{\text{Tol}}$ 值代入式(5.20)中，得到附加应力系数为 $\beta=0.632$。由此建立了同向回转拉索钢绞线附加应力法的微动疲劳寿命预测公式：

$$\Delta\sigma_{\text{Tol}}=0.632\mu(\sigma_{d2}\Delta l_2-\sigma_{d1}\Delta l_1)+\Delta\sigma_T \tag{5.28}$$

$$\lg\Delta\sigma_{\text{Tol}}=\begin{cases}-\dfrac{1}{3.5}\lg N+4.124, N<5\times10^6\\ -\dfrac{1}{5.5}\lg N+3.424, 5\times10^6<N<1\times10^8\\ 1.969, N>10^8\end{cases} \tag{5.29}$$

试验2中，对于同向回转拉索钢绞线微动损伤试验，钢绞线在637～757MPa循环应力作用下，其疲劳寿命达到了98.81万次。按接触应力公式计算得到 $\sigma_{N1}=3636\text{MPa}$，$\sigma_{N2}=3851\text{MPa}$，钢丝与分丝管的相对位移为 $\Delta L_1=0.951\text{mm}$，$\Delta L_2=1.131\text{mm}$。

利用附加应力法对应力幅为120MPa的同向回转拉索钢绞线进行寿命预测，得到的总应力为 $\Delta\sigma_{\text{Tol}}=233.6\text{MPa}$，代入公式(5.14)，得到同向回转拉索钢绞线的疲劳寿命为128.66万次。预测的相对误差为23.20%，预测误差较小，说明建立的同向回转拉索钢绞线疲劳寿命预测方法具有足够精度。

5.5 本章小结

采用微动疲劳试验的方法，对疲劳破坏机理进行进一步的研究，提出寿命预测方法以及新型防护方法，得到的主要结论有：

(1)针对疲劳试验方法进行改进，采用组装式单分丝管试验装置取代足尺模型装置，可以提高加载的效率、降低试验的成本，可作为同向回转拉索体系应用的配套试验方法进行推广。

(2)进一步验证了钢绞线疲劳断裂的机理,即钢绞线外丝与分丝管之间产生微动磨损现象,削弱断面导致应力增大,进而引发断裂;采用表面防护措施的钢绞线可延缓该过程的发生。

(3)聚脲涂层以及环氧涂层钢绞线经试验验证,都具有较好的防护性能,其疲劳性能满足现行规范要求。

(4)基于 Achard 磨损公式提出了同向回转拉索体系的微动磨损以及疲劳寿命的预测方法,经与试验结果对比,验证计算理论可靠,可以用于同类型拉索体系的疲劳性能分析。

第6章　同向回转拉索体系施工关键技术

同向回转鞍座体系为全新拉索锚固体系，一方面分丝管、限位板、弧形钢板以及过渡管等都采用新型构造，需建立对应的加工制造技术以及质量控制指标，另一方面桥塔预埋大量成对鞍座，与内部劲性骨架连为整体，可调性较低，因此对安装精度要求较高，然而桥塔建造高度较高，高空作业为定位精度以及功效都带来巨大挑战。通过工程实践，以部品化理念建立同向回转鞍座的工厂加工工艺以及现场安装技术。本章主要以芜湖长江公路二桥为例，总结鞍座的加工与安装技术。

6.1　同向回转鞍座的加工工艺

6.1.1　加工质量标准

鞍座各构件加工以及组装过程中遵循的质量标准见表6.1、表6.2。

构件加工质量标准　　表6.1

项次	检 查 项 目	规定值或允许偏差	检查方法和频率
1	外壳几何尺寸	±1mm	钢尺，每个构件
2	构件弧线弦长、矢距	±1mm	钢尺，构件每条弧线
3	构件弧线偏离设计弧线	±1mm	样板，每条弧线中间和四分点3处
4	构件平整度	±1mm	钢尺、塞尺，每个构件
5	限位板的限位孔圆弧半径	±0.2mm	游标卡尺及样板，抽20%且不少于10个
6	限位板的限位孔高度	0.5mm	游标卡尺及样板，抽20%且不少于10个
7△	限位板的限位孔间距	±0.5mm	游标卡尺及样板，抽20%且不少于10个
8△	分丝管截面尺寸	+0，-0.2mm	游标卡尺、样板，抽20%、3~5个断面
9	分丝管出口倒角	无折棱现象	目检、手工检查，每个出口

注：△代表重要检测项目，下同。

构件组装质量标准　　表6.2

项次	检 查 项 目	规定值或允许偏差	检查方法和频率
1	几何尺寸	±2mm	直尺、样板，每个鞍座
2	限位板的垂直度	限位板高/100，且不应大于2mm	百分尺，每个板件3~5处
3	侧弧板与顶、底弧板的垂直度	侧弧板高/100，且不应大于2mm	百分尺，每个板件3~5处
4△	分丝管的出口位置	±2mm	样板、百分尺，每个出口
5	鞍座内弧线弦长、矢距	±2mm	钢尺，每个鞍座

续上表

项次	检查项目	规定值或允许偏差	检查方法和频率
6	鞍座内弧线偏离设计弧线	±2mm	样板、塞尺，弧线中间和四分点3处
7	整体平面内平整度	弦长/1500，且不应大于3mm	塞尺，每个鞍座
8	锚固端与导向管的对接	法兰盘接缝不大于1mm	百分尺、游标卡尺，每个接口
9	焊缝尺寸	符合设计要求	量规，每个焊缝3~5处
10	剪力钉垂直度	剪力钉高/50，且不应大于5mm	拐尺、塞尺，抽20%
11△	填充料强度	不小于设计要求	试验留样，同批次3组

6.1.2 生产制造流程

同向回转鞍座构造复杂，通过结构离散，将鞍座分为几个关键构件，各构件制作完成后，组拼为整体，具体制造及加工流程如图6.1和图6.2所示。

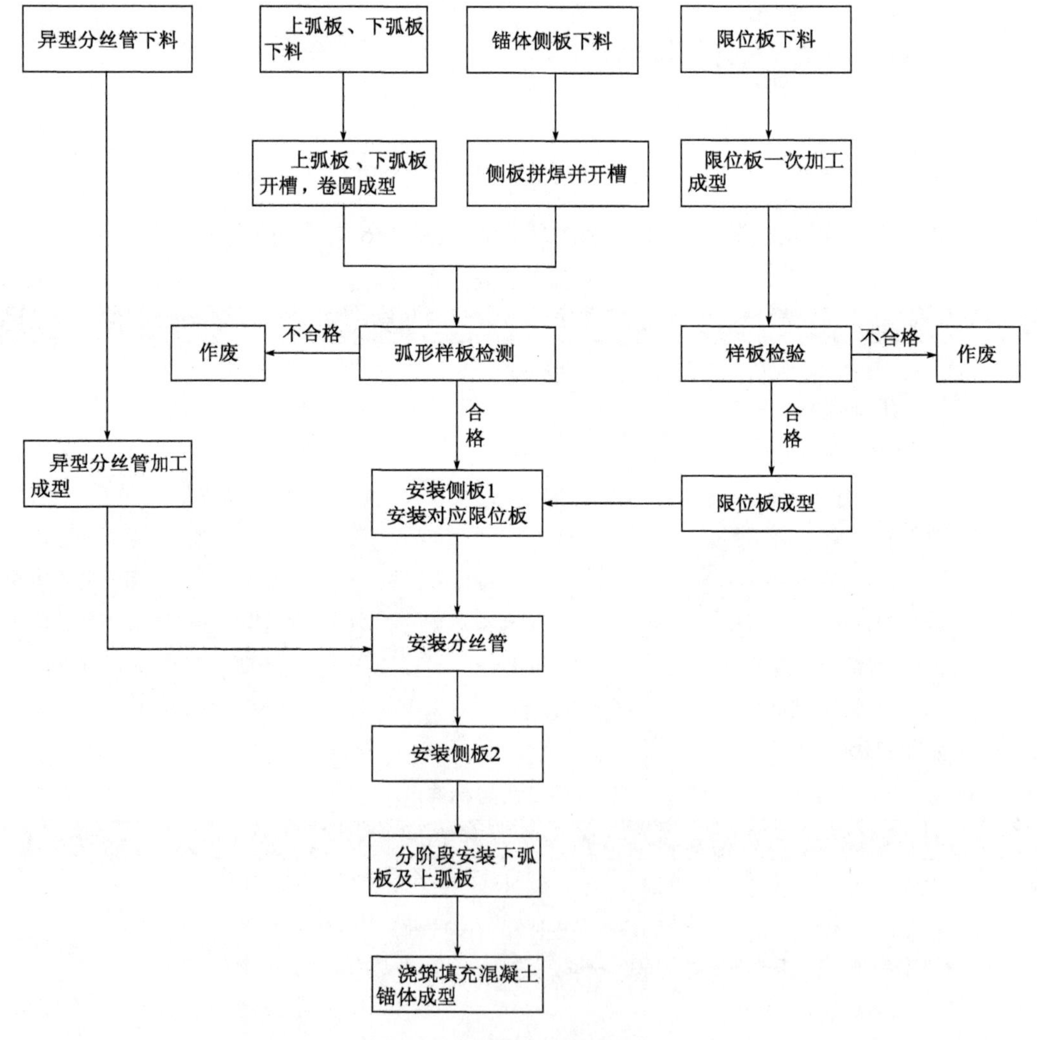

图6.1 鞍座锚体制作工艺流程

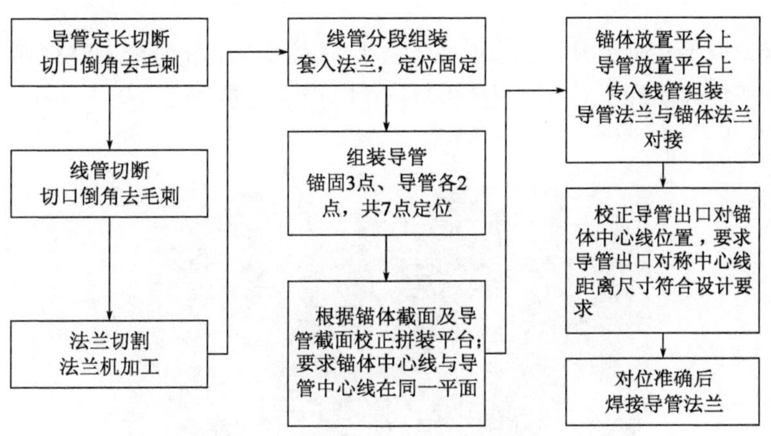

图6.2 鞍座导管制作工艺流程

6.1.3 分丝管加工

分丝管总体加工流程如图6.3所示，分丝管加工前对原材料不锈钢管进行检查，对表面有裂纹、折叠、结疤、轧折的管材进行全部清除，清除深度不超过公称壁厚的负偏差，清除处的实际壁厚不小于壁厚偏差所允许的最小值。对不满足要求的不锈钢管予以剔除。

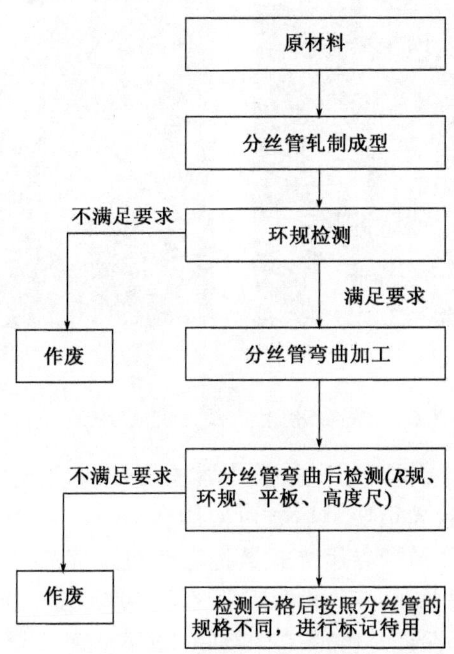

图6.3 分丝管加工流程

由于每个锚体内每根分丝管弯曲半径及弧长各不相同，因此，需分批分根加工。加工前先采用等离子切割制作标准半径平板，然后在大型数控弯曲机器上按照设计半径分别弯曲成型，在每根分丝管端头根据半径及弧长做好编号和标记,并在平板上用 R 弧样板、高度尺、环规检测分丝管。

图 6.4 为分丝管专用轧制机,分丝管加工由专用多辊轧机轧制成雨滴形截面,控制外形尺寸 ±0.5mm,60°夹角边用样板检测,间隙 0.1mm 以内。主要控制 60°夹角形状,外形尺寸兼顾,成品如图 6.5 所示。

图 6.4　专用多辊轧机

a)成品不锈钢管

b)分丝管

图 6.5　成品不锈钢管及轧制完成后的分丝管

分丝管加工完成后,进行质量检验。检验内容主要包含:分丝管外表面质量、分丝管截面尺寸、分丝管出口倒角,经检验满足要求后方可使用。

图 6.6 和图 6.7 分别为分丝管专用立式数控弯管机及标准弧板。冷弯是采用通过在钢管预定的地方(钢管的内、外部)施加一定的作用力,使之发生塑性变形,达到一定的弯曲角度的施工原理。施工前清理场地,保证足够的工作空间,布局合理。

弯管机设置 3 个转动轴,每个转动轴固定一个限位轮;弯曲的管材呈水平方向弯曲,由专用台车支撑,防止弯曲时分丝管发生面外和面内的变形。弯制前,在 200mm 直线段位置处设置标记点,不做圆弧弯曲。

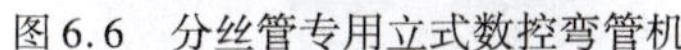

图6.6 分丝管专用立式数控弯管机

图6.7 成型分丝管校准

标准弧板采用等离子切割制作,并在标准板上按照径向切割16道标准槽口。分丝管半径检测时,根据每根分丝管理论外侧半径放样至标准板上,并用螺栓拧紧定位,然后将冷弯加工后的分丝管取出放至标准弧形板上,当冷弯半径满足设计要求时,所有槽口(16个)位置螺栓应刚好顶紧分丝管外侧边缘。

成型的分丝管经过 R 规、环规、平板、高度尺检测,满足要求后对分丝管进行编号存放,并做好弯曲加工记录。

冷弯成型后的分丝管堆放在管堆上,管堆用不损害钢管材质和防腐层的材料堆砌而成。不允许放置在石头、砖瓦等硬性物体上。管堆的高度应保证弯管离开地面20cm以上,且只能进行单层堆放。冷弯管场地堆放及安装时不得损伤钢管端面及防腐层。

6.1.4 限位板加工

限位板用于分丝管定位、安装,锚体内填充料施工完成后与其形成整体共同受力。限位板的外形及雨滴型穿管孔采用数控激光切割机切割成形。切割前保证场地清洁平整,光线充足,根据设计要求进行放样、号料,切割前看清断线符号。采用数控激光切割机,切口没有机械应力,无剪切毛刺,加工精度高,重复定位精度高(0.1~0.2mm),切口不需要再加工。切割后对限位板边缘进行加工磨光。

根据鞍座批次逐个编号存放。存放场地应平整坚实,无积水,限位板构件底层放置垫枕。限位板加工完成后,进行质量检验。检验内容主要包含:限位孔圆弧半径、限位孔高度、限位孔间距,经检验满足要求后方可使用。

6.1.5 外壳加工

锚体外壳主要由下弧板、侧板1、侧板2、上弧板四部分组成。锚体外壳分批制造运至现场。壳体钢板采用数控激光切割机(见图6.8)。

加工前检查整个切割系统的设备和工具全部运转正常,并确保安全的运行条件。检查剪切板材材料强度、材料规格、牌号是否符合图纸和技术要求,去除钢材表面的污垢,油脂,确定切割程序。根据设计图纸严格放样、下料。

图 6.8　数控激光切割机

整板切割后，切口截面不得有撕裂、裂纹、棱边、夹渣、分层等缺陷和大于 1mm 的缺棱。在切割件（侧板及上下弧板）上注明工程名称、零件编号及所属班组如图 6.9 所示。

a)上下弧板

b)侧板

图 6.9　侧板及顶底板加工样品

整板切割下料完成后，对下弧板、侧板 1、侧板 2 进行限位板孔位切割开长槽，对上弧板切割进行浇筑孔位开孔。对将开槽后的上弧板、下弧板弯曲成规定半径的圆弧形，并用标准弧形样板检测，对不满足要求的上、下弧板重新进行弯曲。

外壳加工完成后，及时清理切割废料，清扫工作现场，保持工作现场的整齐、干净。板材堆放场地要求保证足够刚度，垫点合理，上、下垫木保持在一条垂直线上，以免引起变形。若发生变形，应根据情况采用千斤顶、氧乙炔火焰加热或用其他工具矫正。

外壳质量检验内容主要包含：几何尺寸、弧线弦长、矢距、弧线偏离设计弧线、构件平整度，经检验满足要求后方可使用。

6.1.6　鞍座组拼

鞍座组装焊接前，矫正所有构件，并清理焊缝附近 30 ~ 50mm 范围内的铁锈、毛刺、污垢。

选择平整、坚实,且具有足够的空间的组装场地。为方便准确的拼接锚体,制造了专用平台支架。平台支架由3件同样的台架组成,每个台架由长短臂焊接T形固定支架,短臂两端铰接与长臂同长的两件活动支臂,每一支臂下设置立柱,下端有调节高低的细杆。由于锚体曲率半径及弧度不同,三个支架可以灵活的布置成合适的扇形面支撑锚体。

鞍座组装时,在支架上采用专用夹具将侧板1夹紧定位,并将限位板插入相应的预留槽内;按照分丝管编号顺序从中间向外侧进行穿管。待所有分丝管穿完后按照侧板2→下弧板→上护板的顺序组装焊接,并安装法兰盘等剩余构件,组拼过程采用CO_2气体保护焊满焊,锚体外形结构基本形成如图6.10所示。

图6.10　分丝管、外壳板及限位板组装焊接

锚体组拼过程复杂,拼接过程中的关键技术控制指标如下:

(1)弯曲弧度的校验:在一块弧形侧板的分丝管定位板插槽中设置校验轴柱,按设计图纸分丝管排列位置,分丝管外侧到弧形侧板内缘的距离定位,每个锚体有13~25个检测点,要求分丝管同轴柱靠贴,间隙≤0.2mm,校验合格后,即刻穿入布置好的定位板孔中,直到一个锚体穿完所有的分丝管。

(2)在布置好的拼装平台支架上,放置锚体弧形侧板2,在定位板槽口中设置分丝管校验轴柱,放置弧形侧板1,在对应槽口中插上分丝管定位板,两端槽口插上分丝管封板(对应的四个角没有倒角,以封堵锚体灌浆),依次穿入分丝管。

(3)穿完分丝管,将弧形侧板2拆除校验轴柱后,覆在穿好分丝管的定位板上,用夹具固定上下两弧形侧板,校正上下,贴紧定位板10mm平肩,左右与平肩平齐,两端面对齐,并与平面垂直,点焊定位板与弧形侧板,为稳定形状全缝焊死两端定位板,中间分丝管定位板间隔焊死两块。

(4)内外弧形板在弯管机(雨滴形弯管机)上初弯后,覆贴在锚体相应位置,用夹具固定,可覆贴一面定位点焊后,再覆贴另一面弧形板,这样锚体拼接完成。定位时注意覆贴在分丝管定位板平肩上,两端同弧形侧板端面平齐。

(5)锚体焊接采用人工焊接和自动焊接小车焊接相配合的方式进行,尽量使用焊接小车,焊接参数配置好后,用焊接小车可得到稳定的焊接质量。焊缝采用CO_2气体保护焊的形式。

(6)锚体弧形长缝焊接。在焊接平台上,对点焊定位鞍座主体进行焊接。注意弧形长缝焊接对称施工的顺序,尽量控制热变形。

(7)锚体焊接完成后,拼接分丝管偏心套及法兰。

①偏心套是为满足设计要求,分丝管出口定位中心偏离钢绞线中心线 4.8mm 而设置,若分丝管壁厚为 2mm,则偏离值为 3.8mm。

②分丝管两端套上偏心套,锚体法兰孔大直径面对准偏心套,依次对准后,用木锤敲打法兰使法兰贴靠锚体端面,校验法兰相对锚体垂直度后点焊定位,两端法兰都点焊定位后,全缝焊死锚体两端法兰如图 6.11 所示。

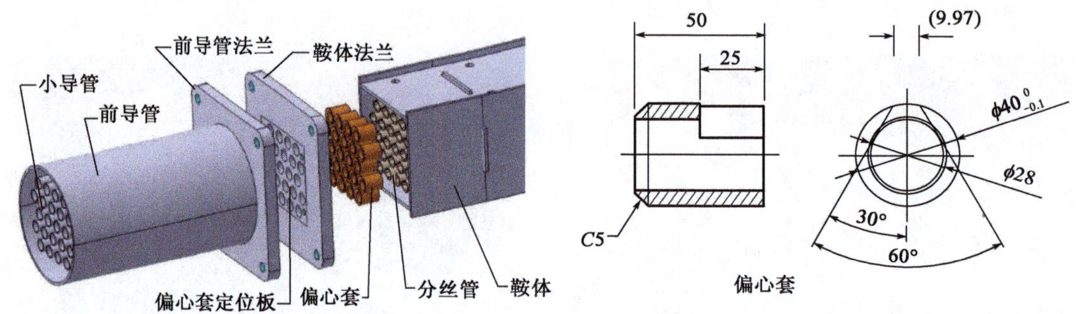

图 6.11 偏心套筒构造示意(尺寸单位:mm)

③鞍座组拼完成后,应存放在平整坚实地面,无积水,层垫枕木,且应保证足够的支承面。

鞍座组拼完成后,进行质量检验。检验内容主要包含:几何尺寸、限位板的垂直度、侧弧板与顶、底弧板的垂直度、鞍座内弧线弦长、矢距、鞍座内弧线偏离设计弧线、整体平面内平整度、法兰接缝宽度、焊缝尺寸、剪力钉垂直度、剪力钉长度,经检验满足要求后方可使用。

6.1.7 导管及过渡管加工与安装

导管主要由连接法兰、外圆管、内部线管、定位过渡块四部分组成。法兰用于固定连接鞍座锚体,斜拉索钢绞线从鞍座锚体分丝管出来后经过内部线管穿出,导管出口端部采用聚氨酯过渡块固定定位内部线管。

根据不同斜拉索型号,导管及法兰相应采用不同规格。线管采用成品不锈钢管。线管位置与雨滴管一一对应,按照梅花形排列。线管按索号分段尺寸,定长加工,管中倒角去毛刺,按要求分段组装成组。布置锚体与导管拼接平台,平台为可调节高低的单柱支座,共 7 个,锚体两端各 1 个,锚体中间 3 个,导管两端各 1 个。平台调节要求满足搁置在水平位置,锚体中心线与导管中心线在同一水平面上,为此平台高度需根据锚体截面及导管外径尺寸不同相应调节。

锚体搁置在三支座上,调好水平,找出锚体弦长中垂线,对准预先设置好的中心线,将线管组按要求拼接好穿入导管,将导管法兰一端与锚体法兰对贴搁置在平台上,实测导管中心线与锚体中心线在同一水平位置,用激光标线仪校正,调节导管开口端到锚体中垂线的距离,使得两边距离相等,并符合设计要求尺寸,锚体与导管法兰用螺栓连接紧固(法兰为成对加工,相对位置有两定位销孔),打入定位销,导管端面同法兰贴紧,两端与锚体中垂线尺寸符合要求,定位正确后,点焊导管法兰同导管固定,导管安装流程如图 6.12 所示。

定位后的导管,拆除与鞍座连接的定位销及螺栓,脱离锚体后,将法兰与导管全缝焊死。

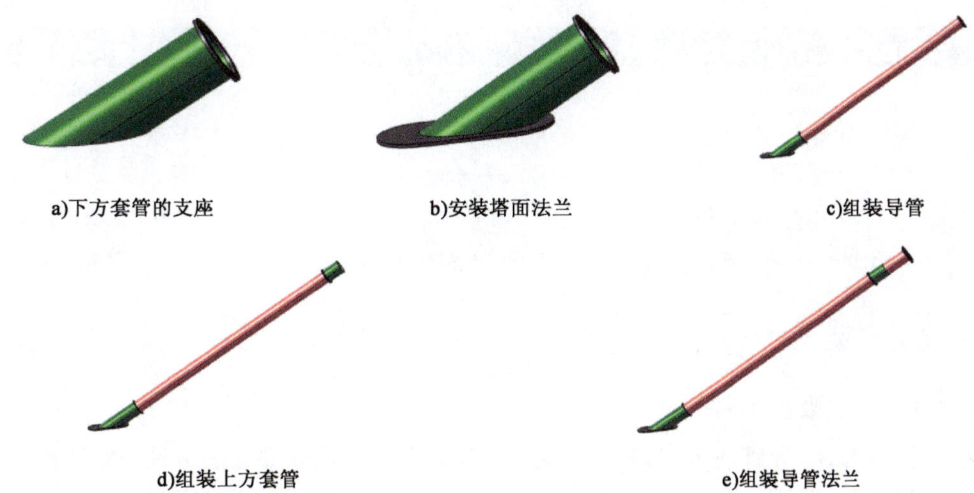

图6.12　导管安装流程

车间内部初步组装导管和鞍座锚体如图6.13所示。加工完成后及时清理场地,存放在干燥的位置。车间内组装后的鞍座锚体及导管进行矢高和弦长的检测,检测合格后方可运输至现场安装。运输过程中应进行充分固定,以避免发生较大变形。

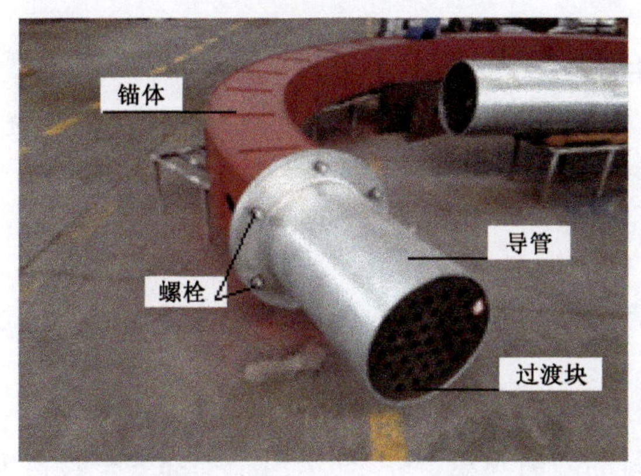

图6.13　鞍座主体与导管

6.2　同向回转鞍座安装工艺

相较于钢锚梁等锚索构造,同向回转鞍座具有更复杂的空间位型,定位难度较高,此外鞍座与支承的劲性骨架相互交错,也为施工带来了一定的难度。通过研究与工程实践,提出了散拼以及整体拼装两种思路,简化了技术难度,以下对总体的质量控制标准、两类技术及示例进行详细介绍。

6.2.1　安装质量标准

鞍座安装中遵循的质量标准见表6.3。

鞍座安装质量标准　表 6.3

项次	检 查 项 目	规定值或允许偏差	检查方法和频率
1△	鞍座高程	±5mm	测量仪器,顶点和出口
2△	鞍座平面位置	±10mm	测量仪器,顶点和出口
3	导管出口高程	±5mm	测量仪器,出口
4	导管出口平面位置	±15mm	测量仪器,出口
5	锚固端与导向管的对接	法兰盘接缝不大于 3mm	游标卡尺,每个接口

6.2.2 散拼安装工艺

6.2.2.1 一般散拼工艺

散拼是指将鞍体、导管或者过渡管逐件吊装至塔上进行现场安装的方法,该方法虽然操作较为烦琐,但是可以适用于各种鞍座类型。散拼通过设计相应劲性骨架来实现锚体的空间定位,这种工艺的产生来源于对鞍座骨架的细致分析,依靠锚体与导管在的绝对定位安装,通过测量定位确保结构安装的精确度。

散拼是同向回转鞍座安装的基础技术,适用于任意一种情况的鞍座安装。虽然采取了逐件安装的简单技术,但必须遵循一定的安装顺序,否则会造成部分构件阻挡无法顺利安装的可能,散拼的主要工艺可以描述为:

(1)对劲性骨架以及同向回转鞍座进行构件离散

首先分离出支撑鞍座必须的骨架,该部分骨架须满足施工阶段的静力及稳定要求;然后将剩余骨架拆分为不阻挡鞍座各构件下放或定位的骨架,以及阻挡鞍座各构件下放或定位的骨架共两部分。其中支撑鞍座必须的骨架以及不阻挡鞍座各构件下放的骨架可称为第一部分骨架,阻挡鞍座各构件下放或定位的骨架称为第二部分骨架。

同向回转鞍座的离散是指将锚体与两侧导管进行离散,主要为避免吊装过程中锚体与导管连接的薄弱区域产生过大内力。

(2)制作并焊接组装第一部分骨架

虽然支撑鞍座必须的骨架可以满足施工阶段的静力与稳定安全,但出于提高安全富裕度以及提高施工便利程度考虑,建议在鞍座安装前,将不阻挡鞍座各构件下放的骨架一并安装。骨架一般由型钢组成,该步骤中根据设计尺寸切分构件,然后在塔上完成骨架的定位与焊接组装工作。

(3)锚体定位与安装

将锚体吊装至塔上,搁置在第一部分劲性骨架上,由于骨架已经完成定位,所以锚体安装之后,与设计位置相差并不大,但需要进一步微调,实现精确定位,并经过位置复核确定后,将锚体与骨架进行焊接固定。

(4)导管定位与安装

将导管吊装至塔上,搁置在第一部分劲性骨架上,导管的安装与锚体的安装方式相似。但需要注意导管与锚固之间应能够顺利对接,一般来说,在锚体安装精度较高的情况下,只需要调整导管自身的旋转角度以及出口位置的高程。在位置复核确定后,可将导管与锚体之间、导管与骨架之间进行固定连接。

(5)制作并焊接组装第二部分骨架

将剩余骨架进行分别焊接组装，形成整体并完成散装流程。

散拼整个过程由粗略定位、调整、复核、焊接等步骤组成，其中几处调整步骤应当引起足够的重视。一是锚体在劲性骨架位置上的精确定位，这次定位的成功直接为后续二者的牢固提供前提。二是劲性骨架与索塔的连接，这处连接直接关系到整个鞍座的稳定性还有上层骨架的准确性。三是导管与锚体出口处的微调连接，这里导管的自然变形较大，要保证必要的精确度得做好复核。散拼的总体流程见图6.14。

6.2.2.2　双层散拼工艺

对于采用四索面的斜拉桥，同一高度布置叠置的双层鞍座，分别用于锚固外侧与内侧的拉索，此时散拼的工作量会增大，影响施工进度。为提高拼装效率，提出了双层散拼工艺。该工艺基本原理为，两层鞍座具有固定的相对位置关系，因此可以在下层鞍座上预留与上层鞍座的连接与限位装置，在下层鞍座精确安装后，只需要将上层鞍座摆放就位，即可实现上层鞍座的快速定位，预计可节约50%的安装时间。

误差控制方面，由于叠置的鞍座距离较近，下层鞍座的安装误差对上层鞍座的影响也是较小的，误差并不会线性放大，因此上层鞍座的误差控制可以得到保障。

双层散拼同样需要事前对骨架进行离散，按照与一般散拼相同的工序流程进行组装，只是在鞍座定位后增加了上层鞍座的组装环节如图6.15所示。

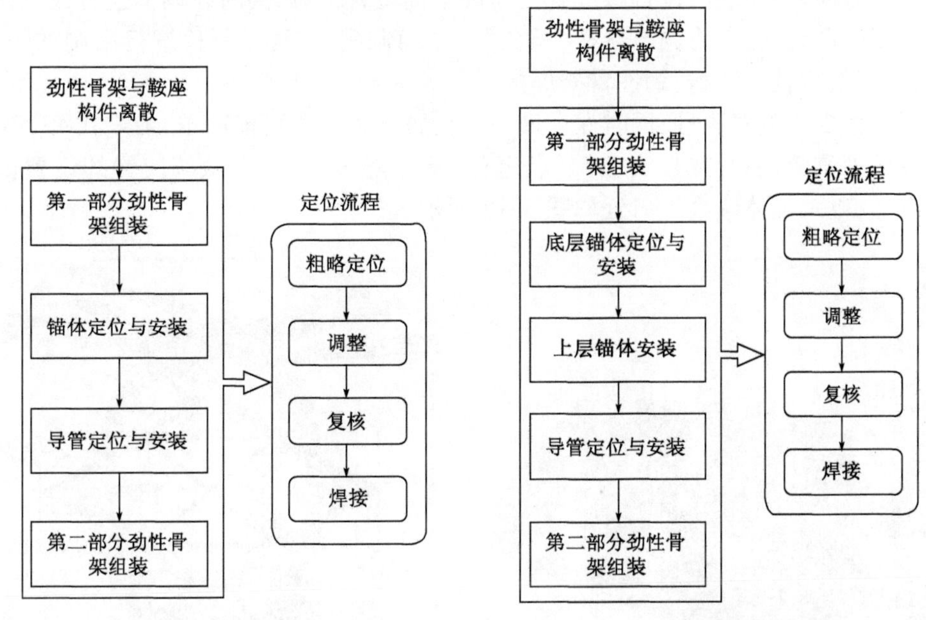

图6.14　一般散拼的总体流程

图6.15　双层散拼的总体流程

双层散拼的重点在于连接与限位装置的设置，为起到控制鞍体空间姿态的作用，共在鞍体下方以及上方正中设置三处连接与限位装置。为保证两个结构之间形成可靠的固定体系，下方两个装置限制水平向的位移，上方正中的装置限制竖向的位移。

限位装置可在塔下进行安装,根据两层鞍座的相对位置关系进行放样,然后将定位装置与下层锚体予以焊接,定位装置与上方锚体通过拴接连接,塔下可进行试拼装如图6.16所示。

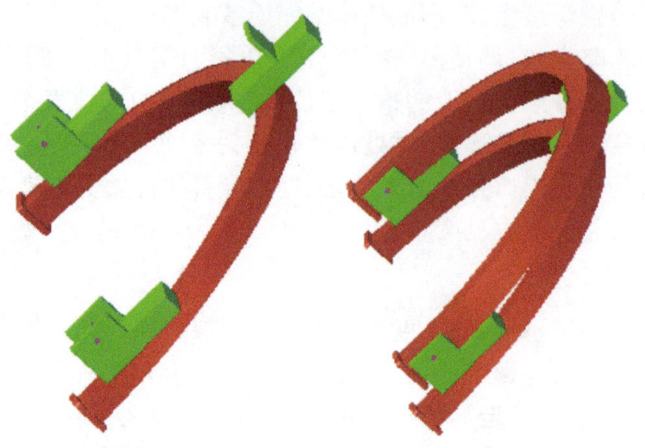

图6.16　鞍座之间的连接与限位装置

6.2.2.3　散拼的定位调整方法

单层散拼安装中,多次有测量复核的过程,复核不通过时需要采用调节措施了。为提高调节效率,采用了三向调节装置。

鞍座吊装就位前,鞍座端点、鞍座顶点处用槽钢、钢板焊接盒形调节装置。限位调节装置,其水平面四个方向放置螺栓,进行鞍座就位后的平面位置微调,同时在调节上方放置两个螺栓进行上下高度的调整时,先将调节器在"马凳"上方粗调到位,再用螺栓进行微调如图6.17所示。调节完成后,将其与索鞍、劲性骨架焊接。

为保证锚体受力的对称性,同时保证调节点位置设置的尽可能简单,最终在每个节段锚体下两侧设置三处调节装置,并且实现"三点定位,五点复核"。三个微调装置的设置位置分别在锚体定点处,以及锚体两个出口处如图6.18所示。

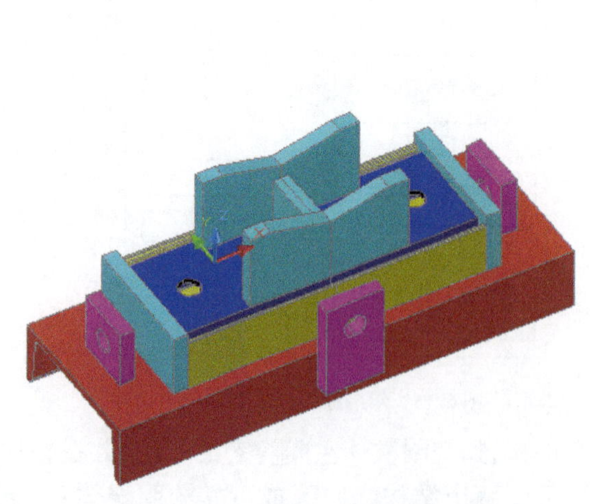

图6.17　三向调节装置三维图

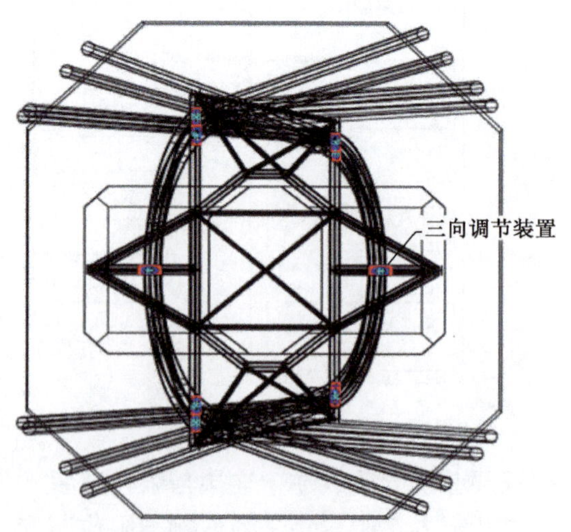

图6.18　微调装置摆放位置

在散拼安装中，由于锚体质量大而且导管长度过大，吊装过程中很难实现一次安装到位，都是通过调节系统逐步调节，最后实现精准对位的。因此调节系统的设置关系整个结构的定位准确度，得进行全面的设计，以适应吊装锚体加到定位杆后的各种复杂情况。

此次散拼调节系统由大量精确调节装置的马凳组成如图6.19所示，在马凳的鞍座顶点位置和锚体出口位置，分别设置一个可精调的三向微调装置，用于调整锚体的位置，导管出口处可采用手拉葫芦进行导管出口的扶正调节。

锚体被吊装至定位杆上后，将其放在定位杆上的马凳上如图6.20所示，通过调整马凳，最后使锚体的定点达到指定位置，进而微调使锚体出口坐标也满足条件。最后通过复核两点的位置，对整个锚体的安装进行检核，检核完毕后，将锚体和马凳进行整体焊接，从而得到固定的鞍座骨架。

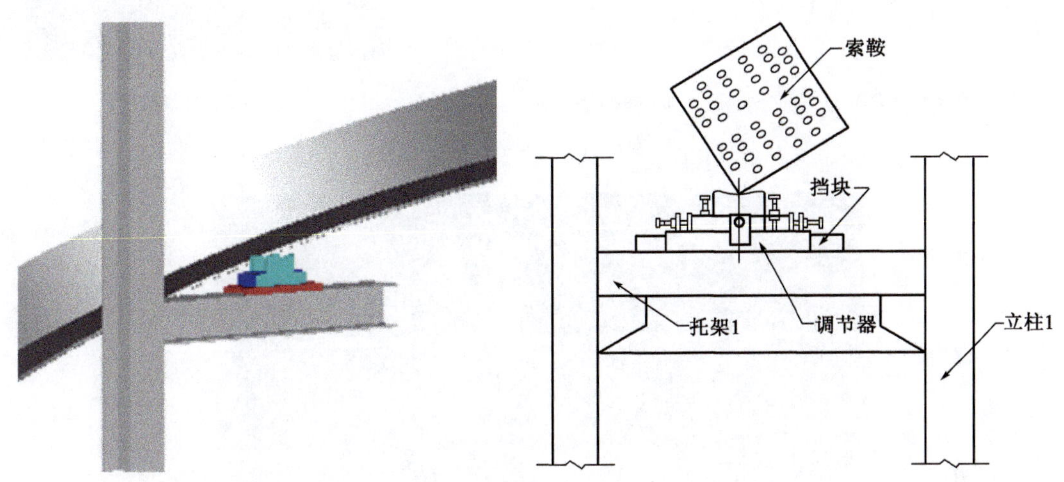

图6.19　微调马凳　　　　图6.20　定点处鞍座定位示意

6.2.2.4　测量方法与精度控制

在劲性骨架拼装刚性平台中间核心筒顶部架设观测平台。考虑其与地面交会控制点和鞍座特征点的通视情况确定位置，焊接牢固。采用三根1.3mϕ48×3.5mm钢管作为支撑，设置3道横撑，顶面焊接强制归心盘与仪器连接，整体焊接牢固后固定在刚性平台中间核心筒顶部。这个地方便于观察各控制点位置，且自身不会有变形，处于所有控制点的中心位置如图6.21所示。

平台钢梁与地脚螺栓连接前，根据外围四周轴线、标高控制桩，经复测闭合后，结合图纸尺寸，将控制点投测到地下室。在控制点上，架设经纬仪用直角坐标法放出平台的对称轴线，进行地脚螺栓和钢梁的定位放线，测设好平面位置的控制线及底面标高线，复核相邻柱间尺寸。轴线复核无误，画红油漆三角标记，作为地脚螺栓和支架就位时的对中依据。纵横轴线上用两台经纬仪分别指挥，发现偏差及时纠正。

劲性骨架立柱柱脚节点采用支架式方案，根据现场复核无误的轴线，先在现场进行支架安装固定，然后对安装好的立柱进行复核测量，在立柱上放出每个连接点的位置，最后对定位杆上微调马凳的位置进行校正和固定如图6.22所示。

采用三角高程内差法，利用塔偏监测控制点（顺桥向距塔500m），6测回测量下横梁加密点(JM11)高程,同样的方法测量观测平台加密点的高程。鞍座塔上精调测量将利用塔上观测平台加密点对鞍座特征点的测量调整,并利用劲性骨架上的调节装置精调鞍座至设计位置并焊接稳固。

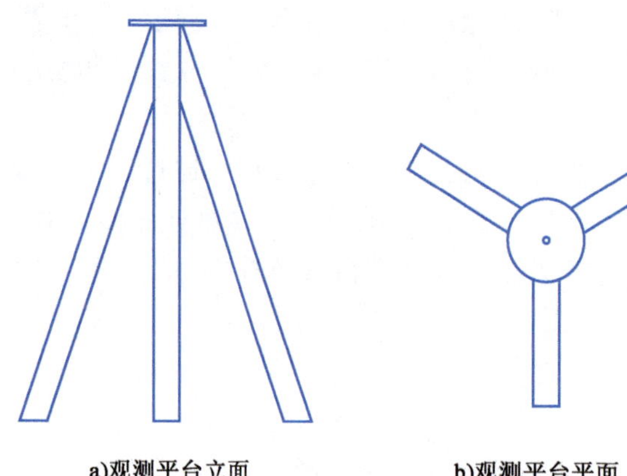

a)观测平台立面　　b)观测平台平面　　c)观测平台现场照片

图 6.21　观测平台示意

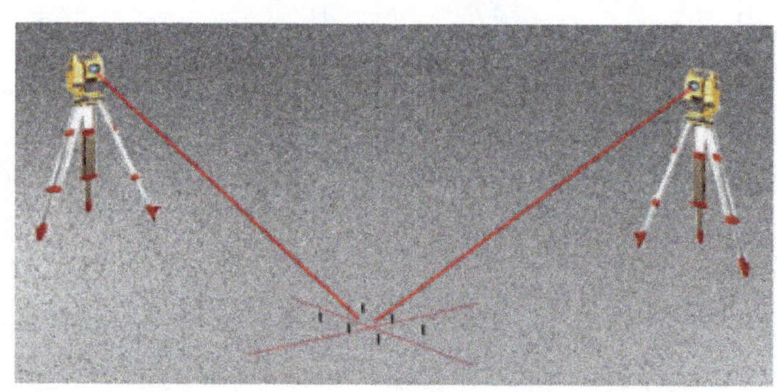

图 6.22　平台的放样

其中塔偏检测控制点是外部控制点,也是后续所有控制点的参照,平台加密区高程控制点的作用是将参照高度引到了塔上,为后面锚体的安装提供了控制点。

在测量控制方面用 6 测回法测量横梁下加密点高程,并结合精调装置准确地对鞍座位置进行了定位,如图 6.23 所示为双柱式塔的测量控制点的加密情况。

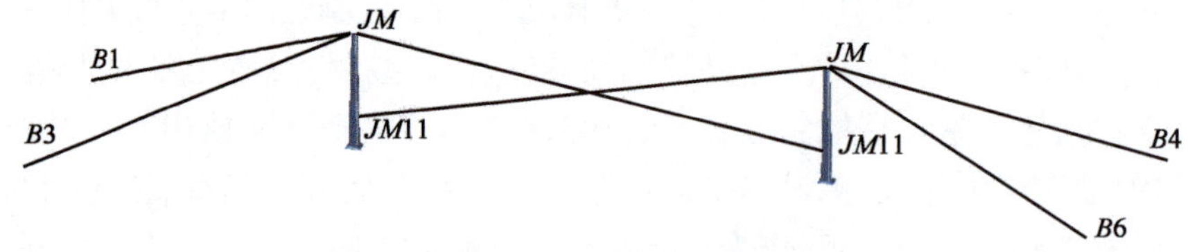

图 6.23　横梁加密点测量

吊装、测量、高强螺栓紧固、焊接四大工艺的协同配合是鞍座安装质量的控制要素。任何一方失误都会给安装质量带来隐患,所鞍座安装必须遵循一定的顺序,才能达到质量的预控目标。鞍座安装过程中,基准线的设立、平面网的投测、闭合、排尺、放线以及标高控制等一系列的测量准备工作相当重要,当钢柱吊装就位后,就由钢结构吊装过渡到校正阶段。

钢柱吊装首先是柱与柱接头的相互对准，确定错位值，保证立柱接头的相对对接尺寸符合设计要求，又要考虑调整劲性骨架扭曲、垂偏、标高等综合安装尺寸的需要，保证钢柱的就位尺寸。塔吊松钩后用两台 J2 经纬仪通过两条相互垂直位置跟踪校正，瞄准柱底轴线测柱顶中线偏差，核对轴线偏差进行立柱垂直度初校，便于劲性骨架的顺利安装。松紧钢丝缆风绳和 3t（或 5t）导链调校钢柱垂直度，使垂直度偏差达到小于 1/1000 规范要求。当视线不同时，可将仪器偏离轴线 15°以内如图 6.24 所示。

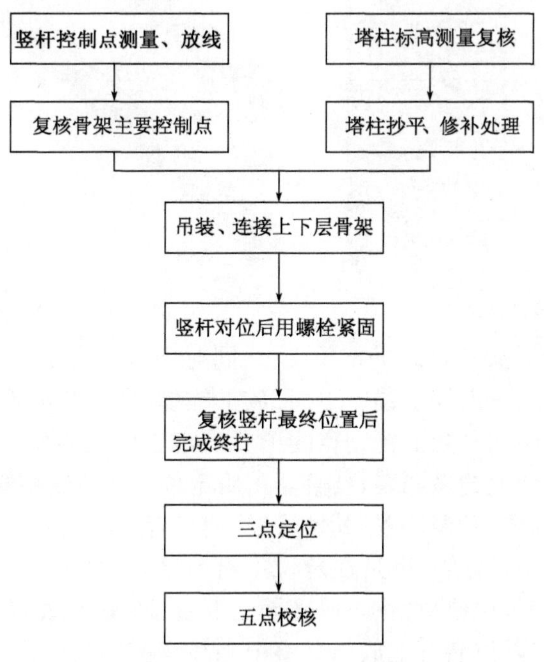

图 6.24　吊装过程中的测量流程

钢梁安装及螺栓紧固后，钢结构已具有一定的刚度和一定的空间尺寸，这时应对劲性骨架吊装后的结构进行重新校正，对定位杆水平度及立杆的垂直进行全面的重新校正。校正的方法是借助倒链拉动实现校正，使立柱的垂直和定位杆的水平度偏差达到公差的要求。

6.2.2.5　散拼示例

以芜湖长江公路二桥 4 号、5 号鞍座示例散拼的过程。4 号与 5 号鞍座具有倾角大、导管长、竖向高度较高的特点，不适宜采取整体吊装工艺。以下介绍散装流程及工序中的注意事项如图 6.25 和图 6.26 所示。

（1）在 AW4 锚体的安装过程中，充分考虑锚体与其他竖杆、导管与桥塔的碰撞，对劲性骨架进行拆分。吊装中，用合适的钢索拉结方式保证锚体的平衡状态大致符合骨架上的空间形态，先将锚体下部起吊至索塔顶部略高处，起重机调节主吊绳水平位置，使其与索塔中心线重合。索塔上面的工人通过调节锚体末端的拉绳，控制锚体的旋转角度，保证锚体在水平面上粗略定位，随后起重机吊臂缓缓下降，配合索塔上的工人，共同缓缓下降锚体。当要出现不合理碰撞时，及时暂停，继续用末端拉绳调节锚体水平面角度，避开不合理碰撞后，继续下降锚体直至定位点快落到相应定位水平杆上。

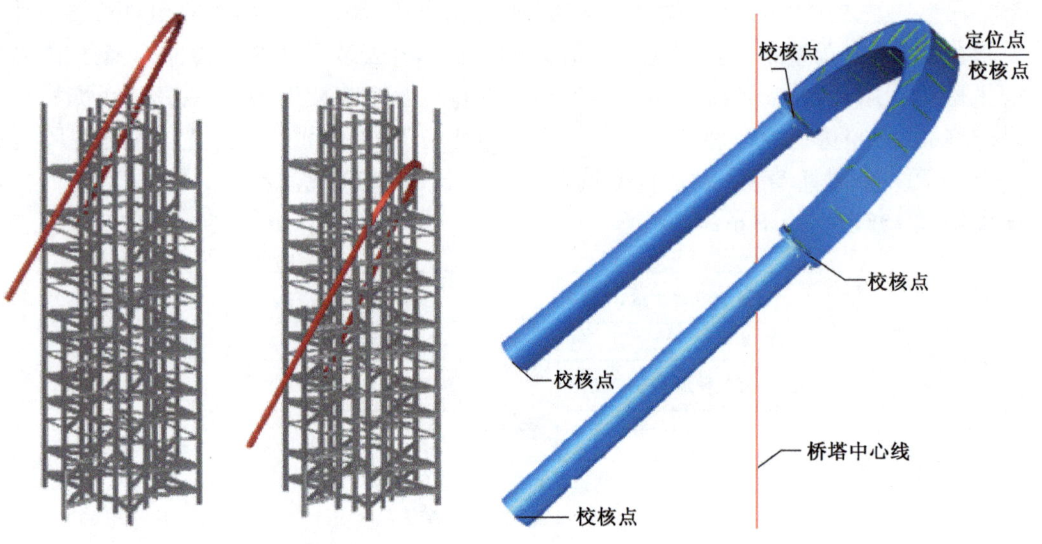

图 6.25　AW4 鞍座吊装

图 6.26　“三点定位，五点校核”

(2)移动微调马凳至骨架设计时的定位点上，同时用拉绳人工调节锚体水平角度，确保锚体顶部、导管锚体连接处这三点处于锚体下面，放下锚体，实现粗略定位。通过架设于索塔中部的全站仪，完成对三个微调马凳上控制点的测量确定当前锚体所在位置。当发现不符合定位要求时，用螺栓调节马凳上的微调装置，直至正确定位。随后复核鞍座导管末端两个点的坐标，在通过复核后，焊接锚体、微调装置、劲性骨架，使三者形成整体。

(3)AN4 的安装与 AW4 类似，只是在定位上有所区别，吊装前通过测量定位，先在 AW4 鞍座的上弧板上焊接盒装限位垫块，垫块厚度同上下层鞍座间隙宽度，并根据下层鞍座安装误差进行微调。在鞍座顶点限位装置上放出鞍座中心线和前端限位点并弹线，在前端限位点位置焊接限位挡块如图 6.27 和图 6.28 所示。

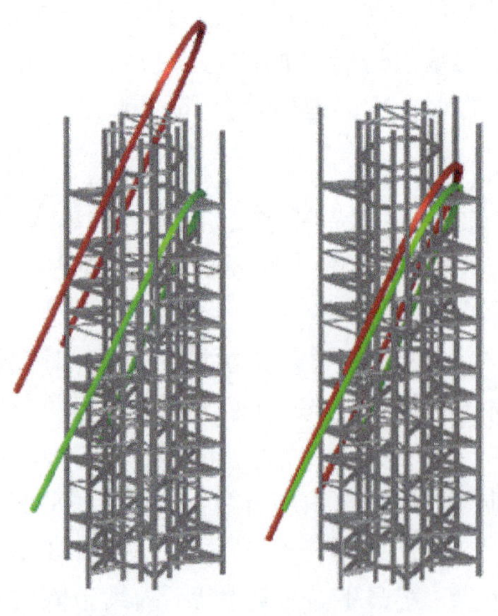

图 6.27　AN4 鞍座吊装

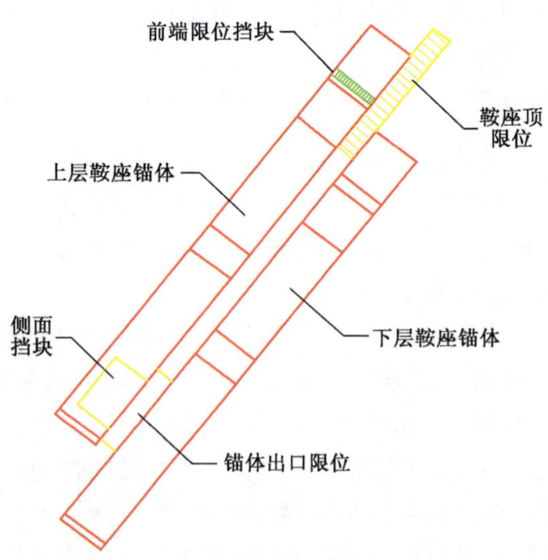

图 6.28　上层鞍座与下层间鞍座的限位装置

(4)用吊装AW4的方法,吊装AN4鞍座至两层鞍座快接触,在上层鞍座下弧板放出顶点中心线,手拉葫芦微调使下弧板顶点中心线与限位装置上的中心墨线重合;锚体出口点用限位装置上的螺栓微调使出口点坐标误差在允许值以内。调整完成后将限位装置与鞍座、劲性骨架焊接,完成AN4的定位。

(5)为防止导管间不必要的碰撞,减小施工难度,安装4号与5号锚体时,先完成两个节段一侧的鞍座安装,后安装另一侧的安装。岸侧AW5安装前,下部的AN4与AW4已经完成定位,并且通过复核,为方便AW5的安装,给AW5对应的定位骨架岸侧安装上定位水平杆与微调马凳。AW5的安装便与AW4完全相同如图6.29所示。

(6)AN5的安装方法和AN4完全一样如图6.30所示,同样是借助限位装置与人工的调节完成。在完成江侧鞍座安装时,直接起吊发现没有定位杆,锚体仍然无法完成固定,所以进一步的对劲性骨架加以改进,添加定位杆,然后继续吊装,发现吊装过程中得十分注意起吊的平稳度,不然这侧锚体很容易和岸侧的发生碰撞。

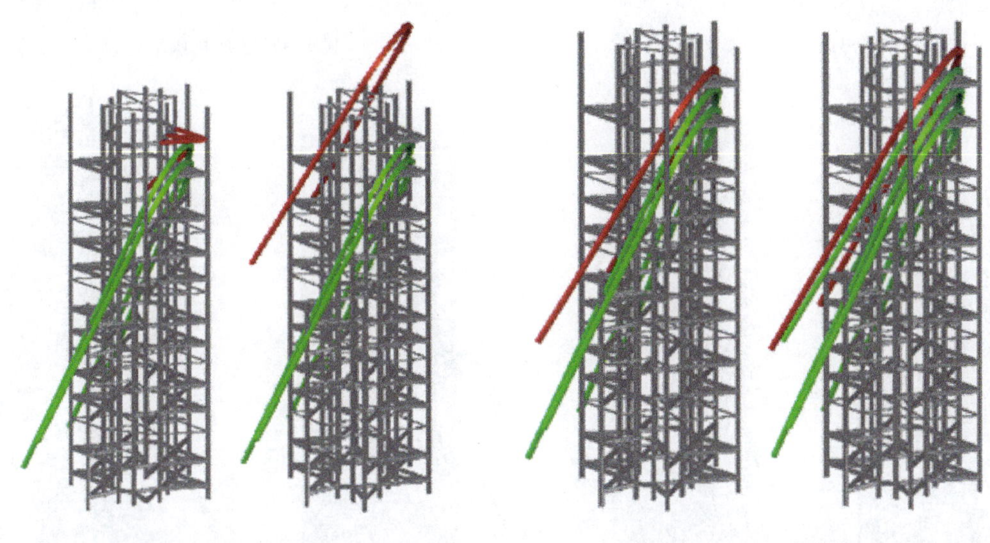

图6.29　AW5的安装　　　　图6.30　AN5的吊装

(7)JN4的吊装也和JW4一样,起吊模式,起吊路径完全一致,通过限位装置和JN4连接。在吊装JW5时也得相应的添加定位杆,随后把JW5吊装至定位杆上。最后完成JN5的安装如图6.31~图6.34所示。

6.2.3　整拼安装工艺

6.2.3.1　整拼安装方法

整体安装是对单层散拼工艺的一种适当改变,在大跨径斜拉桥中,鞍座数量较多,且安装高度逐渐增加,散拼的方式效率较低,高空作业难度大,精度控制也不容易保障,延长了整个施工工期。经多方论证,基于部品化(图6.35)的理念,提出了整体安装的方法。

部品化理念是指,不仅将鞍座本身视为一种产品,将其支撑的骨架体系也视为产品的一部分,在"工厂内"即已经形成模块的半成品,运送至现场后,将鞍座与骨架体系整体吊装,通过简单的对接即可实现快速安装。

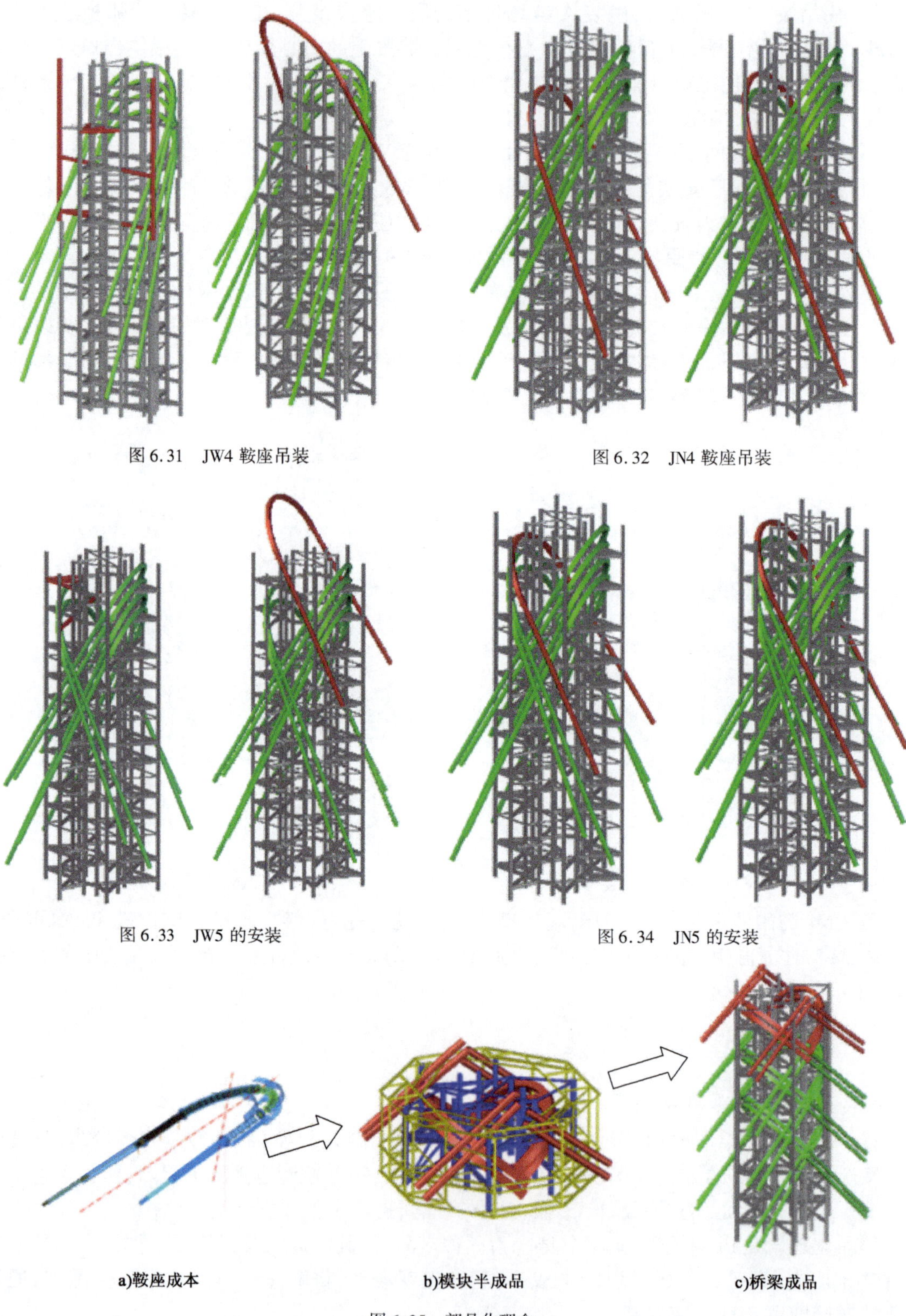

图 6.31　JW4 鞍座吊装

图 6.32　JN4 鞍座吊装

图 6.33　JW5 的安装

图 6.34　JN5 的安装

图 6.35　部品化理念

将鞍座与骨架组装的工序可在地面上进行,避免了高空作业,且劲性骨架以及鞍座之间的规律性很强,便于熟练组装,可以大大降低施工的难度。另一方面,塔上组装相应模块的时候,后续的模块在塔下可以同步组装,并行作业可以大大缩短施工时间。

鞍座的整体安装的关键问题将鞍座与劲性骨架在地面进行精确定位,建立精确的相对位置关系。该方法在地面组拼过程中需要充分考虑骨架之间的匹配需求,解决进行骨架在高空定位安装的难度,实现骨架之间的快速匹配安装。

整体安装的整个流程中伴随着必要的定位测量与复核,每组骨架包括鞍座锚体(4 个)、下一节段鞍座的导管(4 个)及对应的劲性骨架。为减少不必要的定位复核,导管采用快速后接进行安装。

整体拼装前应在塔下设置专用场地以及拼装胎架,设置必要的测量基准点,总体流程为:

(1)对劲性骨架以及同向回转鞍座进行构件离散

对劲性骨架构造进行细致的分析并进行离散,采用分层离散方法,且考虑到结构自成体系以及尽量标准化的原则进行控制,每层称为一组构件,在组与组之间设置必要的连接件。

(2)塔下拼装前两组鞍座与骨架结构

根据设计相对位置关系,在塔下拼装前两组鞍座与骨架结构,拼装过程中应保证骨架位置正确、鞍座相对高程精确。

(3)起吊并于塔上安装第 1 组鞍座与骨架结构

在塔上安装第 1 组鞍座与骨架结构,安装时需要对鞍座高程与平面位置进行精确定位,控制与设计值之间的误差在 ±1mm 以内。

(4)塔下以第 2 组鞍座与骨架结构为基础,组拼第 3 组鞍座与骨架结构

根据设计相对位置关系,在第 2 组鞍座与骨架结构的基础上组拼第 3 组鞍座与骨架结构,拼装过程中保证两者相对位置与相对高程的精确,具有较好的匹配关系。

(5)起吊并于塔上安装第 2 组鞍座与骨架结构

起吊并安装第 2 组鞍座与骨架结构,由于第 1 组结构上预留了与第 2 组之间的连接构造,第 2 组吊装完毕后,通过连接构造可实现快速定位,只需要对位置进行简单测量校核与微调,即可完成组装。

(6)重复塔下匹配与塔上定位,完成后续鞍座与骨架结构的安装

每一组都在塔下与前一组、后一组进行匹配,保障相对位置关系,在塔上与前一组之间以连接构造进行快速连接。

整体拼装的流程如图 6.36 所示。

6.2.3.2 测量与精度控制

采用与散拼相同的观测平台与骨架支座平台,鞍座双层安装通过劲性骨架的主杆相对定位完成,在两层骨架之间设置快速定位用的限位孔,在地面组拼时完成骨架之间的定位关系,留好定位板的螺栓孔。在吊装就位完成后只需对鞍座的骨架之间的定位孔进行对准即可。在选定的主骨架之间设置备用调整平台,作为无法精确对准的备用调整方案。

在鞍座的起吊过程中需要采用专用的吊具进行吊装,吊具应消除在起吊过程中对骨架产生的水平力,尽量保证骨架的完整性。应该确保主骨架能够直接由吊具起吊,减小骨架在吊装过程中的变形。

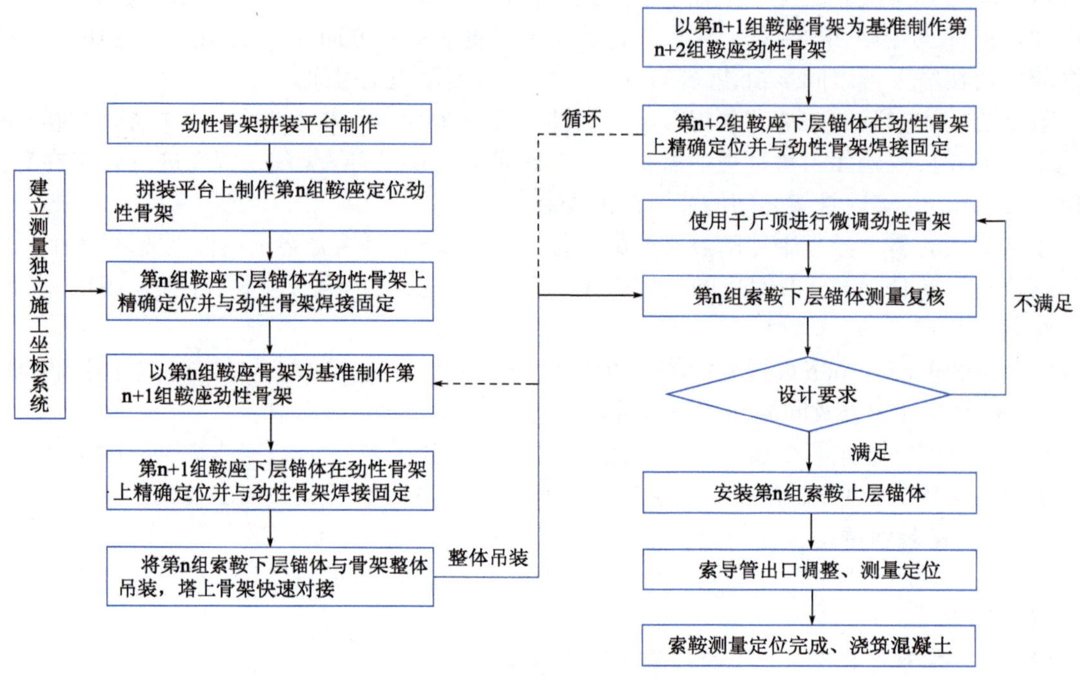

图 6.36　整体拼装的总体流程

为避免待安装节段发生较大错位，须在待安装节段与已安装节段之间采用限位措施，限位后不影响定位架的三向位移调整。具体措施为，上、下层立柱之间的限位通过十字形长圆孔配合全螺纹螺柱来实现如图 6.37 和图 6.38 所示。

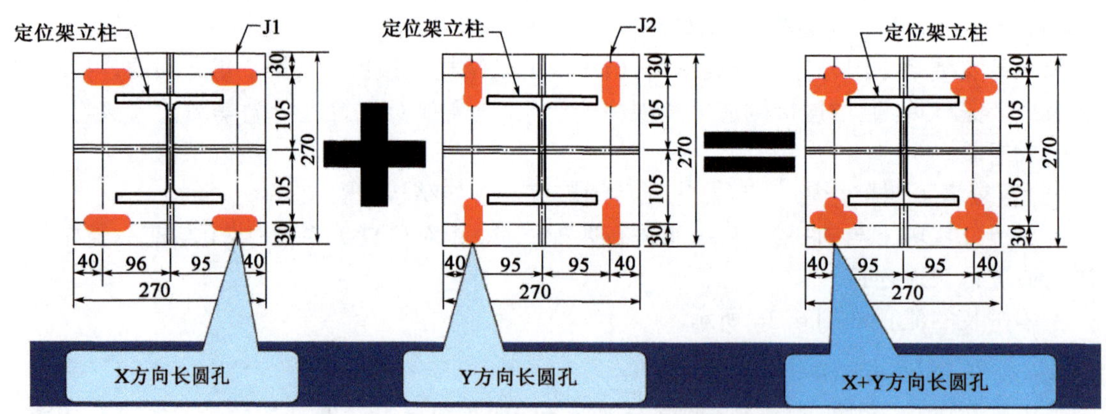

图 6.37　立柱间通过十字形长元孔限位(尺寸单位：cm)

6.2.3.3　整拼示例

下面以芜湖长江公路二桥 8 号、9 号鞍座示例整体拼装，流程如下：

(1) 上一节段劲性骨架的测量

上一节段骨架的测量，衔接于上节段导管连接成型后，旨在测量校核上一节段的骨架、锚体位置、导管位置，保证下一阶段的顺利进行。测量在简易测量平台上进行，以横梁加密点为后视点，主要工作是对回转鞍座进行五点校核，确保锚体与导管安装到位。

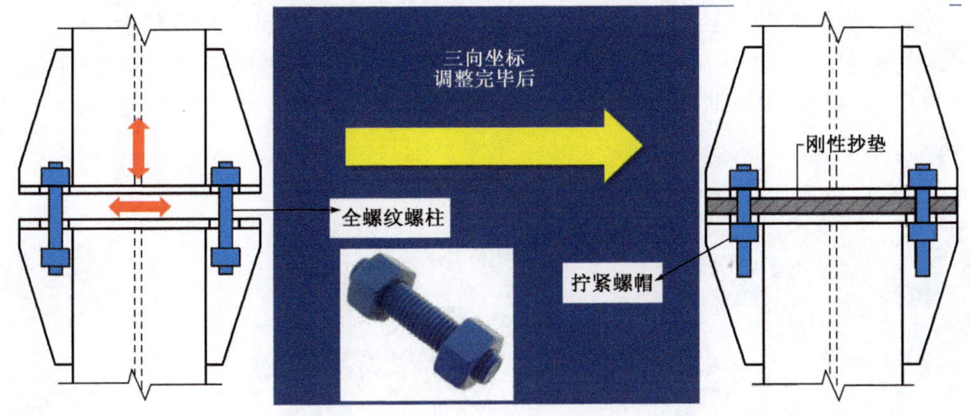

图6.38　立柱调整前后连接处构造

（2）劲性骨架底座的放样

根据现场布置施工平台，建立合理独立施工坐标系统，便于现场作业控制以及后续整体吊装定位的统一性。具体流程为：确定架设仪器坐标以及后视点方向→标记场地十字形轴线→检核十字形中心坐标以及轴线关系，根据劲性骨架及鞍座锚体特征点的设计坐标放样及验收。

（3）劲性骨架地面拼装

鞍座劲性骨架的地面拼装是在劲性骨架拼装刚性平台上进行的，各立杆的位置都在刚性平台上有所标注。测量仪器放在刚性平台中间的核心筒上，以实现整个劲性骨架各部的精确放样。

例如平台上固定8号鞍座的锚体，连接9号鞍座的导管和劲性骨架后，整体安装8号鞍座锚体、9号鞍座导管和劲性骨架。随后地面上拼装9号鞍座锚体、10号鞍座导管和劲性骨架，吊装并连接此两段如图6.39所示。

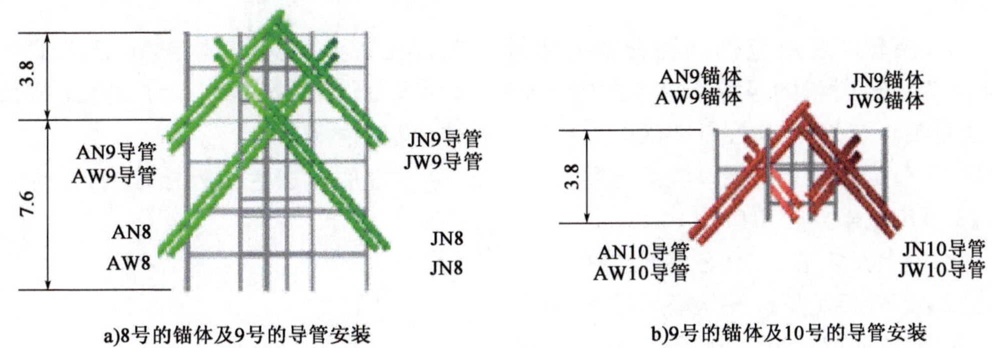

图6.39　地面拼装的步骤（尺寸单位：m）

（4）鞍座地面锚体精确定位与固定

锚体地面上的精确定位依赖于带微调装置的马凳如图6.40所示，观测时，通过调节微调装置确保锚体中部点、两个出口点正确定位。随后焊接马凳与锚体，使形成整体。整体吊装前，复测已预埋劲性骨架各立柱位置、测定顶面高程测定并抄平。劲性骨架与鞍座整体吊装后，复测鞍座锚体特征点，符合要求后焊接固定，完成定位。

(5)整体吊装与骨架塔上拼装

劲性骨架的整体吊装，是指将平台上制作的劲性骨架用吊具起吊到索塔上，与上一节段准确对接固定的过程。为便于16根竖杆的快速对位，通过竖杆底部和顶部焊接小钢板，并且找平，以便于对接。此外在钢板上开孔，呈水平竖直两个方向，通过二者的交叉最终定位如图6.41所示。

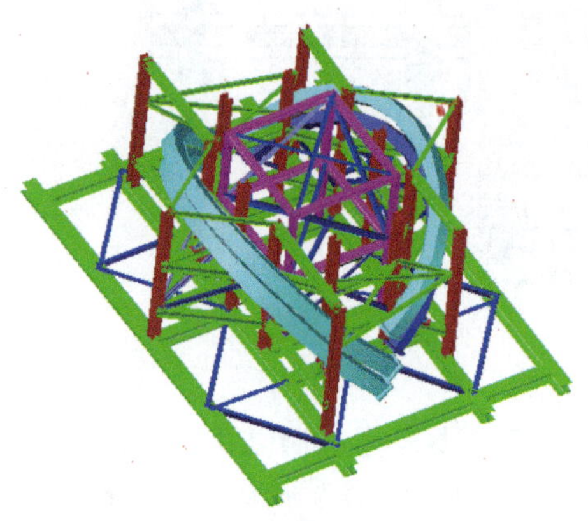

图6.40　地面组拼效果

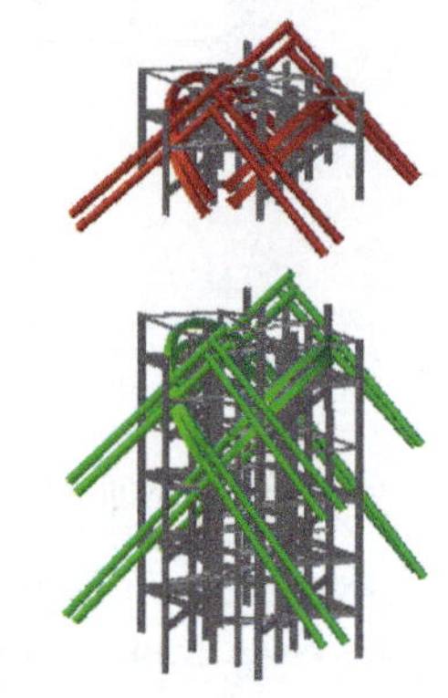

图6.41　整体吊装的对接

(6)导管连接成型

由于导管采用法兰盘连接，吊装变形较大，无可避免的需要进行调整，为了提高施工效率，在鞍座安装完毕后再行连接导管。

6.2.3.4　整体拼装试验验证

为了对鞍座整体安装的可行性、安装效率以及安装精度进行验证，以24节、25节鞍体开展了鞍座整体安装的现场试验工作。

(1)地面组拼

由于23节鞍体及对应的劲性骨架采用散拼工艺在塔上已经组装完毕，无法实现塔下23节与24节劲性骨架的匹配。故考虑在塔上将23节与24节进行匹配，然后将24节劲性骨架吊至地面参与与25节劲性骨架匹配的方法。具体流程描述如下：

①第23节定位架立柱顶口法兰与第24节定位架立柱底口法兰用螺栓拧紧，并将法兰焊接于第23节定位架立柱顶口；

②在桥塔上安装第24节定位架立柱；

③将24节骨架定位杆件从塔上吊至地面；

④在地面场地继续组拼24节骨架；

⑤按同样原理，在地面以24节骨架为基准，进行25节骨架匹配；

⑥在地面场地完成25节骨架的组拼；

⑦完成第25节骨架组拼后，在地面进行第24节骨架与一对24节鞍座(2个锚体、2个导管)的定位与组拼。

流程示意图见图6.42，现场实施的照片见图6.43。

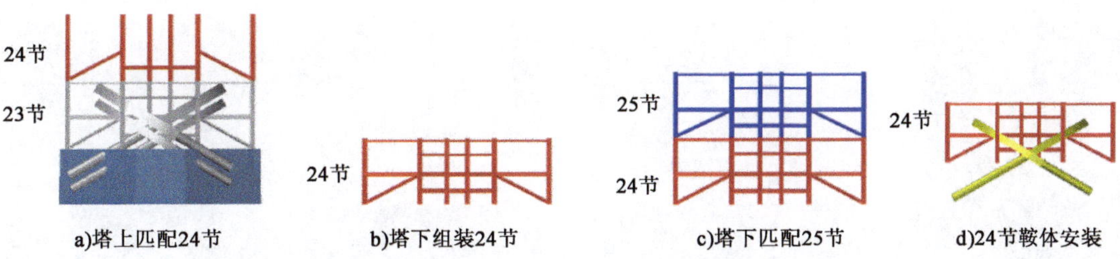

图 6.42　劲性骨架与鞍体的组装流程

图 6.43　24 节、25 节劲性骨架以及锚体的安装过程

(2)鞍座起吊与对位安装

在劲性骨架以及鞍座在塔下组装完毕后，进行整体起吊以及塔上的对位安装工作，安装流程可描述为：

①将 24 节骨架与鞍座吊装至桥塔上，进行法兰快速对接；

②完成第 24 节鞍座剩下一对鞍座的定位与安装；

③按照同样方法进行第 25 节鞍座与骨架的整体拼装如图 6.44 所示。

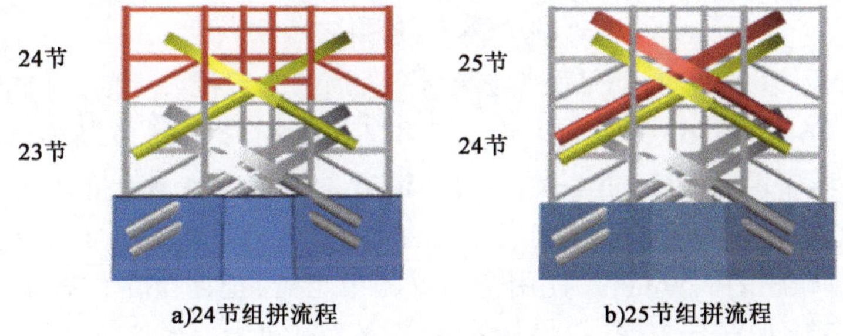

图 6.44　24 节、25 节整体吊装与塔上组拼流程

塔上的快速定位依靠竖杆预留的法兰装置，将各杆件的螺栓孔对位整齐后，对鞍体的位置进行校核无误后，即可拧紧螺栓，完成对接，起吊以及对接的现场照片如图 6.45 所示。

a)吊装

b)塔上组拼

图6.45　吊装与塔上组拼现场照片

(3)测量定位测控分析

鞍座的测量是贯穿整个拼接与吊装过程中的,下面以实际测量的24节、25节鞍座进行具体说明。

在平台上拼接24节鞍座劲性骨架时,得在测量平台上设置全站仪,通过放样,复核地面操作平台位置,然后拼接劲性骨架,接着要将每个锚体"三点定位"中的三点,24节一共两个锚体,6个点进行测量。测量的方法是,取骨架正中心为坐标原点对24节定位杆上四个点还有锚体中部测量定位如图6.46所示。

图6.46　24节鞍座平台定位时的测量

按照设计的图纸,以24节底部平面为参考平面,则四个定位杆上的定位的坐标(单位:m)为:(-2.104,-1.764,1.346),(-2.104,1.764,1.346),(2.086,1.670,1.346),(2.086,-1.670,1.346)。其中两个顶点的坐标:(-2.650,0,1.880),(2.659,0,1.877)

按照这些坐标进行复核,直到这些点位满足条件,再进行最终的固定焊接。

同理进行25节鞍座的测量定位,先用全站仪测量定位,把四个定位杆上的定位点按照设计坐标确定下来,其中四个定位点的坐标(单位:m)分别为:(-2.071,-1.748,4.037),(-2.071,1.748,4.037),(2.048,-1.991,4.037),(2.048,1.991,4.037)。两个顶点的坐标为(-2.647,0,4.579),(2.660,0,4.578)。

复核并且焊接了25节上的定位点后,将25节劲性骨架与24节进行拼接,随后进行整体吊装。

地面拼装完毕后接下来是二者整体的吊装，骨架与本来索塔上的骨架连接的方式是用螺栓限位，最后达到该有的准确位置。

对位完毕后，再次测量几个定位点的坐标，最后结果如下：24 节鞍座四个水平定位杆上的定位点坐标是（-2.102，-1.762，1.346）、（-2.102，1.763，1.346）、（2.083，1.672，1.346）、（2.089，-1.679，1.346），两个顶点坐标是（-2.647，0，1.880）、（2.661，0，1.880）。

25 节鞍座四个水平定位杆上的定位点坐标是（-2.074，-1.745，4.036）、（-2.073，1.748，4.036）、（2.052，-1.993，4.036）、（2.051，1.992，4.036），两个顶点坐标是（-2.649，0，4.579）、（2.662，0，4.578）。

对比前后两次的数据不难发现，定位点的坐标变化很小，基本和理论计算的结果一致，完全能达到安装精度。因此这种整体吊装的方法具有精确以及高效的优势如图 6.47 所示。

图 6.47　吊装时的竖杆对接

6.2.4　基于 BIM 的定位骨架设计与优化

由于同向回转鞍座的空间位置比较复杂，与劲性骨架之间可能存在复杂的几何关系，为减少设计误差，提高设计与施工效率，采用了基于 BIM 的骨架设计方法。

鞍座劲性骨架的设计过程中，主要考虑劲性骨架对散拼鞍座的定位作用，能够对鞍座的定点、锚体出口及导管的出口实现支撑效果，同时考虑到了下层劲性骨架对上层整体安装劲性骨架的衔接问题。因此在竖直方向上，竖杆的数量和位置基本与整拼的竖杆对应，但其型号相比整体拼装的骨架略小。可以大幅减少平联杆件的数量，只要保证结构的总体稳定性即可。

在设计阶段为了解决鞍座的理论定位问题，采用了虚拟圆筒定位法对鞍座的理论位置进行了设计。即将索塔内的鞍座认为是其水平投影是抱箍在一个虚拟的圆柱形筒上，所有鞍座中心线的定点均处在一个虚拟的空心圆上。所有的鞍座均在该同心圆柱以外如图 6.48 所示。

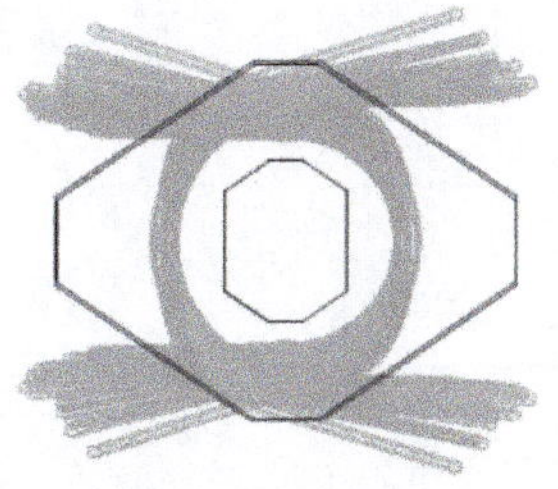

鞍座水平投影图

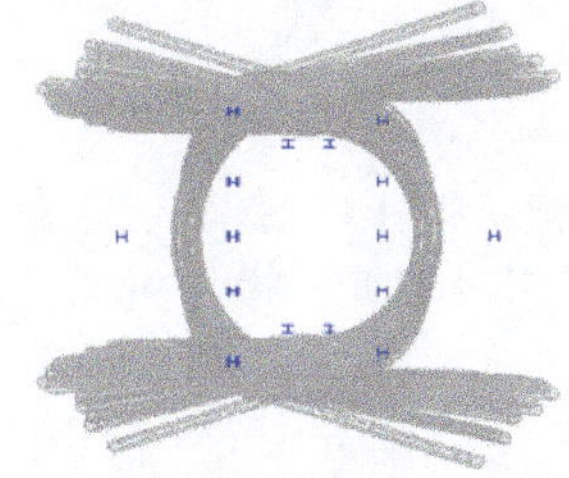

立杆定位

图　6.48

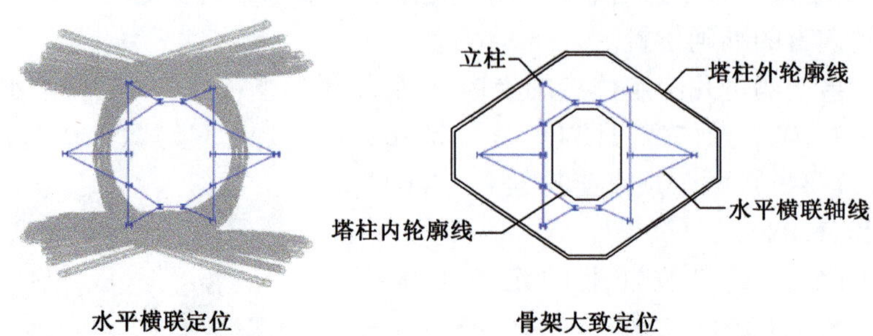

图 6.48 依鞍座的分布规律初步得出劲性骨架形状

这种很强的规律性设计为鞍座的现场定位也提供了指导意义,在现场鞍座的安装定位时应充分利用虚拟圆筒定位法的特点,解决快速定位与安装的难题,同时鞍座位置的固定确保了劲性骨架初步形状与相对位置的确定。

经论证,主要采用的材料为三种型号见表 6.4,其中竖杆为(HW 200 × 200)总长度为 361.60m,定位水平杆为(HW 200 × 200),长度为 381.21m,稳定水平杆为(I10),长度为 186.35m,骨架总质量为 39.94t,每延米质量为 1.77t。

骨架主要材料表　　表 6.4

杆件名称	三维图	截面尺寸(mm)	总长度(m)
立杆 (HW 200 × 200)			361.60
稳定水平杆 (I10)			186.35
定位水平杆 (HW 200 × 200)			381.21

其中竖杆是受力支撑的主干部分，要连接下部的骨架，竖杆的数量和位置基本与整拼的竖杆对应，但是其型号相比整体拼装的骨架略小，位置由锚体位置而决定如图6.49所示。竖杆一共由16根工字钢组成，每根长度为22.6m，贯穿上下骨架，通过焊接定位。

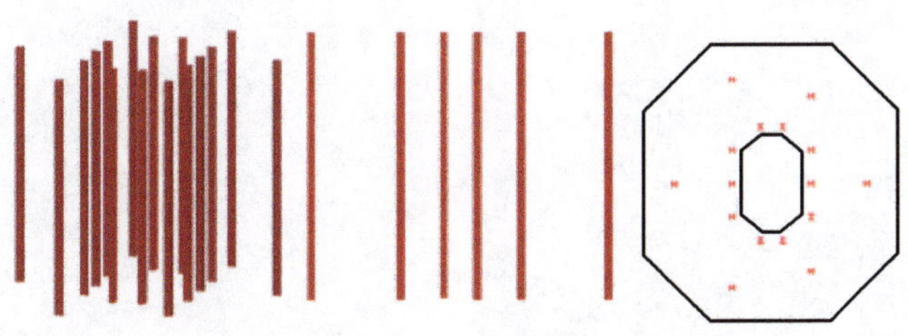

图6.49 竖杆分布

架好竖杆后，为保证骨架的稳定性，按照定位要求、吊装水平和结构稳定性要求进行不等高度分节。每1.5～2m设置一道平联如图6.50所示，由于部分平联作为鞍座定位托架，平联高度根据鞍座定位需要设置。平联由定位水平杆和稳定水平杆组成，前者用于设置在锚体上部支撑点或下部出口处，总长度为381.21m。后者主要是从结构侧向稳定性考虑而设置的，所用工字钢材料为I10，总长度186.35m。

图6.50 平联设置图

在劲性骨架的基本设计确定后，采用了基于BIM的优化方法。最初设计的劲性骨架中如图6.51所示，骨架结构由如下几个部分组成：四个立柱、柱间水平衡横联、系杆。立柱是主要的承重构件，负责传递竖向荷载，兼起定位的作用。柱间水平横联使劲性骨架形成整体的同时增加了水平刚度，系杆则增加了结构间的联系，防止了结构的失稳破坏。

立柱采用HW150×150型钢，柱间水平衡横联是∠100×6角钢，系杆是∠75×6角钢，沿高度方向每延米自重：3.0t/m，最大轮廓尺寸：10.3m×9.3m×9.0m。

在BIM中建立劲性骨架模型，发现原结构有如下需要改进的地方：在模型方面，柱间水平联系很薄弱，而锚体的位置又导致系杆的布置受影响，不能布置得太密如图6.52所示。而且必须将锚体的定位穿插在骨架的搭建过程中，不然容易出现空间上的碰撞。

在受力方面，结构比较柔，在起吊中变形比较大，测量定位需要不断地进行，增加了施工难度，需要进一步加强水平刚度。在节段吊装方面，本来的劲性骨架是一个不稳定体系，得有外部体系的支撑才能实现。综合以上方面，改水平横联的连接方式为交叉连接，去掉了阻碍吊装的立柱构造，优化了立柱的分布位置，从完成了劲性骨架的完善。用以上竖杆，稳定水平杆，定位杆连接形成整体，最终形成整个劲性骨架，见图6.53、图6.54。

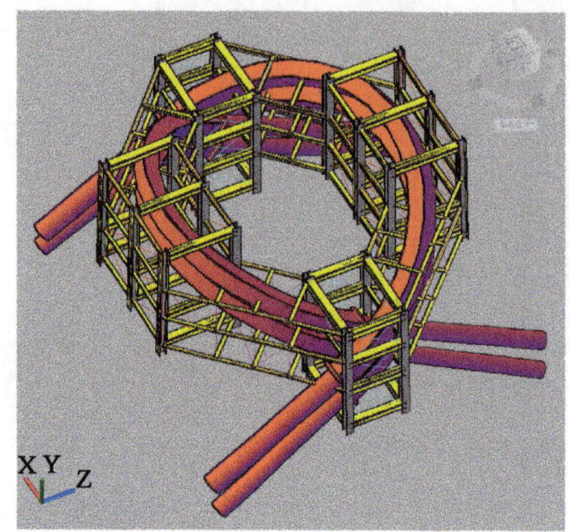

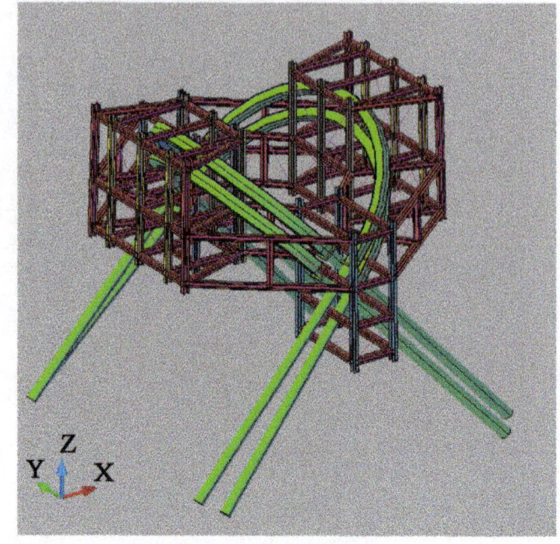

图6.51　优化前的劲性骨架方案

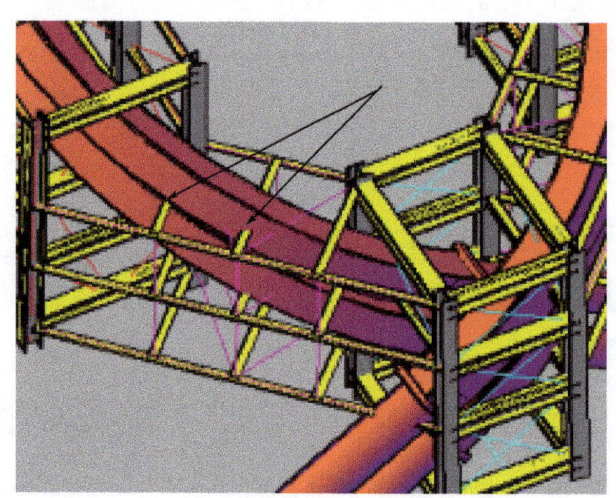

图6.52　锚体与水平杆位置碰撞

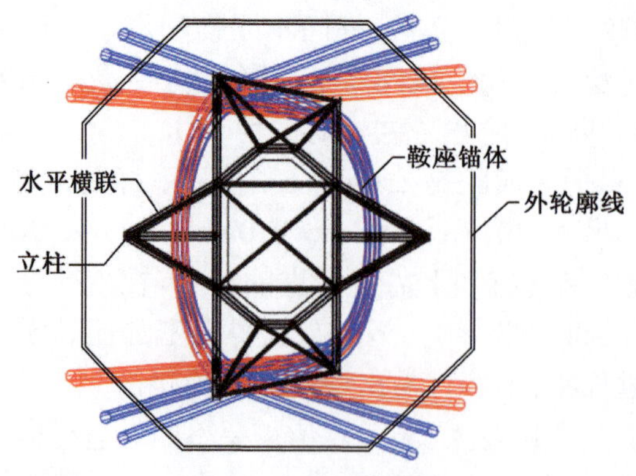

图6.53　骨架平面位置示意

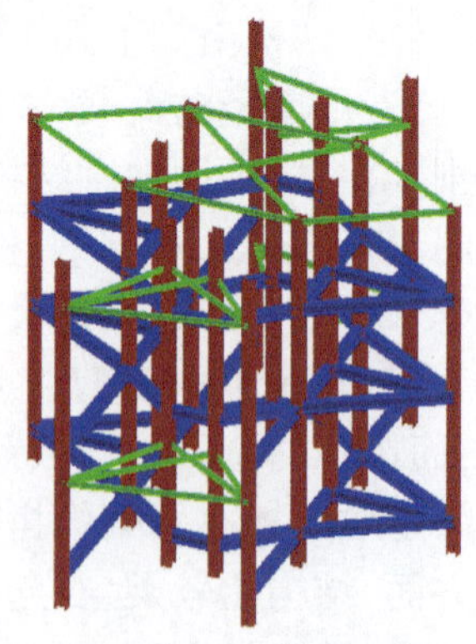

图6.54　骨架总装图

优化后的骨架水平刚度得到了保障，锚体安装的过程也有所简化，各节段的劲性骨架底面仍然在一个平面，有利于现场制作，进一步提高了施工效率，见图6.55。

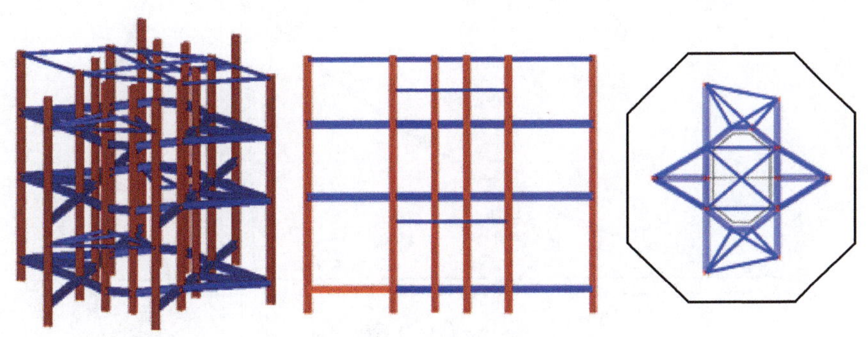

图6.55　骨架的总体布置

6.3　同向回转拉索钢绞线安装工艺

6.3.1　安装工艺

由于鞍座为同截面回转型构件，拉索在鞍座内需要穿行较长的距离，且孔内不可视，可能产生阻挡或者由于摩阻力较大产生无法穿束的情况。采用雨滴型分丝管的构造是为了避免这种穿束问题。穿束的时候采用拉拔方法，则会导致钢绞线下弯与V形口接触，会增大摩阻力，无法拔出。由于拉索本身具有一定的弹性，在自然弯曲状态下，其会紧贴分丝管后面的圆形区域，该区域的摩阻力相对较小，此时采用推送的方式时，拉索则一直能够保持与圆形区域的接触状态。故安装工艺确定为推送式，以下详细介绍合理安装工艺的细节：

(1)穿索前期准备工作

在斜拉索穿索前需要针对现场的实际情况制定完善的斜拉索操作方案，方案中应当包括为穿束提供必要的工作平台。工作平台一般需要在塔上预埋连接件，在穿束的时候将工作平台组装完毕，并安装塔上的HDPE套管、塔下的锚具等必要结构。

(2)三角提升系统安装

桥拉索钢绞线安装采用三角提升系统，通过卷扬机钢丝绳将钢绞线牵引至桥塔鞍座导管出口处，通过推送的方式将钢绞线传入鞍座分丝管内，钢绞线穿过鞍座后回到桥塔另一侧主梁锚固区。

在桥塔预埋件位置焊接临时固定装置，安装1号定滑轮，在塔底位置设置2号定滑轮，在索梁锚固位置设置3号定滑轮。在塔根位置和索梁锚固区位置附近分别设置1号卷扬机和2号卷扬机如图6.56所示。

先将三个定滑轮安装就位。然后在塔上操作平台垂下牵引绳将1号卷扬机的钢丝绳绕过2号定滑轮牵引至塔上操作平台。钢丝绳绕过塔上1号定滑轮穿入HDPE外套管，从外套管下端穿出，绕过 3 号定滑轮与 2 号卷扬机钢丝绳对接。在下游侧形成闭合的三角提升系统。

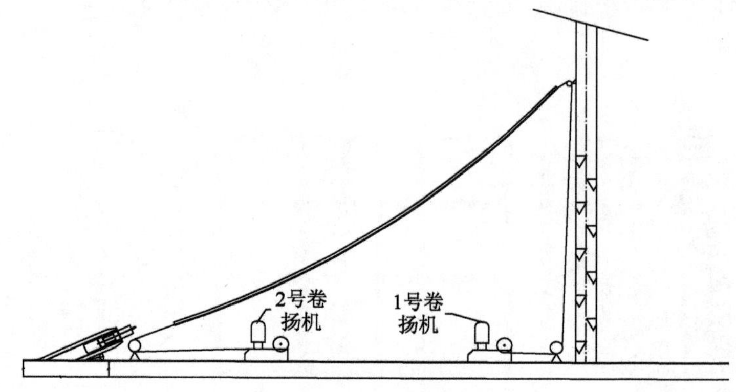

图 6.56　三角提升系统示意

三角提升系统中可以通过 1 号卷扬机的牵引钢丝绳进行提升，通过 2 号卷扬机可以将提升钢丝绳进行收回。

(3)现场穿束与张拉

首先采用 1 号卷扬机把桥面钢绞线通过 HDPE 管牵引至桥塔外，在塔外将穿索板卸除，并将已露出 HDPE 管的绑扎钢绞线和钢丝绳的扎带或绳卡去除，用人工将钢绞线端部穿入待穿的孔道内。

然后继续开动 1 号卷扬机，利用扎带或绳卡的约束里使钢丝绳带动钢绞线往前推，并在塔外及时将扎带或绳卡去除，在鞍座的另一出口端，用人工将钢绞线导入 HDPE 管道内，继续执行穿索的过程，直到拉索出口标记到达预定位置后开展对称张拉作业。安装与张拉流程如图 6.57 所示。

6.3.2　安装示例

以五河定淮大桥的 1 号拉索示例安装过程。根据实践，五河定淮大桥钢绞线的安装较为快捷方便，型号最大的斜拉索可在 2d 内完成安装，不会影响钢梁的安装进度，以下介绍现场的试验穿索过程。

(1)钢绞线运输至现场时，将钢绞线带盘架设在主梁操作平台附近，在操作平台正下方设置一轮轴辅助放索。将钢绞线卡在轮轴的橡胶槽中，随着钢绞线的提升轮轴和绞盘不停地转动将绞盘的钢绞线展开进行穿索如图 6.58 所示。

(2)在钢绞线开始穿索时将钢绞线的端头通过穿索板将钢绞线与牵引钢丝绳进行固定如图 6.59 所示。穿索板由一块弧形钢板制成，其目的是防止钢绞线和牵引钢丝绳在 HDPE 外套管中转动而缠绕在一起。同时在穿索过程中按照先安装上层钢绞线，后安装下层钢绞线，每根钢绞线安装就位后均张拉至同一初张力，确保每根新穿的钢绞线均在 HDPE 外套筒的下方，避免钢绞线之间相互缠绕。

(3)在钢绞线端头起每隔 10m 间距设置一绳扣，将钢绞线与钢丝绳进行固定如图 6.60 所示，在绳扣之间利用塑料扎丝将钢绞线和牵引钢丝绳扎紧，避免钢绞线和钢丝绳缠绕在一起，不便于钢丝绳退出。

(4)通过1号卷扬机收紧钢丝绳将牵引钢丝绳进行提升，钢绞线会在绳扣的作用下与牵引钢丝绳一起被提起进入HDPE外套管中如图6.61所示，并沿着HDPE外套管被提升至塔上鞍座位置。

(5)随着钢绞线的不断提升，在主梁操作平台处将钢绞线与提升钢丝绳持续进行固定，将钢绞线持续进行提升。当钢绞线上端被提升出HDPE外套管上端后，工作人员在塔上操作平台处将绳扣及扎丝拆除，将钢绞线端头穿入鞍座导管对应的线管内。

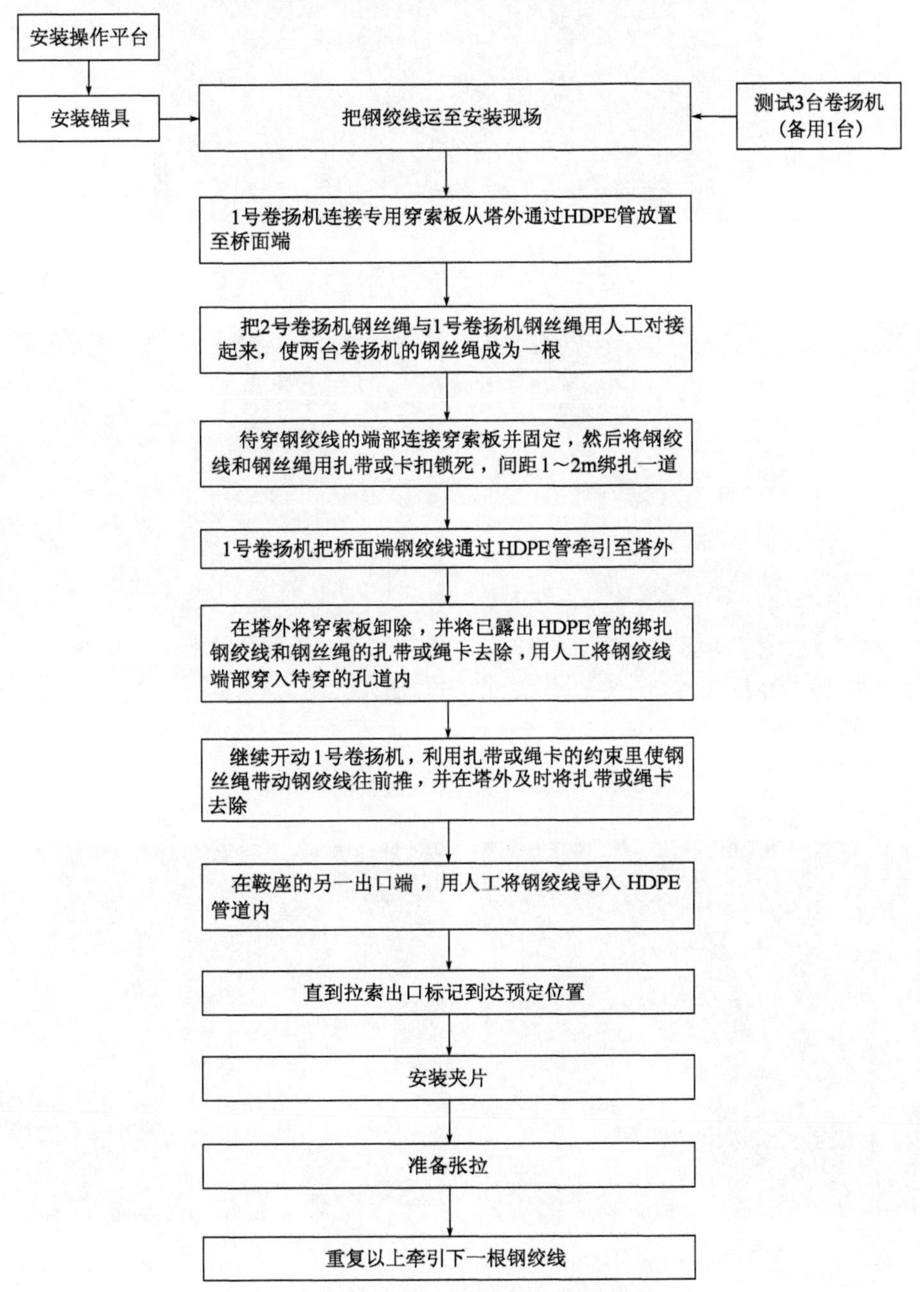

图6.57　钢绞线穿索与张拉流程

图 6.58　斜拉索展开

a)钢绞线与牵引钢丝绳固定

b)穿索板

图 6.59　钢绞线端头与牵引钢丝绳进行固定

a)绳扣

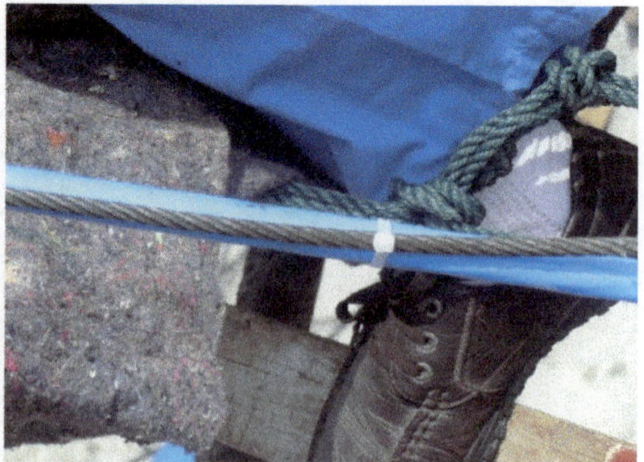

b)扎丝

图 6.60　钢绞线与钢丝绳临时固定

图6.61 钢绞线沿外套管进行提升

(6)绳扣的安装位置只能在钢绞线固定的范围内进行安装,绳扣的安装范围为钢绞线端头至穿索侧HDPE外套管塔端出口位置如图6.62所示。如果绳扣的安装范围超过了此范围,则绳扣会留在HDPE外套管而无法拆除。如果绳扣安装的范围较短,则随着顶部绳扣的拆除,最后一段钢绞线较难提升。

图6.62 穿索板出HDPE外套管出口

(7)随着钢绞线在穿索侧的推送,当钢绞线穿过鞍座后从塔壁另外一侧的鞍座出口穿出。工作人员在塔上操作平台将出塔的钢绞线穿入上游侧预先固定好的HDPE外套管中。随着钢绞线不断被三角提升系统送入鞍座,上游侧的钢绞线在自重作用下沿着HDPE外套管回到主梁拉索锚固处。当钢绞线上标记的导管出口线与塔上导管出口位置对齐时,钢绞线穿索就位如图6.63所示。

a)塔上鞍座套管出口

b)钢绞线穿入导管口

图6.63 塔顶操作平台处将钢绞线穿入导管内

6.4 同向回转鞍座施工过程信息化管理

设计、施工及运营管养是大型桥梁结构从施工到运营期间不可或缺的组成部分，其中施工质量为后期运营状态及结构使用寿命决定性因素。传统的施工控制采用线下方式，各关键信息常以QQ、微信及邮件平台为依托进行传输，该工作模式下，存在信息易丢失、职责不明确等问题，随着信息化的高速发展，BIM集成技术和健康监测系统的引入，桥梁施工及运营管理由线下运营逐步转变为线上线下双线运营的模式，因此，施工期信息化管理平台建设成为监控当前发展的必要趋势。

随着信息技术的发展，以网络平台为基础的健康监测、全寿命监测等系统逐步被引进桥梁施工、运营等阶段，成为智慧城市建造的重要一员。本节介绍以"数据时效性、精细化管理、统一标准"为核心的线上、线下双线管理的工作模式以及开发的相关信息系统。

6.4.1 信息化管理的需求以及架构

大桥建设期数据存储、管理及后期移交管养是平台开发的主要目的，本桥为分肢柱式塔四索面分离式钢箱梁斜拉桥，拉索采用同向回转锚固体系，其中，空间斜置索鞍制造、定位为本桥建设期重点。

同向回转索鞍构造复杂，定位难度大，制造及施工阶段相关数据量庞大，通过引入信息化管理平台，将数据存储在网络云端，既保证了数据完整性，同时相关数据可及时传递给参见方，且系统明确了各方职责，对鞍座施工质量及结构耐久性和使用寿命有重大意义。

信息化管理平台建设以"数据时效性、精细化管理、统一标准"为目标，最终形成"线上"和"线下"双线管理的工作模式，具体如下：

(1)数据时效性

信息化平台可以通过自定义流程及数据审核模块，制定精细的数据管理模式，保证数据及时传递至相关方，最终实现及时发现并解决问题，避免形成恶性循环。具体设计达成目标如下：

①相关数据测量后，及时上传系统，由具体负责人进行审核，实现"即时测量、即时上传、即时审核"的目标，一方面，明确各参建方职责，另一方面，保证施工进度和施工质量；

②施工期，各单位关键数据均上传至信息平台，各参建方可随时查看相关数据，实现数据实时共享，且相关数据查询方便。

(2)精细化管理

施工建设期各参建方职责不同，监控单位以主桥线形、索力、关键截面应力测量为主，加工制造单位以相关控制信息为主，各参建方相关数据均由本单位管理，该工作模式下，通常存在施工过程数据丢失和相关数据记录转交不及时等现象，全过程信息平台为解决相关问题的关键手段。通过引入平台，实现精细化管理，具体内容如下：

①施工期数据后期往往存在丢失、管理混乱、移交管养单位不及时等现象，建立信息平台后，通过云端存储，线上管理，保证数据管理规范及信息完整；

②通过前期规划及结构特点分析，制定施工期具体监测数据内容，以信息化管理平台为基础，实现精细化管理的最终目的。

(3)统一标准

目前施工过程中的管理模式主要以各单位内部流程为主,按照内部标准进行控制,平台引入后,可以统一标准,该标准包括:施工控制标准、施工验收标准及施工管理标准等,通过对关键工序施工质量整体把控,保证了实际施工质量。

平台设计主要以鞍座施工过程为主,涉及制造加工、吊装定位等关键工况,平台涉及各参建单位,其中包括鞍座加工单位、监理单位及监控单位等主要参建单位如图 6.64 所示。

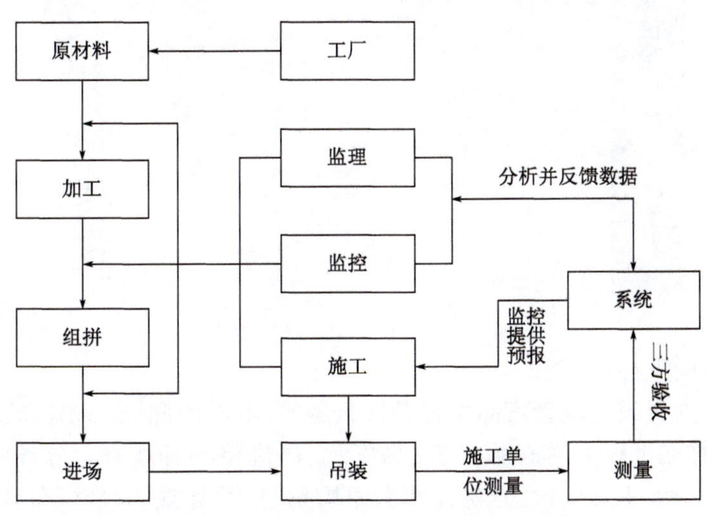

图 6.64　全过程信息平台工作架构示意

平台设计主要以鞍座施工过程为主,涉及制造加工、吊装定位等关键工况,平台涉及各参建单位,其中包括鞍座加工单位、监理单位及监控单位等主要参建单位。

6.4.2　信息化管理平台

(1)平台介绍

研发加工、安装施工全过程信息平台,以芜湖长江公路二桥管理控制平台为例,系统的主要界面如图 6.65 所示。

a)登录界面

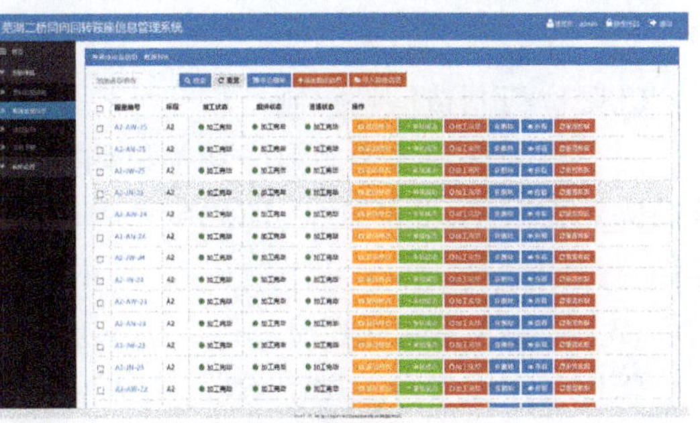

b)操作界面

图 6.65　全过程信息化管理平台界面

(2)制造信息管控

①锚体和导管制造信息管理

不同拉索对应锚体半径、尺寸等各不相同,故加工阶段需及时做好记录,加工完成后需对锚体外壳进行验收,主要内容包括:几何尺寸、弧线弦长、矢距、弧线偏离设计弧线、构件平整度。系统集成的加工及验收各指标信息见图 6.66。

图 6.66 鞍座锚体加工记录数据

②分丝管制造信息控制

由于每个锚体内每根分丝管弯曲半径及弧长各不相同,因此,加工制造过程中应做好编号及相关数据记录,并在平板上用 R 弧样板、高度尺、环规检测分丝管。分丝管加工完成后,进行质量检验。检验内容主要包含:分丝管外表面质量、分丝管截面尺寸、分丝管出口倒角。系统集成的加工及验收各指标信息见图 6.67。

图 6.67 分丝管控制信息

③限位板制造信息控制

限位板的外形采用等离子切割机切割成形,切口截面不得有撕裂、裂纹、棱边、夹渣、分层等缺陷和大于 1mm 的缺棱,切割后对限位板边缘进行加工磨光。系统集成的加工及验收各指标信息见图 6.68。

(3)鞍座组拼信息管控

鞍座锚体安装分为两个阶段,锚体安装和导管安装,锚体由外壳、分丝管、限位板、填充料组成,制造组装为整体后,运输至现场进行施工,鞍座锚体为弧线形,各关键构件定位准确直接影响结构拉索受力状态。

图 6.68　限位孔控制信息

鞍座组装桥需矫正所有构件，以鞍座安装胎架为平台，安装关键构件，鞍座组拼完成后，进行质量检验。检验内容主要包含：几何尺寸、限位板的垂直度、侧弧板与顶、底弧板的垂直度、鞍座内弧线弦长、矢距、鞍座内弧线偏离设计弧线、整体平面内平整度、法兰接缝宽度、焊缝尺寸、剪力钉垂直度、剪力钉长度。系统集成的加工及验收各指标信息见图 6.69。

图 6.69　组拼关键控制信息

(4) 鞍座进场检验信息管控

鞍座组拼完成及验收完成后，将锚体与导管拆分，分批运送至施工现场，为防止鞍座运输过程中损伤影响使用性能，鞍座运输至现场后，及时进行鞍座锚体及导管的预拼。并对组拼后的整体进行检查。主要检查内容有：锚体弦长、矢高、法兰接缝宽度。系统集成的加工及验收各指标信息见图 6.70。

(5) 鞍座定位信息管控

空间斜置索鞍吊装定位是索鞍施工的关键，索鞍定位分为两个主要阶段，第一阶段为粗定位与初步精调，即"三点定位"；第二阶段为定位复核和二次精调，即"五点校核"，一方面对 3 点定位准确性进行复核，另一方面 5 点校核精度更高，通过定位复核，对索鞍定位进行二次精调，进一步消除定位误差；将五点校核数据和理论数据上传至信息管理平台，关键定位数据及时传递至各参建方，并保证数据完整性。

图 6.70　鞍座进场验收控制信息

鞍座定位数据由施工单位负责测量，上传系统后，由监理和监控单位进行审核，系统会自动计算定位误差，作为数据审核参考，数据审核后，由监控单位提供下个节段的定位预报，明确各方职责，保证现场施工有序进行。鞍座定位控制信息界面见图 6.71。

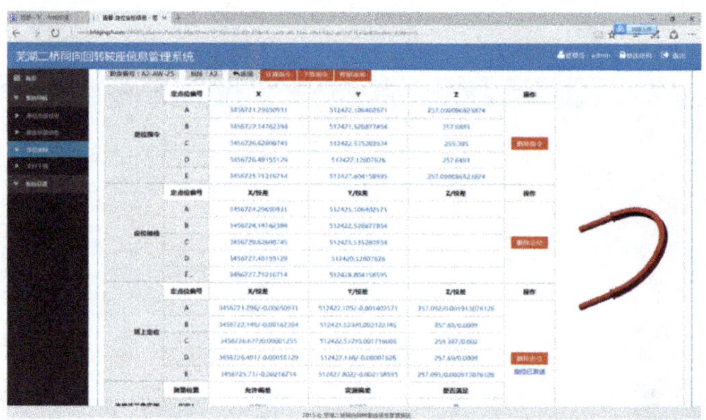

图 6.71　鞍座定位控制信息

6.4.3　应用效果

鞍座系统在芜湖长江公路二桥鞍座的施工中得到全面应用，取得了预期的控制效果：

(1) 提高了鞍座的安装精度

北侧与南侧桥塔各有 44 对鞍座，每一对安装完毕后都进行了平面与高程位置的校核，分析控制难度较大的平面精度，将误差如图 6.72 所示，可见误差基本上控制在 ±8mm 以内，满足 ±10mm 的控制标准。

(2) 提升了鞍座安装的效率

通过提升数据流转效率提升鞍座安装的效率，在采用系统且数据无误的情况下，数据在 2h 内即可完成审核与流转，采用纸质流程则需要 8h 左右，每层鞍座节约时间 6h。

(3) 为数据管理提供了便利的途径

采用系统平台后，数据集成在平台上，直接用于技术性资料归档，方便业主进行调取与分析，极大的便利了后期的鞍体维护与索束更换。

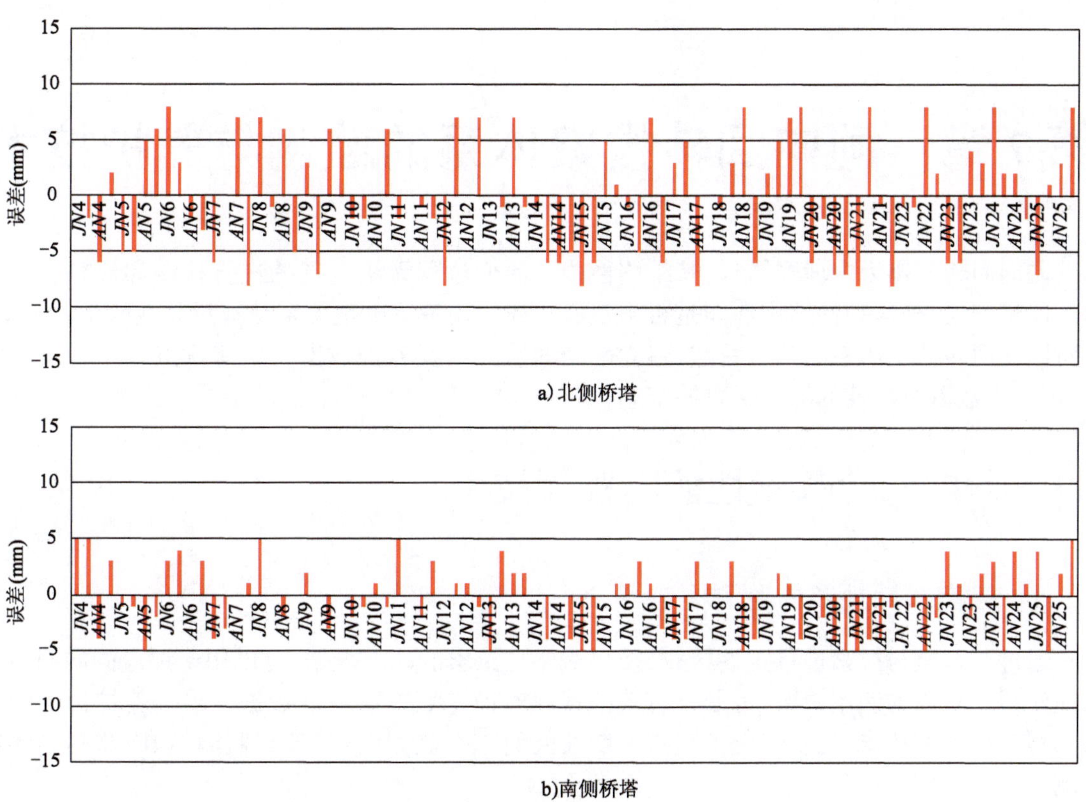

a)北侧桥塔

b)南侧桥塔

图6.72　安装精度统计

6.5　本章小结

对同向回转拉索体系的鞍座、索体安装技术开展研究，为同向回转拉索体系的推广奠定基础，研究主要成果有：

(1)建立同向回转鞍座制造的质量标准，提出关键指标、检验方法以及工厂流水线生产工艺；

(2)建立同向回转鞍座安装的质量标准，分别提出塔上散拼以及地面组拼后整体吊装两种安装方法，给出安装的准备工作、流程、相关设备、位置调整方法以及测量精度保障体系等；

(3)建立了同向回转鞍座安装的 BIM 技术，可将其应用于空间位置检查、碰撞检查、工艺可行性分析，保障了施工精度；

(4)建立了同向回转拉索体系的钢绞线穿束技术，提出三角提升系统、推送式穿束方法以及相关配套设备，标准化拉索的安装工艺；

(5)开发了同向回转拉索体系施工的信息化管理技术，建立了信息管控平台，介绍了各管理模块的组成，应用于实体工程保障了鞍座质量的全面可控。

第 7 章　同向回转拉索体系的监测与养护技术

同向回转鞍座为内埋式结构,其结构性能的演变过程无法直观的进行检测和评判。其塔内区段钢绞线、分丝管的结构性能是否出现退化或损伤等情况是关系结构耐久性的重要因素。针对同向回转拉索体系的结构特点,建立配套的监测以及养护技术。本章重点介绍了监测内容、设备参数以及拉索的标准化更换工艺。

7.1　同向回转鞍座性能的监测技术

7.1.1　鞍座长期性能的监测内容

通过对鞍座与拉索进行定期检查,搜集鞍座与拉索的动态数据,可以用于评定同向回转拉索鞍座运营阶段的使用情况,为制订有效的管理养护计划提供基本数据。根据养护规范的要求和鞍座自身的特点,初步制定了鞍座长期性能的 3 类监测内容:外观监测、响应监测和环境监测。

(1)外观检测

主要是定期地观察鞍座和拉索在运营过程中的表现,当发现鞍座或者拉索外观出现问题时应及时采取有效措施,防止问题的扩大。

(2)响应监测

主要是对鞍座的周围的混凝土在运营过程中的响应进行周期性监测。鞍座周围的混凝土是桥塔不利位置,对混凝土的应力水平进行周期性的监测,可以了解鞍座周围混凝土在运营过程中的应力状态,进而为后期的养护提供指导。当出现混凝土破坏时,能及时进行预警,使得养护人员能及时采取补救措施。

(3)环境监测

鞍座内的环境如湿度、温度等将对鞍座及拉索长期性能产生重要的影响。因此,对环境进行周期性检测可以了解鞍座和拉索所处的环境状态。监测结构环境作为鞍座长期性能的辅助评估手段,在鞍座长期性能的监测中占据了重要的地位。

7.1.2　鞍座监测系统设计

选取具有代表性的鞍座区域,在建造期间预埋或预留相关设备,接入桥梁监测系统,对性能进行长期监测。设备监测应周期性连续监测,监测频率为 3 个月一次,每次一周左右。

根据鞍座的监测内容要求,对鞍座的监测系统进行设计。由于鞍座设在桥塔内部,外观监测需要在鞍座浇筑混凝土填充料填充前将微型摄像头管道预埋在鞍座内,在现场浇筑桥塔前接出管道,在桥塔施工完从外面便可方便地将摄像头伸入分丝管中。鞍座的环境监测同样需要在混凝土填充料填充前,将温度、湿度传感器预埋在鞍座内;鞍座的响应主要监测鞍座周围混凝土的应力状态,需要在混凝土浇筑前预埋长效的应变传感器。

各传感器要考虑到接入桥梁的健康监测系统中,以便于开展实时分析,预警异常状态,保障鞍座体系的安全与耐久性。

7.1.3 鞍座监测方案设计

(1)外观监测方式设计

外观监测采用微型摄像头伸入到预先埋好的导管内,导管在浇筑填充料前预埋在鞍座内。具体选取两个鞍座安装摄像头,每个鞍座安装四个,两端各两个,每端的同根分丝管均在直线段和靠近直线段的弯曲段各设置一个测点。摄像头的空间设置示例见图7.1。

鞍座预制阶段在雨滴型分丝管尖端预留探头孔道,预留孔道位置见图7.2,预留探头孔道位置接出微型摄像头管道,并在现场与桥塔内的管道连接,微型摄像头的探头从外部经管道伸入分丝管内,这样摄像头便能在分丝管内移动以便看到更大部位的内部外观情况。在安装过程及后面的施工过程应避免对探头的损伤。

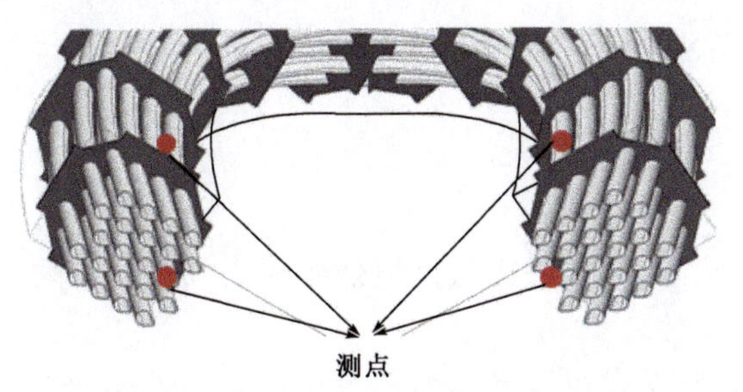

图7.1 微型摄像头空间布置示例　　7.2 探头孔道位置

(2)响应监测方式设计

响应监测采用在桥塔上贴应计用来测得以鞍座周围混凝土应力。斜向应变计布置在锚体斜置的平面内,方向指向锚体圆心,距离锚体外缘10cm,如图7.3所示。

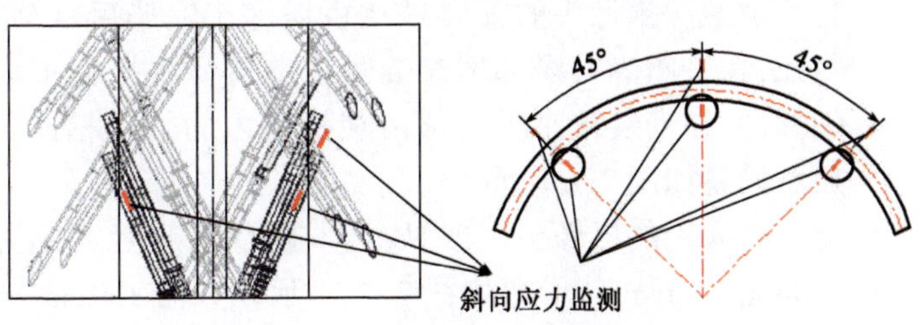

图7.3 斜向应变计布置示意

竖向应变计布置在拉索靠上锚体的顶点上10cm位置,一个锚体布置一个竖向应变计,一个截面布置两个,其布置示意见图7.4。

(3)环境监测方式设计

环境监测采用预埋温湿度传感器在分丝管内,用来监测分丝管内的温湿度。在分丝管靠近端部的曲线段位置安装温湿度传感器,图7.5示意了两个温湿度传感器的布置位置。

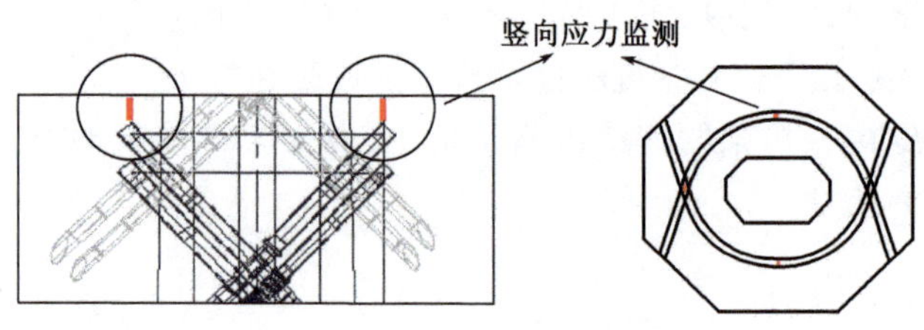

图 7.4 竖向应变计布置示意

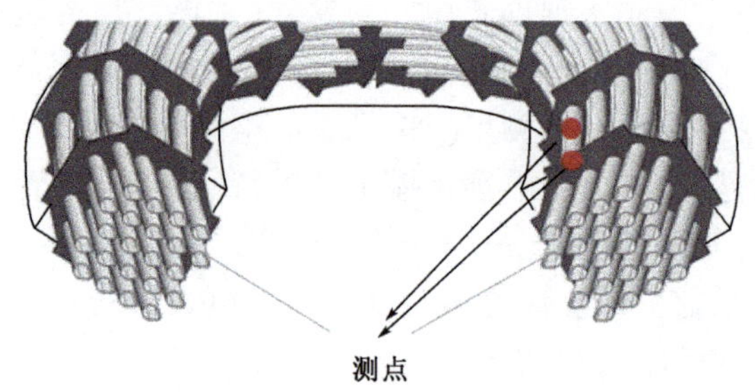

图 7.5 温湿度传感器空间布置示意

7.1.4 鞍座监测设备性能要求

(1)外观监测设备

外观检测是观测分丝管内部的状态,需要采用微型摄像头深入到分丝管内,通过比选建议了同向回转鞍座用的外观监测设备参数。

鞍座外观监测的设备的摄像头需要能在桥塔运营阶段清晰地观察分丝管内部的外观情况,并能实现分丝管内一定范围内移动。摄像头应能监测到如下内容:①拉索保护套破损(摄像头影像间断记录对比);②拉索锈蚀(摄像头影像间断记录对比);③拉索滑移(摄像头影像周期性监测)。

图 7.6 微型摄像设备

摄像头须具有较好的耐久性,摄像头在移动过程中不易因触碰外物而破裂。摄像头的安装是在桥塔施工完毕后从预留的孔道中伸入。因此,在鞍座浇筑内部填充混凝土前需要将摄像头导管安装在分丝管尖部,并在安装鞍座时与预留在桥塔内的管道相连。某微型摄像头及显示设备如图 7.6 所示。

可采用的摄像头有四种类型,摄像头直径分别为 3.9mm、5.5mm、9.0mm、17mm,其示意如图 7.7 所示。直径 3.9mm 的软管最长可加至 5m,直径 5.5mm 的软管最长可加至 10m,直径 9.0mm 和 17mm 的软管最长可加至 20m。微型摄像设备参数见表 7.1。

(2)响应监测设备

鞍座响应监测主要是监测鞍座周围混凝土应力,因此,传感器应预埋在混凝土中,安装时加强保护,不应受到振捣。响应监测采用应变计进行测量,一般采用振弦埋入式应变计,如图 7.8 所示。

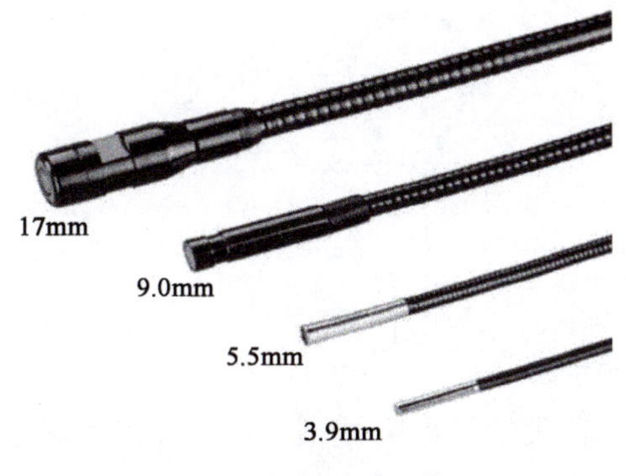

图 7.7　不同类型摄像头

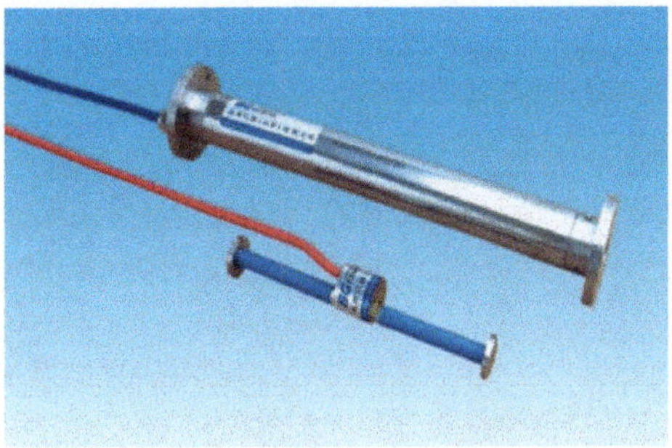

图 7.8　振弦埋入式应变计

设 备 参 数　　表 7.1

直径(mm)	3.9	5.5	9	17
防水	IP67	IP68	IP69	IP70
视角	54	64	64	60
像素	10 万	45 万	30 万	30 万
输出	AV	AV	AV	AV
价格(元)	590	650	550	490

振弦埋入式应变计用于测量基础、桩、桥梁、大坝、密封壳、隧道衬砌等的长期应变。该仪器的长度是 150mm(可以提供更长或更短的长度),主要技术参数:标准量程 3000με,灵敏度 1.0με,精度 ±0.1%,F.S 非线性 <0.5%F.S,温度范围 -20 ~ 80℃。

(3)环境监测设备

采用温湿度传感器监测管内部的环境状态,温湿度传感器需插入到分丝管内。温湿度测量器的连接线需要坚固结实。温湿度传感器需要在鞍座浇筑填充混凝土前预埋在分丝管里,并把接线接出鞍座。混凝土浇筑期间应避开振捣,以保护线缆。可采用手持式温湿度测量仪进行仪器检验,如图 7.9 所示。手持式温湿度监测仪的测量范围为温度: -40 ~ 85℃,湿度为 0 ~ 100RH。第一种类型为 HC2 - C04,其探头为带电缆探头,直径为 4mm;第二种类型为 HC2 - C05,其探头为带电缆探头,直径为 5mm。

图 7.9　手持式温湿度监测仪

7.1.5　鞍座监测设备构造

(1)外观监测设备构造设计

鞍座的外观监测主要是监测分丝管内钢绞线在运营阶段的工作状态。采用预先在分丝管内安装管道,在桥塔施工阶段与桥塔预埋管道连接,在桥塔施工完毕后能够从外部将监测外观的视频探头从桥塔管道经鞍座内的预设管道进入到分丝管内。采用不固定视频摄像头的方法进行外观监测能够小范围地调节摄像头在分丝管内的位置,并且能够随时更换视频摄像头,有利于后期的外观监测工作的进行。

为了视频探头能在分丝管内小范围地移动,采用在分丝管尖部斜置导管的方法布置摄像头系统。斜置导管及弧形过渡板设置如图 7.10 所示。

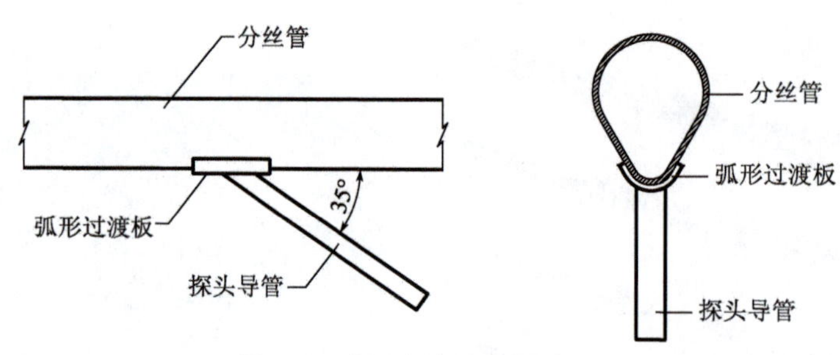

图 7.10　斜置探头导管安置示意

由于直接将探头导管焊接在分丝管底部,分丝管尖端需要开槽成一个不规则的孔道。可选择先把探头导管焊接在一个弧形过渡板上,然后将弧形过渡板焊接在分丝管尖端。这种方法只需在分丝管尖端开一个矩形槽口,在弧形过渡板开一个与斜置探头导管相对应的不规则槽口就可以了。大大降低了弧形过渡板开槽口难度。

斜置探头导管采用 $\phi12$ 的不锈钢管,钢管内径为 9mm,小于视频探头的直径,视屏探头能顺利穿过探头导管。探头的长度大于 250mm,以便伸出鞍座锚体侧板。考虑的施工的便易性及视频探头的观察视角和范围等,采用探头导管与分丝管夹角为 35°的设置方法。弧形过渡板也采用不锈钢板,长和宽分别为 44mm 和 24mm。分丝管底部开口大小为 35mm ×9mm。

(2)响应监测设备构造设计

鞍座响应监测通过在鞍座周围设置斜向和竖向应变计监测混凝土应变。应变计一般安装在钢筋上,钢筋与劲性骨架或者结构里面的分布钢筋进行焊接。应变计在施工现场进行布设,如图 7.11 所示为某鞍座的应变计布置位置。

竖向应变计布置在拉索靠上锚体的顶点上 10cm 位置,一个锚体布置一个竖向应变计,一个截面布置两个。斜向应变计布置在锚体斜置的平面内,方向指向锚体圆心,距离锚体外缘 10cm,其布置如图 7.12 所示。

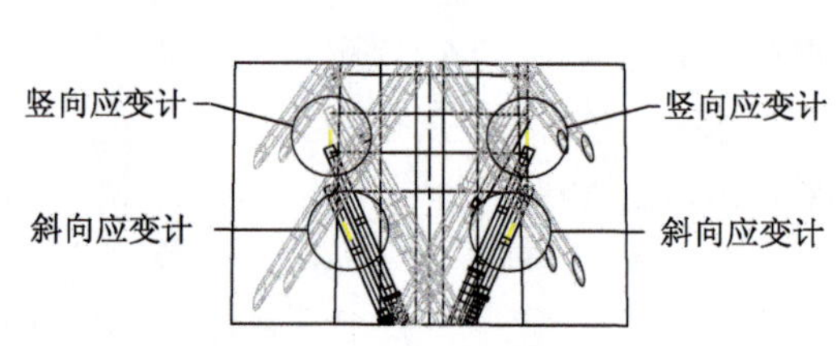

图 7.11　混凝土应变计布置区域示意

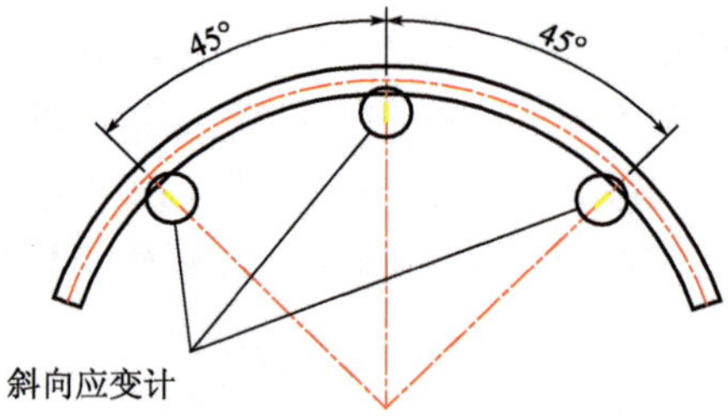

45°
45°
斜向应变计

图 7.12　斜向应变计布置

(3)环境监测设备构造设计

鞍座环境监测采用的是安装温湿度计进行分丝管内温度和湿度的监测。温湿度计探头是一个直径 4.5mm,长约 80mm 的长条状钢棒。如果把温湿度计探头直接深入分丝管的尖端,会触及后面张拉的拉索,并且极有可能会在拉索张拉时破坏温湿度计探头。为解决温湿度计探头的安置问题,可采用了连通导管放置温湿度计探头的方法。连通导管温放置温湿度计探头如图 7.13 所示。

温湿度计探头导管采用 $\phi12$ 的不锈钢管,钢管内径为 9mm。导管长为 155mm,高为

35mm，两端采用半径为35mm的圆弧状。在探头导管与分丝管端部交接的分丝管上打孔，使分丝管与探头导管处于连通状态，空气能够流通，这样在探头导管内测得的温湿度即为分丝管内的温湿度。

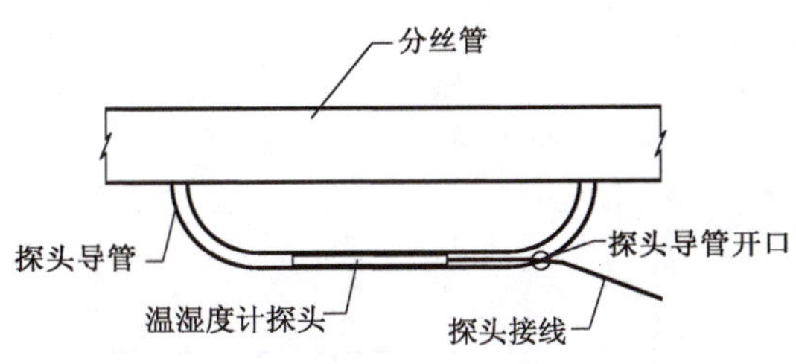

图7.13　温湿度计探头安置示意

7.2　同向回转拉索的索力监测技术

7.2.1　索力监测技术手段

目前较常使用的索力检测手段包括振动法、压力环法、磁通量法等。振动法适合体外长索；压力环法需要在被测构件外套一个穿心式压力传感器，缺点在于压力传感器的成本较高，自重较大，精度不高。

磁通量法是测定斜拉桥索力、监测拉索锈蚀的非破坏性方法，适用于由铁磁性材料制成的棒材和拉索索力的监测，包括平行钢丝索、钢绞线索、体内预应力钢绞线束、钢丝绳、精轧螺纹钢等构件。它利用放在索中的小型电磁传感器，测定磁通量变化，根据索力、温度与磁通量变化的关系，推算索力大小。磁通量法近年来得到广泛应用，以磁通量法为例建立索力的监测技术如图7.14所示。

图7.14　用磁通量传感器进行钢筋和钢丝绳应力监测

采用磁弹仪（磁通量采集仪）对单个磁通量传感器进行测量或逐个测量时，传感器的传输线直接与磁弹仪的端口相连。直接操作配置完成后的磁弹仪可实时获取并显示测量索力值。也可再将磁弹仪通过串口与电脑相连，由配套采集软件完成自动数据采集。

磁通量法不需要对被测预应力筋进行表面处理，不破坏构件原有结构，而且传感器维护成本低、使用寿命长，抗干扰能力强、测量精度高，可与健康监测设备相连，进行远程健康监测如图7.15所示。

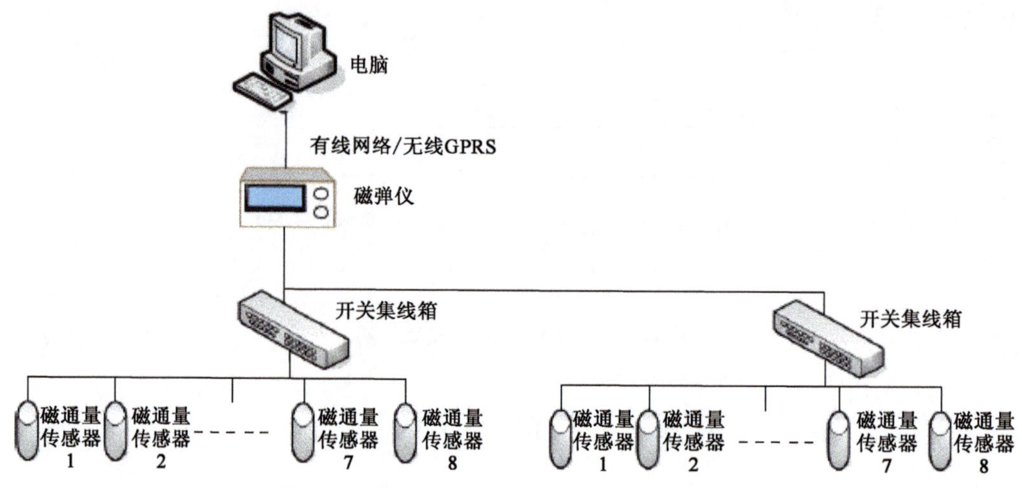

图7.15　磁通量索力测量系统拓扑(多个传感器)

7.2.2　索力监测传感器选型

采用单股钢绞线磁通量传感器对索力进行监测，其技术指标以及性能指标如下：

(1)索力测量范围：0～屈服应力；

(2)内置温度补偿传感器；

(3)接线长度：≤300m；

(4)适应环境温度：-40～80℃；

(5)适应环境湿度：0%～95%RH；

(6)长期误差：≤1%～3%FS；

(7)充电压范围：AC100～350V，60/50Hz。

索力监测范围为全桥拉索，在每束拉索中抽取1根钢绞线进行应力的持续监测，应力监测应由施工阶段起，维持至全寿命周期，仪器应用与监测流程为：

(1)仪器厂内标定，采用本批次拉索钢绞线，进行0值标定，拟合张力与磁通量的非线性关系系数；

(2)拉索穿束时安装磁通量传感器，安装完毕后采集0值；

(3)拉索张拉后，测试并记录索力；

(4)其他施工阶段，根据需要进行索力的测试工作；

(5)成桥阶段，测试并记录索力；

(6)根据健康监测设计要求，定期进行索力测试。

7.3　同向回转拉索的更换技术

常规鞍座的结构形式均采用了有灌浆模式，为斜拉索的更换带来了很大的麻烦。同向回转拉索体系采用自防护方法,钢绞线与分丝管之间处于无灌浆状态,便于斜拉索的更换。拉索拆除与拉索的安装均可利用推送法实现,在理论上是完全可行的。本节主要介绍更换的工艺以及更换示例。

7.3.1　钢绞线拆除工艺

同向回转鞍座系统如果从一侧采用牵引的方式将钢绞线拉出鞍座,则在钢绞线自重的作用下鞍座两侧会从在一定的张拉力。则钢绞线和分丝管之间会存在一定的挤压力,在挤压力的作用下雨滴形分丝管会对钢绞线产生较大的夹持力,而阻止钢绞线和斜拉索之间的相对运动,较难顺利地将钢绞线从分丝管内抽出。

根据穿索的经验,此类系统拉索也采用推送的方式完成拆除。在斜拉索安装完成后利用挂篮在塔顶设置操作平台,作为钢绞线拆除的主操作平台。在塔上鞍座出口、塔底、索梁锚固区位置分别设置3个定滑轮,利用两台卷扬机建立起三角提升系统,作为钢绞线拆除的主要牵引体系。

在钢绞线拆除时,先将鞍座系统桥塔外的过渡管拆除,将过渡管临时固定在HDPE外套管塔上出口以下位置,鞍座导管出口与HDPE外套管塔上出口之间的区段是钢绞线拆除的主要区段。在建立三角提升系统时,牵引钢绞线从HDPE外套管内穿过。在桥塔操作平台处用绳扣将钢绞线和提升钢丝绳进行固定,通过卷扬机的牵引钢丝绳和钢绞线会被一起提升,当绳扣靠近塔壁鞍座出口时将绳扣解除。绳扣的间距在1.5m左右,确保钢绞线与牵引钢丝绳一起运动,如图7.16所示。

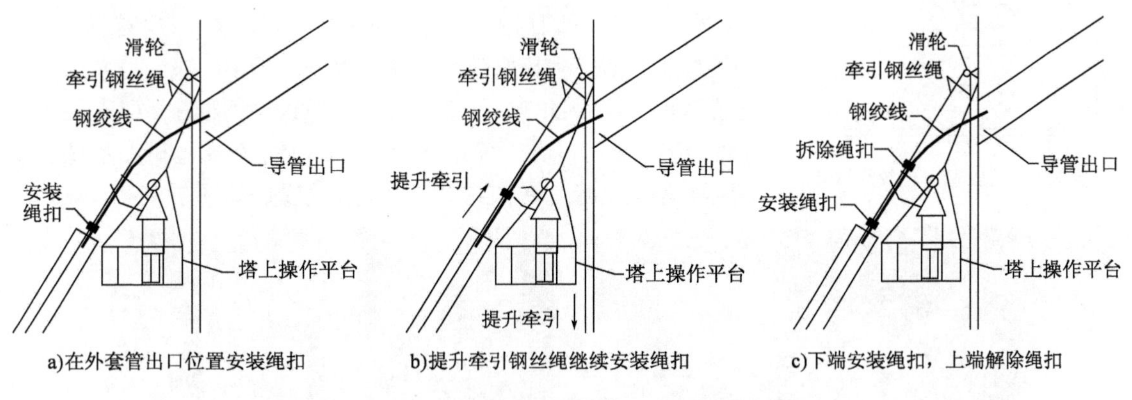

图7.16　利用绳扣对钢绞线进行拆除

在钢绞线拆除时,当钢绞线的尾部被推送进入鞍座导管时,由于钢绞线的自重已经很小,不会与分丝管之间存在过大的夹持力,故从另一侧抽拉钢绞线可以轻松将钢绞线从鞍座锚体内抽出,完成钢绞线的拆除工作。

在换索过程中由于桥面的操作空间有限,需要在索梁锚固区的位置设置绞盘。将拆除后的钢绞线进行绞盘回收,避免在桥面出现混乱,占据太多的空间。

7.3.2　拆换后钢绞线损伤分析

为了检验不同在穿索及换索过程中是否会对钢绞线的聚脲涂层造成破坏,在钢绞线拆除后对聚脲涂层的损伤情况进行仔细观察分析,研究异形分丝管对钢绞线防护层的损伤程度。同时为了研究钢绞线在分丝管挤压作用下聚脲涂层的损伤情况,对鞍座拉索进行分析,并按照不同的张拉力进行张拉,研究在不同张拉力作用下钢绞线聚脲涂层的损伤情况。

对钢绞线进行分组,共分为五组,各组钢绞线的张拉控制力各不相同,通过不同的控制张拉力分别观测不同控制张拉力作用下钢绞线防腐层的损伤程度,研究钢绞线的耐磨性满足要求。其中第3组的张拉力为实桥第二轮拉索控制张拉力。以五和淮河桥AS1拉索为例,各组钢绞线张拉控制力见表7.2。

各组钢绞线的张拉力 表7.2

分　组	钢绞线数量	控制张拉力(kN)	拉索应力(MPa)
第1组	7	110	786
第2组	6	100	712
第3组	6	90	643
第4组	6	80	571
第5组	6	70	500

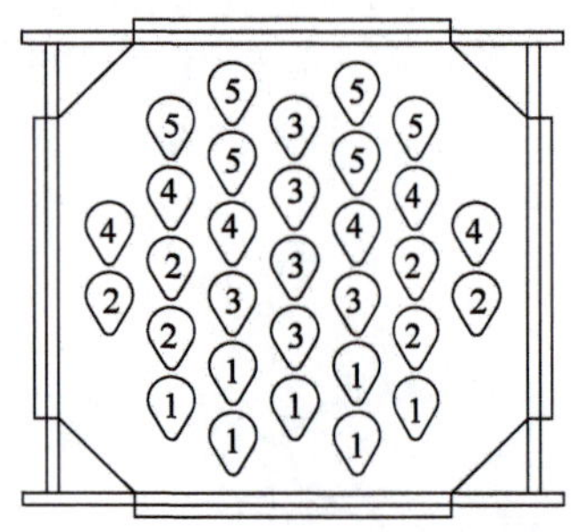

图7.17　AS1鞍座钢绞线编组

各组钢绞线的位置如图7.17所示。

在实桥安装及张拉过程中对各钢绞线按照编号分别进行标记,在换索完成后按照钢绞线的编号对每根钢绞线的防护层的损伤程度进行观测。

在钢绞线拆除后对钢绞线的防护层进行总体观察,包括PE护套的损伤情况和聚脲涂层的损伤情况。通过观察发现,采用推送式穿索钢绞线的PE外套几乎没有明显的损伤。穿索板也不会对HDPE护套造成磨损。在钢绞线和钢丝绳之间加垫橡胶垫层能够有效地避免绳扣对PE护套造成损伤如图7.18所示。

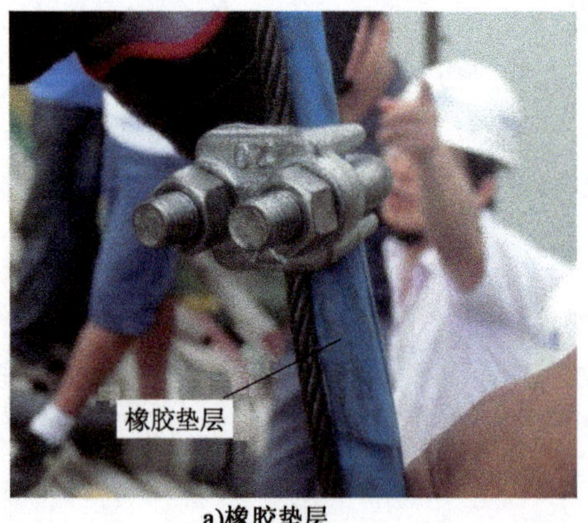

a)橡胶垫层

b)橡胶垫拆除

图7.18　绳扣与PE护套的位置关系

钢绞线拆除后,其表面形态如图7.19所示,可以看出钢绞线在穿索以及拆除过程中对PE外套基本没有影响。

图7.19　钢绞线拆除后PE护套未损伤

在第一组张拉力作用下，鞍座顶部与鞍座出口的聚脲涂层会受到分丝管的挤压力出现压痕，具体的压痕情况见图7.20，总体而言钢绞线的聚脲防护层基本没有太明显的损伤。

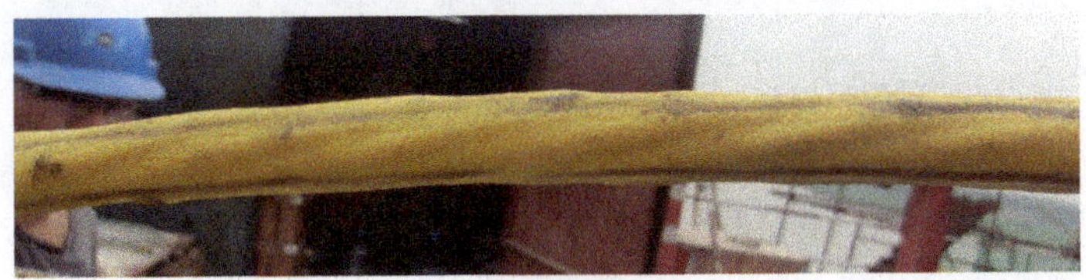

a)鞍座顶部位置钢绞线

b)鞍座出口位置钢绞线

图7.20　第一组张拉后聚脲涂层的压痕

在第二组张拉力作用下，钢绞线的聚脲涂层受分丝管挤压痕迹与第一组相差不大，鞍座出口附近较中间位置略明显，但总体而言钢绞线的聚脲防护层基本没有太明显的损伤，见图7.21。

图7.21　第二组张拉后聚脲涂层的压痕

第三组至第五组的压痕情况与第一组、第二组基本接近，未产生损伤情况，这表明在不同的张拉力作用下，聚脲涂层均能够对钢绞线起到很好的防护性能，达到设计预期状态。

7.3.3　换索工艺验证

理论上而言，斜拉索更换时，新钢绞线穿索的难易程度与斜拉索安装时穿索的难易程度相同。为了检验换索时分丝管的状态是否与理论分析的相同，同时检验钢绞线换索的工艺，在五和淮河桥AS1号拉索上进行了换索试验，验证换索工艺。

钢绞线更换的穿索流程和穿索工艺与钢绞线安装时的工艺完全相同，采用三角提升系统，利用绳扣的作用钢绞线和牵引钢丝绳一起提升,通过推送的方式完成斜拉索钢绞线的安装。换索过程的照片见图7.22、图7.23。

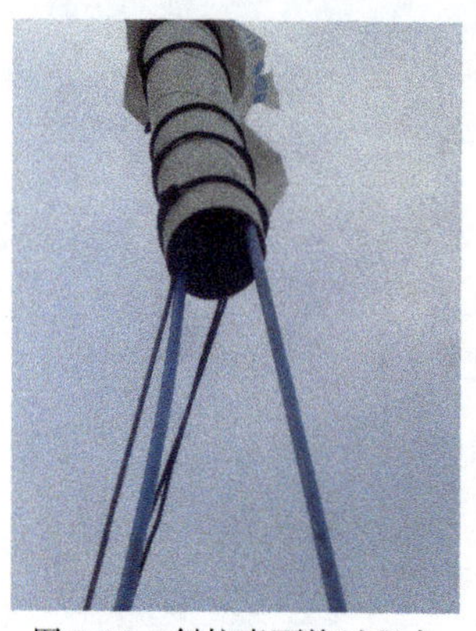

图7.22 斜拉索更换过程中

图7.23 斜拉索更换就位后

实桥斜拉索的更换验证了拉索的拆除与安装难易程度相同,可采用相同的工艺。采用推送式的穿索方案能够顺利的完成斜拉索更换时的穿索工作。鞍座锚体内分丝管和导管内的线管均未发生变位,未对钢绞线表面带来损伤。

需要特别说明的是五河定淮大桥AS1号拉索的更换时为了检验钢绞线聚脲涂层的损伤情况,采用了整捆拉索钢绞线拆除重现安装的方案进行了换索工艺试验研究。实际上同向回转鞍座系统的钢绞线也可进行单根换索,即在单根钢绞线拆除的同时完成新钢绞线的安装与张拉工作,可以有效避免斜拉索更换对桥梁结构的影响。

7.4 本章小结

对同向回转拉索体系的鞍座、索体的监测技术开展研究,对索体的更换技术开展研究,为同向回转拉索体系的长效性能表达提供保障技术,研究主要结论有:

(1)提出了关于鞍座体系的外观、响应以及环境三方面的监测内容,建议了监测频率、监测位置、增加的构造、相应设备参数等;

(2)给出了拉索应力监测的频率,建议了磁通量监测方法,建议了多组索力同步监测的体系;

(3)根据同向回转鞍座对拉索的夹持特性,提出了采用推送方法对拉索进行更换的成套措施,并在实桥上进行换索试验,验证方法的便利度;

(4)拉索更换试验过程中,对索体的夹持损伤以及摩擦损伤进行检验,结果表明拉索更换对PE护套无影响,聚脲涂层可以起到较好的防护作用。

第 8 章　同向回转拉索体系的工程应用实例

同向回转拉索体系先后在五河定淮大桥以及芜湖长江公路二桥上得到应用，两座大桥跨径、索面布置、主梁形式各有差异，其应用表明同向回转拉索体系具有广阔的适用空间，本章将对两座桥梁应用的基本情况进行介绍。

8.1　五河定淮大桥

8.1.1　桥梁概况

五河定淮大桥位于安徽省徐明高速公路，徐州至明光高速公路安徽段是安徽“四纵八横”高速公路网中“纵一”，其建设对逐步完善安徽省高速公路网络体系，增加东向出口，强化省际联系具有重要意义。本项目途经宿州市灵璧县、泗县，蚌埠市五河县，滁州市凤阳县、明光市等三市五县，项目的实施有利于进一步加强沿线市（县）及沿淮城市群与长三角地区的交通经济联系，对促进沿线市（县）经济发展，提高该区域的对外开放水平等具有重要意义。本项目路线起点接徐州至明光高速公路江苏段，省界接点位于梁庄（属安徽）的西北角，前焦营（属江苏）的南部，接点桩号（即本项目起点）K3 + 200。路线终点在岗集附近接明光至蚌埠高速公路，路线终点桩号 YK142 + 252.193（明光枢纽互通右线终点），路线全长 139.05km。

主桥为柱式独塔空间双索面混合梁斜拉桥，塔梁固结形式，由索塔两侧的 246m 和 125m 两个桥跨组成，分别用于跨越淮河主通航区域和淮河南大堤。每跨 16 对拉索，支承着中跨钢箱梁段和边跨混凝土梁段，纵向中跨按 14m，边跨按 7m 间距锚固于箱梁外侧腹板处。拉索为扇形空间双索面，通过斜置鞍座单向锚于主梁。桥下净高超过 10m，净宽超过现有航道规定的 150m 标准。主桥按高速公路标准在每个方向设计有两个 3.75m 车道及一个 3.5m 路肩。

主梁主跨为钢箱梁，边跨为混凝土箱梁，在主跨距索塔 15m 处结合如图 8.1 所示。主梁横向由一对分离梯形截面箱梁组成，采用镂空形式连接，在锚头部位设置穿过箱体的整体横梁。主梁全宽 37.65m，高 3.2m，顶板设置 2% 的横坡。钢箱梁顶板厚 14mm，底板厚 16mm，腹板厚 30mm。混凝土箱梁顶板厚 32cm，底板厚 30、40cm，拉索处横梁厚 0.6m，主塔处横梁厚 2m，端横梁厚 1.8m，钢—混结合处横梁厚 1.8m。边跨箱梁和连接横梁为预应力混凝土结构。边跨箱梁采用体外预应力。边跨箱梁及其连接横梁采用 C55 混凝土如图 8.2 所示。

索塔整体采用变倒角方尖碑造型。索塔基础为 18 根直径 2.5m 的钻孔桩，嵌入河床下中风化片岩 7m。桩顶承台直径 26m，加塔座总厚 6m。塔座至塔顶 141m 高塔体采用定斜度八侧面外形，形成连续的变尺寸和变倒角矩形截面。矩形截面尺寸由底部的 10m × 8.3m 渐变为塔顶的 7.4m × 6.4m，倒角则由底部开始渐增为塔顶的 3.1m × 2.6m。塔座至梁底下塔柱高

27.6m,梁底以上中塔柱高62.4m,上塔柱高64m。上塔柱大倒角矩形截面接近菱形,这一独特的截面可极好地适应设置新型斜置鞍座进行单向锚索的设计。索塔与主梁在交叉位置设置横梁将塔、梁固结。上塔柱设置维护通道。塔顶设有10m高中空锥形塔尖,用于安装防雷系统,并作为进行上塔柱外部设施维护的出入平台。

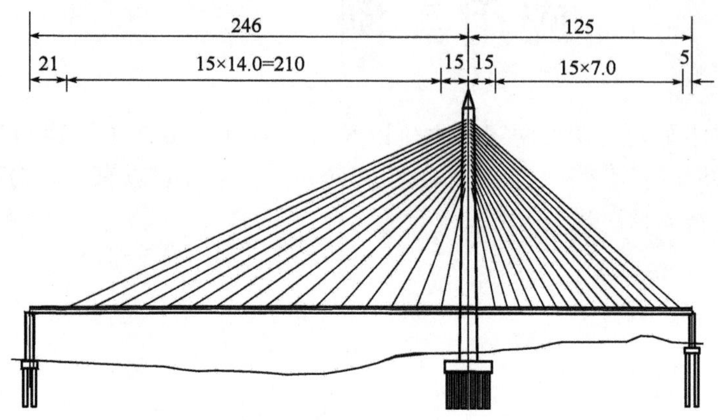

图8.1　五河定淮大桥桥梁布置图(尺寸单位:m)

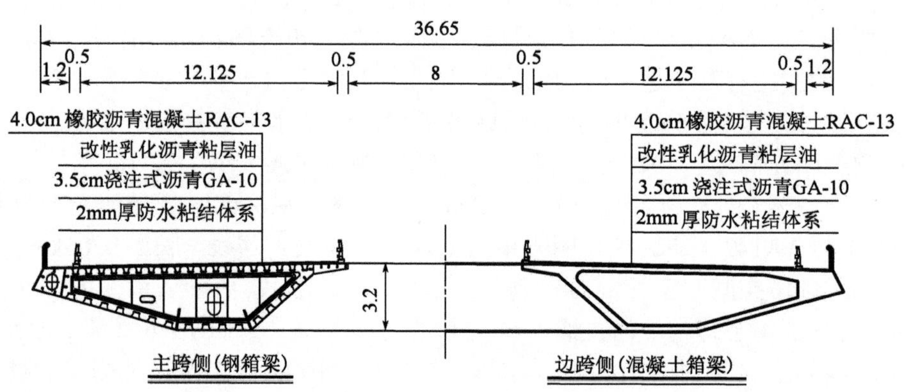

图8.2　五河定淮大桥基本断面形式(尺寸单位:m)

拉索体系具有几处独有的特征。拉索由15.2mm直径无黏结镀锌钢绞线(索股)组成,每根拉索钢绞线22到55股不等。由于采用不对称结构,中跨一侧索力低于边跨,中、边跨对应编号的拉索股数不同。单向锚索方式将每根拉索穿过桥面一侧锚具,绕过索塔后锚回到桥面同桩号另一侧锚具,形成一对同编号拉索。新型斜置200型鞍座使所有钢绞线在独立钢分丝管中被有效夹持,彼此平行地绕过主塔。在整个拉索长度内,钢绞线也保持平行,直至锚具。

斜置鞍座单向锚索系统是为突破大应力幅、大索力差斜拉桥对鞍座使用的限制,在桥梁设计阶段研发出的新型锚索系统。鞍座将索力直接以径向压力的形式传递给索塔,并最大程度地平衡对面鞍座径向压力。这一更为有效的锚固方式直接避免了在索塔内产生拉力,合理地利用了混凝土抗压能力。鞍座由锚体、延长筒、前导管和延伸管组成。鞍座在锚体中部和各部分端部设置标记,用于测量定位。

8.1.2 同向回转拉索体系

斜拉索采用双索面扇形布置，两索面布置在主梁防撞护栏的外侧，拉索在钢箱梁上间距为14.0m，混凝土侧间距采用7.0m，塔上间距为2.85～3.4m不等。单侧16对，全桥共32对。拉索型号为15.2－27、15.2－31、15.2－37、15.2－43、15.2－55六种，拉索设置阻尼装置如图8.3所示。

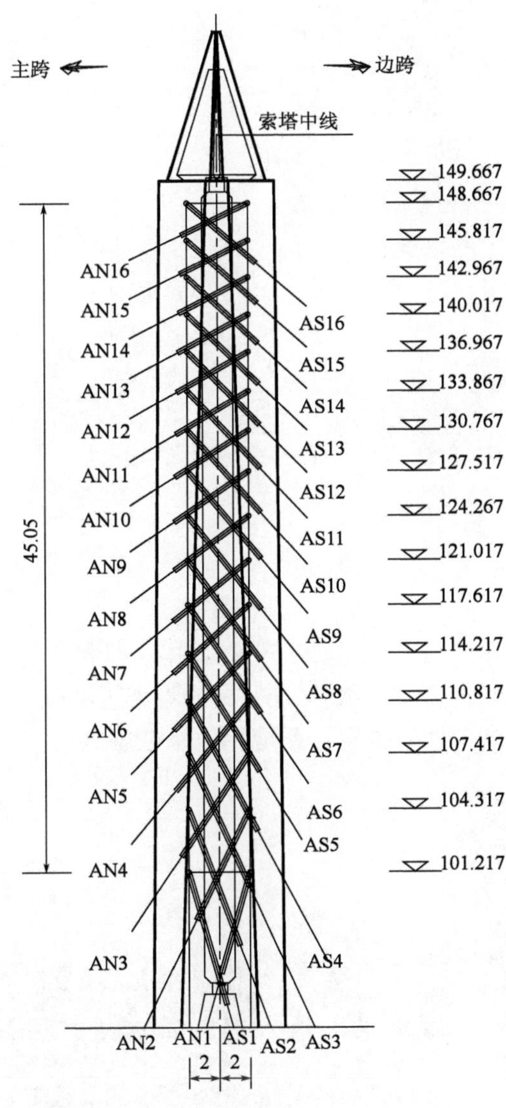

图8.3　鞍座立面布置及编号(尺寸单位:m)

鞍座对应的设计参数见表8.1。

鞍座设计参数 表8.1

编　号	鞍座型号	编　号	鞍座型号
AN1	15-37	AS1	15-43
AN2	15-22	AS2	15-31
AN3	15-22	AS3	15-31
AN4	15-27	AS4	15-31
AN5	15-27	AS5	15-31
AN6	15-27	AS6	15-31
AN7	15-31	AS7	15-37
AN8	15-31	AS8	15-37
AN9	15-37	AS9	15-43
AN10	15-37	AS10	15-43
AN11	15-37	AS11	15-43
AN12	15-37	AS12	15-55
AN13	15-43	AS13	15-55
AN14	15-37	AS14	15-55
AN15	15-37	AS15	15-55
AN16	15-37	AS16	15-55

8.1.3 应用效果

五河定淮大桥于2011年2月开工建设，于2014年8月投入运营如图8.4所示。近5年运营状态的跟踪观测表明，索体未发生滑移，防护未产生变形与破损情况，索力以及振动测试效果与成桥阶段基本一致，同向回转拉索体系应用效果较好。

a)同向回转鞍施工

b)建成效果图

图 8.4

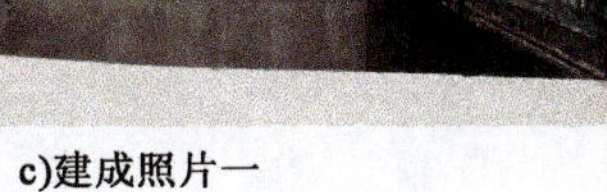

c)建成照片一

d)成桥效果

图 8.4　五河定淮大桥建设过程以及成桥效果(续)

8.2　芜湖长江公路二桥

8.2.1　桥梁概况

芜湖长江公路二桥处在芜湖长江大桥和铜陵公铁两用大桥之间，上游距离铜陵公铁两用大桥约 33km，下游距离芜湖长江大桥约 24km。项目起于无为县石涧镇，接规划中的北沿江高速公路，终于繁昌县峨山镇，接已经建成的沪渝高速公路，路线全长 55.012km，其中跨江主体工程起讫桩号 K20 + 782 ~ K34 + 764，全长 13.982km，北岸接线长 20.782km，南岸接线长 20.248km。

自无为东互通至三山互通间采用双向 6 车道，其余接线范围采用双向 4 车道标准。全线设置互通离立交 5 座(石涧枢纽互通、无为东互通、三山互通、繁昌北互通、繁昌东枢纽互通)，设置服务区一座。项目被纳入国家长江干流桥梁(隧道)建设规划，强化了芜湖交通枢纽的过江通行能力，对进一步完善安徽省高速公路网布局和过江桥梁布局具有重要意义。

芜湖长江公路二桥主桥跨径布置为(100 + 308 + 806 + 308 + 100)m，全长 1622m 如图 8.5 所示，为分肢柱式塔四索面全漂浮体系斜拉桥。桥塔采用分肢柱式塔，主梁为分离式钢箱梁，双主梁横桥向净距 17m，斜拉索梁上采用锚拉板锚固，塔上采用同向回转鞍座锚固，斜拉索采用同向回转拉索系统。

芜湖长江公路二桥在设计过程中遵循“安全耐久，简约美观”的建设理念，努力实现“技术示范性桥梁”的最终建设目标如图 8.6 所示。设计过程中针对本项目特定的水文、地质、环境特点，综合统筹相关建设条件，确定体系方案为分肢柱形塔 + 分体钢箱梁 + 四索面 + 同向回转鞍座锚固体系。

据调研及分析，芜湖二桥在结构体系上具有以下几方面的特点：

(1)边中跨比达到 0.506，除小于沪通铁路长江大桥外，大于其他已建或在建斜拉桥，总体静动力性能将区别于常规斜拉桥；

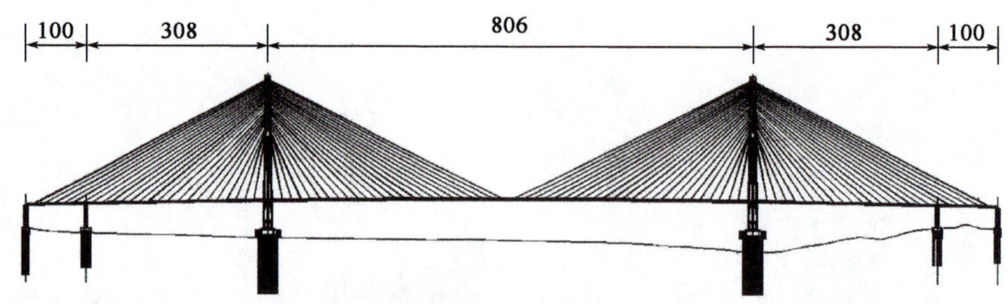

图 8.5 芜湖长江公路二桥主桥总体布置(尺寸单位:m)

图 8.6 芜湖长江公路空间效果

(2)主梁采用分体双箱截面如图 8.7 所示,两边箱通过较矮的横梁进行连接,桥面总体宽度大,主梁具有独特的横、纵向静力性能以及抗风性能;

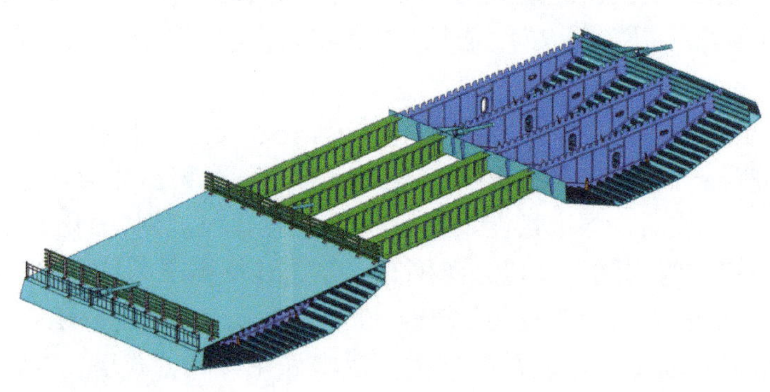

图 8.7 钢箱梁透视图

(3)主塔在柱形塔上进行优化,将下塔柱在横向进行分肢,以提高其稳定性,塔高共计 259.48m,上端索塔锚固区为独柱式,分肢起始点为塔顶向下 108m 处如图 8.8 所示。此外,在塔高 42.564m 处设置下横梁连接两分肢,改善塔柱的静动力性能。横向分肢高塔的应用尚属首次,是在昂船洲柱形塔基础之上的一种创新,其抗风性能、稳定性能需进行更加深入的研究;

(4)索面采用斜向四索面,索面锚固在边箱两侧,多索面支撑使主梁刚度增大,结构整体具有较优的静动力特性,设计手段及施工工艺的进步,为多索面的成功应用打下了基础;

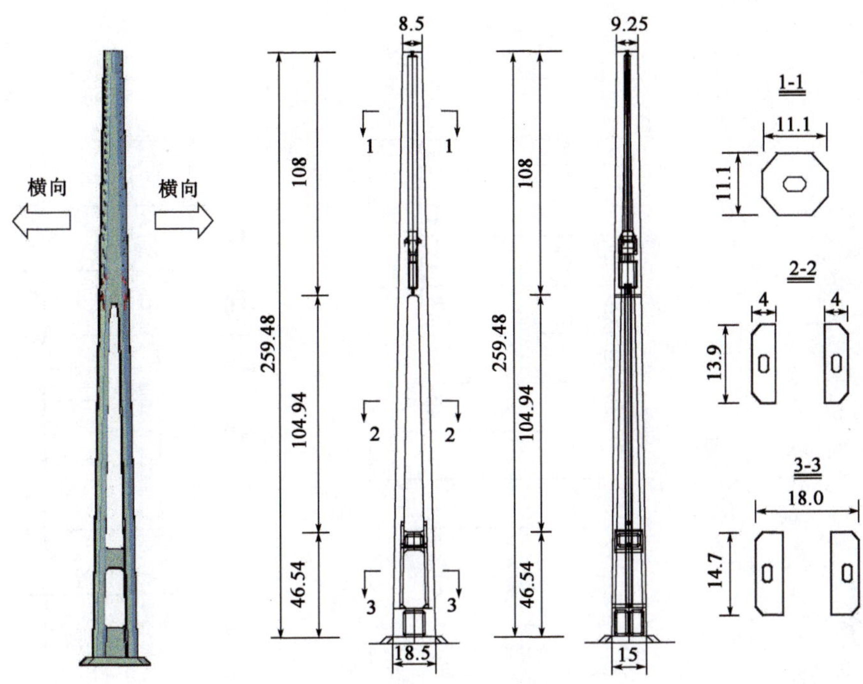

图8.8　索塔效果及一般构造图(尺寸单位:m)

(5)应用同向回转锚固体系,通过同向回转技术巧妙地将拉索的拉力转换为压力作用在塔柱上,充分发挥塔柱混凝土材料抗压性能,在该等级的大跨度斜拉桥中尚属首次。

8.2.2　同向回转拉索体系

芜湖长江公路二桥索塔锚固构造采用同向回转拉索体系,回转鞍座是锚固拉索的重要装置,由于本桥采用了四索面拉索体系,因此在锚固区处鞍座采用双层叠置设计,及在同一高度位置四索面的两个鞍座在竖向上叠置如图8.9所示。

全桥共25对拉索,其中1~3号拉索由于其竖向倾角过小,故采用了齿块式锚固。在4~25号拉索均采用了同向回转拉索锚固体系进行锚固。

A1标塔柱采用分段浇筑法施工,根据锚固区结构特点及模板设置情况,上塔柱划分为18个施工节段,标准节段高度6m。

A2标考虑到1号、2号、3号斜拉索锚固齿块一次性浇筑及立模方便,上塔柱齿块锚固节段混凝土浇筑进行非等高度划分,上塔柱混凝土浇筑施工节段划分为25个施工阶段,分别为:$4\times4.5+2.8+3.7+4.5+2.5+17\times4.5=108$m。

其中最下部位置的1~3号拉索由于其竖向倾角过小,故采用了齿块式锚固。在4~25号拉索均采用了同向回转拉索锚固体系进行锚固。由于拉索从4~25号期倾角逐渐变大,鞍座在尺寸也逐渐变小,重量也逐渐减小。其定位安装的难度也逐渐减小。

拉索型号为15.2-15~43不等,但鞍座采用标准规格型号,共分为15-22、15-27、15-31、15-37、15-43,见表8.2。

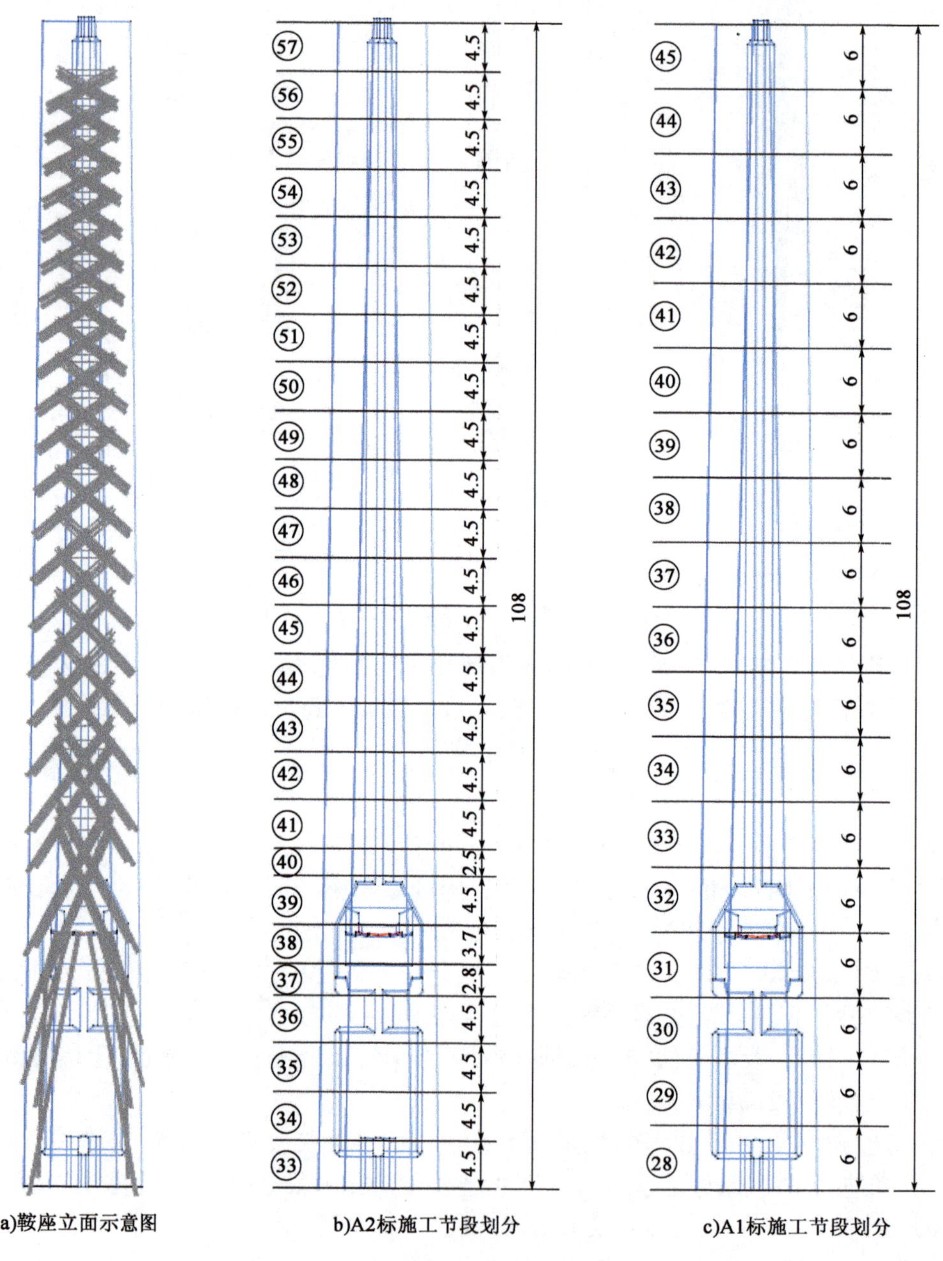

图 8.9　鞍座立面布置及桥塔施工阶段划分示意(尺寸单位:m)

鞍座设计参数表　　表 8.2

编号	鞍座型号	编号	鞍座型号	编号	鞍座型号	编号	鞍座型号
*JN*4	15 - 22	*JW*4	15 - 22	*AN*4	15 - 22	*AW*4	15 - 22
*JN*5	15 - 22	*JW*5	15 - 22	*AN*5	15 - 22	*AW*5	15 - 22
*JN*6	15 - 22	*JW*6	15 - 22	*AN*6	15 - 22	*AW*6	15 - 22
*JN*7	15 - 22	*JW*7	15 - 22	*AN*7	15 - 22	*AW*7	15 - 22
*JN*8	15 - 22	*JW*8	15 - 22	*AN*8	15 - 22	*AW*8	15 - 22
*JN*9	15 - 22	*JW*9	15 - 27	*AN*9	15 - 19	*AW*9	15 - 22
*JN*10	15 - 27	*JW*10	15 - 22	*AN*10	15 - 27	*AW*10	15 - 27
*JN*11	15 - 27	*JW*11	15 - 22	*AN*11	15 - 27	*AW*11	15 - 27
*JN*12	15 - 27	*JW*12	15 - 27	*AN*12	15 - 27	*AW*12	15 - 27
*JN*13	15 - 27	*JW*13	15 - 27	*AN*13	15 - 27	*AW*13	15 - 27
*JN*14	15 - 27	*JW*14	15 - 27	*AN*14	15 - 31	*AW*14	15 - 27
*JN*15	15 - 27	*JW*15	15 - 27	*AN*15	15 - 31	*AW*15	15 - 27
*JN*16	15 - 31	*JW*16	15 - 31	*AN*16	15 - 31	*AW*16	15 - 27
*JN*17	15 - 31	*JW*17	15 - 31	*AN*17	15 - 31	*AW*17	15 - 27
*JN*18	15 - 31	*JW*18	15 - 31	*AN*18	15 - 37	*AW*18	15 - 31
*JN*19	15 - 31	*JW*19	15 - 31	*AN*19	15 - 43	*AW*19	15 - 31
*JN*20	15 - 37	*JW*20	15 - 31	*AN*20	15 - 43	*AW*20	15 - 37
*JN*21	15 - 37	*JW*21	15 - 31	*AN*21	15 - 43	*AW*21	15 - 37
*JN*22	15 - 37	*JW*22	15 - 31	*AN*22	15 - 43	*AW*22	15 - 37
*JN*23	15 - 43	*JW*23	15 - 37	*AN*23	15 - 43	*AW*23	15 - 37
*JN*24	15 - 43	*JW*24	15 - 37	*AN*24	15 - 43	*AW*24	15 - 37
*JN*25	15 - 43	*JW*25	15 - 37	*AN*25	15 - 43	*AW*25	15 - 37

8.2.3　应用效果

芜湖长江公路二桥于 2013 年 6 月开工建设，于 2017 年 12 月投入运营如图 8.10 所示。经过一年多运营状态的跟踪观测表明，索体未发生滑移，防护未产生变形与破损情况，索力以及振动测试效果与成桥阶段基本一致，同向回转拉索体系应用效果较好。

a)同向回转鞍座的散拼安装

b)同向回转鞍座的整体安装

c)桥塔建造过程照片

d)钢箱梁工厂加工成品照片

e)建成通车照片

图 8.10　芜湖长江公路二桥建设过程以及成桥效果

参 考 文 献

[1] 范立础.桥梁工程(下册)[M].北京:人民交通出版社,2008.

[2] 项海帆.高等桥梁结构理论[M].北京:人民交通出版社,2002.

[3] 林元培.斜拉桥[M].北京:人民交通出版社,2004.

[4] 周孟波.斜拉桥手册[M].北京:人民交通出版社,2004.

[5] 王伯惠.斜拉桥结构发展和中国经验(上册)[M].北京:人民交通出版社,2003.

[6] 王伯惠.斜拉桥结构发展和中国经验(下册)[M].北京:人民交通出版社,2004.

[7] 杨耀铨,朱玉.U形预应力束在斜拉桥索塔中的应用[J].国外公路,2001,21(3).

[8] 刘世建.井字形预应力体系在索塔锚固区中的应用及试验研究[D].重庆:重庆交通大学硕士学位论文,2008.

[9] 万利军.斜拉桥索塔锚固区塔壁环向应力体系研究[D].哈尔滨:东北林业大学硕士学位论文,2007.

[10] 陈辉.斜拉桥索塔锚固区受力性能与模型试验研究[D].上海:同济大学硕士学位论文,2011.

[11] 刘志权,石雪飞,阮欣.空间索面斜拉桥索塔钢锚梁性能及足尺模型试验[C].宁波:第20届全国结构工程学术会议论文集,2010.

[12] 锚箱式索塔锚固结构竖向静力传力机理及模型试验研究[D].上海:同济大学硕士学位论文,2011.

[13] 吴斌暄.斜拉桥桥塔关键问题研究[D].上海:同济大学博士学位论文,2008.

[14] 陈多.锚箱式索塔锚固结构竖向静力传力机理及模型试验研究[D].上海:同济大学硕士学位论文,2008.

[15] 魏奇芬.钢锚箱在斜拉桥索塔锚固区中的应用[J].世界桥梁,2008年,第2期.

[16] 曾明根.大跨度斜拉桥混凝土索塔钢锚箱锚固区受力机理研究[D].上海:同济大学博士学位论文,2007.

[17] 刘钊,孟少平,臧华,等.矮塔斜拉桥索鞍区模型试验及设计探讨[J].东南大学学报(自然科学版),2007,37(2):291-295.

[18] 汤少青,蔡文生,王戒躁,等.漳州战备大桥主塔鞍座处节段模型试验研究[J].桥梁建设,2002,(1):15-18,32.

[19] 褚利波,余天庆,熊健民,等.斜拉桥鞍座锚固区模型试验及受力特点[J].湖北工学院学报,2002,17(1):41-44.

[20] 苗超,于西尧.怀洪新河特大桥主塔鞍座区应力分析[J].山西建筑,2011,37(29):153-154.

[21] 朱廷,王炎,郝超,等.曹娥江大桥桥塔鞍座锚固区试验研究[J].山西建筑,2008,34(18):310-311.

[22] 官润荣,张俊平,刘爱荣,等.部分斜拉桥主塔鞍座节段模型试验研究[J].广州大学学报(自然科学版),2005,4(5):449-453.
[23] 杨晓燕.广州沙湾大桥索鞍区模型试验[J].桥梁建设,2011,(3):31-35.
[24] 谢理洲.开封黄河大桥斜拉索新型索鞍力学性能研究[J].桥梁建设,2009,(4):20-23,63.
[25] 陈军刚,陈孔令,张焱,等.南盘江特大桥部分斜拉桥设计[J].桥梁建设,2009,(5):36-39,56.
[26] 徐德标,惠斌.北京某矮塔斜拉桥塔上鞍座分丝管的检验标准[J].特种结构,2010,27(2):71-72,59.
[27] 胡贵琼,颜惠华.美国州际公路I-280老玻璃城桥的设计与施工[J].世界桥梁,2008,(4):1-4.
[28] 吴文明.斜拉索耐久性和安全性探索研究[D].重庆:重庆交通大学,2008.
[29] 凌敏.斜拉索系统的耐久性探索研究[D].北京:北京交通大学,2010.
[30] 郭艳恒.高密度聚乙烯拉索护套耐久性研究[D].上海:同济大学土木工程学院,2008.
[31] 郑万山,唐光武,郑罡,等.大跨度斜拉桥拉索疲劳参数分析中移动荷载的选定[J].公路交通技术,2010,(5):52-55.
[32] 郑万山,唐光武,郑罡,等.苏通大桥斜拉索拉弯疲劳试验研究[J].公路交通技术,2010,(4):73-76.
[33] 兰成明.平行钢丝拉索疲劳性能理论研究[J].沈阳建筑大学学报(自然科学版),2009,25(1):56-60.
[34] 刘元泉,陈惟珍,徐俊,等.拉索劣化性能研究[J].公路,2004,(9):28-32.
[35] 党志杰.斜拉索的疲劳抗力[J].桥梁建设,1999,(4):18-21,31.
[36] 中华人民共和国行业标准.高强度低松弛预应力热镀锌钢绞线:YB/T 152—1999[S].北京:中国标准出版社.1999.
[37] 中华人民共和国国家标准.斜拉桥热挤聚乙烯高强钢丝拉索技术条件:GB/T 18365—2001[S].北京:中国标准出版社.2001.
[38] 中华人民共和国行业标准.无黏结钢绞线斜拉索技术条件:JT/T 771—2009[S].北京:人民交通出版社,2009.
[39] Recommendations for stay cable design, testing and installation. Post-Tensioning Institute (PTI),2001.
[40] Eurocode 1:Action on structures-part2:Traffic loads on bridges. BS EN1991-2:2003. British Standards.
[41] Cable stays Recommendations of French interministerial commission on Prestressing. SETRA, France, June 2002.
[42] Acceptance of stay cable systems using pretressing steels. CEB-FIP, January, 2005.
[43] 何宪飞,陈艾荣.斜拉桥斜拉索局部弯曲应力分析[C].上海:上海市公路学会第四届年会学术论文集.
[44] 向雅娟.斜拉桥大直径斜拉索的疲劳强度[J],国外桥梁,1994(1).

[45] 文武松,彭旭民,党志杰. 斜拉索设计、试验与安装条例(上)[J]. 国外桥梁,1997(2).

[46] 文武松,彭旭民,党志杰. 斜拉索设计、试验与安装条例(中)[J]. 国外桥梁,1997(3).

[47] 文武松,彭旭民,党志杰. 斜拉索设计、试验与安装条例(下)[J]. 国外桥梁,1997(4).

[48] 高小云. 大跨径斜拉桥拉索系统的疲劳评定[J]. 国外桥梁,1999,(4);42-46.

[49] Cable Structure. H. Max Irvine[J]. The MIT PRESS,1981.

[50] Bending of stay cables. Structure Engineering International. Furst, A. , Marti, P. , Ganz, H-R. , IABSE, Zurich, February 2001.

[51] J. Dowd, M. Poser, K. H. Frank, S. L. Wood, E. B. Williamson. Bengding fatigue of cable stays [J] Journal of bridge engineering. 2001.

[52] Fatigue resistance of large-diameter cable for cable-stayed bridges, Koei Takena, Chitoshi Miki, Hirosuke Shimokawa, and Kenji Sakamoto, Journal of Structural Engineering, Vol. 118, No. 3, March 1992.

[53] 钟群鹏,赵子华. 断口学. 北京:高等教育出版社,2006.

[54] 王中光. 断裂失效分析与疲劳断裂研究的历史发展:第三次全国机电装备失效分析预测预防战略研讨会论文集[C]. 北京,1998,45.

[55] 王仁智. 疲劳失效分析[M]. 北京:机械工业出版社,1987.

[56] 钟群鹏,田永江. 失效分析基础[M]. 北京:机械工业出版社,1988.

[57] 罗素梅. 钢绞线生产关键技术研究[D]. 西安:西安建筑科技大学硕士学位论文,2004.

[58] 周仲荣. 微动磨损[M]. 北京:科学出版社,2002.

[59] Hoppener D W. Research on the Mechanism of Fretting Fatigue[J]. Corrosion Fatigue: Chemistry, Mechanics and Microstructure. 1972:617-626.

[60] 周仲荣,朱旻昊. 复合微动磨损[M]. 上海:上海交通大学出版社,2004.

[61] 周仲荣. 关于微动磨损与微动疲劳的研究[J]. 中国机械工程. 2000,11(10):1146-1150.

[62] Vingsbo O, Söderberg S. On fretting maps[J]. Wear. 1988,126(2):131-147.

[63] Vincent L. Cracking induced by fretting of aluminium alloys[J]. Journal of Tribotogy JANUARY. 1997,119:37.

[64] Stays C. Recommendations of French interministerial commission on Prestressing[J]. Issued by the SETRA-Centre des Techniques des Ouvrages d'Art, France. 2002.

[65] Pti. Recommendations for stay cable design, testing and installation[M]. [S. 1]:PTI,2001.

[66] Takena K, Miki C, Shimokawa H, et al. Fatigue resistance of large-diameter cable for cable-stayed bridges[J]. Journal of Structural Engineering. 1992,118(3):701-715.

[67] 龚志刚,党志杰. 奥尔顿克拉克大桥斜拉索的疲劳强度[J]. 国外桥梁. 1997(1):37-41.

[68] 刘正林. 摩擦学原理[M]. 北京:高等教育出版社,2009.

[69] 李诗卓,童祥林. 材料的冲蚀磨损与微动磨损[M]. 北京:机械工业出版社,1987.

[70] Dobromirski J. Variables of fretting process: are there 50 ofthem? [J]. ASTM Special Technical Publication. 1992,1159:60.

[71] 沈明学,彭金方,郑健峰,等. 微动疲劳研究进展[J]. 材料工程. 2010,2010(12):86-91.

[72] Wallace J M, Neu R W. Fretting fatigue crack nucleation in Ti - 6Al - 4V[J]. Fatigue &

Fracture of Engineering Materials & Structures. 2003,26(3):199-214.

[73] Wateerhouse. Fretting Corrosion [M]. New York:Pergamon Press,1974.

[74] Nakazawa K, Sumita M, Maruyama N. Effect of relative slip amplitude on fretting fatigue of high strength steel [J]. Fatigue & Fracture of Engineering Materials & Structures. 1994, 17(7):751-759.

[75] Gao H,Gu H,Zhou H. Effect of slip amplitude on fretting fatigue[J]. Wear. 1991,148(1): 15-23.

[76] Nix K J,Lindley T C. The influence of relative slip range and contact material on the fretting fatigue properties of 3.5 nicrmov rotor steel[J]. Wear. 1988,125(1-2):147-162.

[77] 王庸禄. 钢丝绳结构与接触应力分析[J]. 金属制品. 1986(06):31-36.

[78] 余万华,袁康. 钢丝绳中接触应力的计算[J]. 金属制品. 1993(02):6-9.

[79] 王以元. 提升钢丝绳的失效与寿命预测[J]. 矿山机械. 1991(10):13-15.

[80] Hruska F H. Calculation of stresses in wire ropes[J]. Wire and wire products. 1951,26:766-767,799-801.

[81] Starkey W L,Cress H A. An analysis of critical stresses and mode of failure of a wire rope [J]. Journal of Engineering for Industry. 1959,81:307-316.

[82] Giglio M, Manes A. Life prediction of a wire rope subjected to axial and bending loads[J]. Engineering Failure Analysis. 2005,12(4):549-568.

[83] Argatov I. Response of a wire rope strand to axial and torsional loads:Asymptotic modeling of the effect of interwire contact deformations[J]. International Journal of Solids and Structures. 2011,48(10):1413-1423.

[84] 张瑾. 1 ×7 + IWS 结构钢丝绳服役中应力应变的数值模拟[D]. 西安:西安理工大学,2009.

[85] 贾尚雨. 不旋转钢丝绳的力学特性与失效研究[D]. 广州:华南理工大学,2011.

[86] 燕海蛟. 斜拉索内钢丝间弯曲滑移数值模拟及分析[D]. 重庆:重庆交通大学,2013.

[87] Jiang W G, Yao M S, Walton J M. A concise finite element model for simple straight wire rope strand[J]. International Journal of Mechanical Sciences. 1999,41(2):143-161.

[88] Nawrocki A, Labrosse M. A finite element model for simple straight wire rope strands[J]. Computers & Structures. 2000,77(4):345-359.

[89] 张德坤,葛世荣. 钢丝的微动磨损及其对疲劳断裂行为的影响研究[J]. 摩擦学学报. 2004(04):355-359.

[90] 张德坤,葛世荣. 钢丝微动磨损过程中的接触力学问题研究[J]. 机械强度. 2007,29(1): 148-151.

[91] Dong X, Liu G, Zhang L, et al. Experimental research on stable fretting wear ofstainless steel wires in transformable component[C]. International Society for Optics and Photonics,2009.

[92] Waterhouse R B, Mccoll I R, Harris S J, et al. Fretting wear of a high-strength heavily work-hardened eutectoid steel[J]. Wear. 1994,175(1-2):51-57.

[93] Harris S J, Waterhouse R B, Mccoll I R. Fretting damage in locked coil steel ropes[J]. Wear.

1993,170(1):63-70.

[94] Argatov I I,Gómez X,Tato W,et al. Wear evolution in a stranded rope under cyclic bending: Implications to fatigue life estimation[J]. Wear. 2011,271(11):2857-2867.

[95] Urchegui M A,Tato W,Gómez X. Wear evolution in a stranded rope subjected to cyclic bending[J]. Journal of Materials Engineering and Performance. 2008,17(4):550-560.

[96] 贾小凡,张德坤. 承载钢丝绳在不同预张力下的弯曲疲劳损伤研究[J]. 机械工程学报. 2011,47(24):31-37.

[97] Winkler J,Georgakis C T,Fischer G. Fretting fatigue behavior of high-strength steel monostrands under bending load[J]. International Journal of Fatigue. 2015,70:13-23.

[98] Peterka P,Krešák J,Kropuch S,et al. Failure analysis of hoisting steel wire rope[J]. Engineering Failure Analysis. 2014,45:96-105.

[99] 何明鉴,张德志. 确定微动疲劳寿命的附加应力法[J]. 航空发动机. 2003(3):27-29.

[100] 潘容,古远兴. 微动疲劳寿命预测方法研究[J]. 燃气涡轮试验与研究. 2009,22(2):13-17.

[101] 陈浩宾. 高压输电导线微动损伤及微动疲劳寿命预测[D]. 武汉:华中科技大学,2008.

[102] Fadel A A,Rosa D,Murça L B,et al. Effect of high mean tensile stress on the fretting fatigue life of an Ibis steel reinforced aluminium conductor[J]. International Journal of Fatigue. 2012,42:24-34.

[103] 杨万均. 燕尾榫结构微动疲劳寿命预测方法研究[D]. 南京:南京航空航天大学,2007.

[104] 王大刚. 钢丝的微动损伤行为及其微动疲劳寿命预测研究[D]. 徐州:中国矿业大学,2012.

[105] 马林. 国产1860级低松弛预应力钢绞线疲劳性能研究[J]. 铁道标准设计. 2000(05):21-23.

[106] Johnson,徐秉业,译. 接触力学[M]. 北京:高等教育出版社,1992.

[107] 铁摩辛柯. 弹性理论[M]. 北京:高等教育出版社,1965.

[108] 杨绪灿. 弹性力学[M]. 北京:高等教育出版社,1987.